新时代工会工作改革创新（2019）

主编 屈增国

光明日报出版社

序

全国工会学研究会是中国科学社会主义学会的分支学会和团体会员。1983年10月，中国科学社会主义学会第一次全国代表大会及成立大会在南京召开，中国劳动关系学院（中国工运学院）是创会单位。从1983年起，中国劳动关系学院（中国工运学院）每年召开一次全国工会理论教学讨论会。1987年8月，第四次全国工会理论教学讨论会在山东省威海市召开，在此次会议上正式成立了全国工会学研究会，中国科学社会主义学会副会长、中国劳动关系学院（中国工运学院）院长李生林任理事长。目前，会长是中国劳动关系学院党委书记屈增国同志。

从1983年开始，中国劳动关系学院（中国工运学院）每年（1985年除外）召开1次全国工会理论教学讨论会，至今已召开34次；从1987年开始每年（1989年除外）举办1次全国工会学研究会年会暨全国工会理论教学研讨会，至今已举办31次，参会人员主要是全国各省市总工会干部院校领导、教师和部分企业工会主席。主要研讨当前工会和劳动关系领域的各种理论和实践问题。

为系统总结2018年全国工会学研究会各成员单位在工会与劳动关系领域理论与实践研究成果，充分发挥优秀研究成果的激励和引领作用，进一步提升工会理论研究质量，服务工会工作，提高工会干部院校科研、教学和培训水平，全国工会学研究会对2018年参会论文进行了评奖，本书就是获奖论文的论文集，希望本书的出版能够对新时代中国工会改革创新有所助益，为提高新时代中国工会和劳动关系学术研究水平做点贡献。

屈增国
2018年12月17日

目 录

一 新时代工会理论发展与创新

以习近平新时代中国特色社会主义思想为指导推进新时代工会工作
——当前工会工作面临的新形势新任务新要求
　　　　　　　　　　　　　　　张保华　张　举　王　慧 / 3

新时代马克思主义工会理论的中国表达
——学习习近平关于工人阶级和工会工作重要论述　　刘　佳 / 12

从《大国工匠》中看匠心的三重境界　　　　　　　　颜　琴 / 25

新时代工会工作的变与不变
——以新时代党的基本路线和我国社会主要矛盾为视角　乔　昕 / 31

试论"干劲　闯劲　钻劲"赋予的新时代劳模精神新内涵
——兼论对在大学生中弘扬劳模精神的重要意义　　王珮璇 / 47

二 基层工会工作路径探索

创新工会工作体制机制，增强基层工会活力
——基层工会工作改革创新的实践与研究　　　　　　武　兵 / 57

新业态下职工入会问题探析　　　　　　　　　　　　葛　萍 / 72

边疆边远地区基层工会干部心理健康状况调查　　　　张　晶 / 84

透过"工匠精神"看技能型人才培养
——基于职业教育培训视角　　　　　　　　　　　　何　舰 / 92

创新工会工作体制机制，增强基层工会活力　　　　　高　文 / 100

非公企业工会规范化建设的思考　　　　　　　　　　张　举 / 108

构建非公企业工会主席能力训练体系的探索
　　　　　　　　　　　　　陈　超　俞莉红　汤　怡 / 116

浅论职工持股和人力资本股份化对工资集体协商的影响　　　　龚　申 / 127
以服务为导向，创新工作模式
　　——基层工会开展心理服务的方法探析　　　　董亚静　曹云清 / 133

三　"互联网+"与工会工作
建设"智慧工会"的必要性和现实可能性研究　　　　单　真 / 143
"互联网+"环境下工会干部培训的教学教法研究　　　　邹瑞琼 / 153
创新、优化、致强
　　——基于上海建交行业劳模创新工作室联盟的调查与思考
　　　　　　上海建设交通工会、上海工会管理职业学院联合课题组 / 160
浅谈"互联网+"语境下工会工作的创新发展　　　　朱　红 / 180

四　中国特色和谐劳动关系构建
基于劳动争议视角探究边疆地区劳动关系新问题
　　——以新疆近十年劳动争议案件为例　　　　赵绒菊 / 187
吉林省劳动者职业技能培训现状及需求研究　　　　王丽娜 / 200
对我国劳动关系的再认识
　　——共享经济视野下劳动关系的变化需要创新工会工作　　　　杨友志 / 217
深化产业工人队伍建设研究
　　——基于新时代我国社会主要矛盾变化的视角　　　　王艳霞 / 230

一
新时代工会理论发展与创新

以习近平新时代中国特色社会主义思想为指导推进新时代工会工作

——当前工会工作面临的新形势新任务新要求

张保华　张　举　王　慧[①]

摘　要：习近平新时代中国特色社会主义思想，是指导和推进党的各项事业与时俱进的强大思想武器，也是引领新时代工会工作创新发展的根本遵循和行动指南。各级工会要坚持用习近平新时代中国特色社会主义思想武装头脑、指导实践、推动工作，做到内化于心、外化于行，努力推进新时代工会工作。

关键词：新时代；中国特色社会主义思想；工会工作

习近平新时代中国特色社会主义思想，是指导和推进党的各项事业与时俱进的强大思想武器，也是引领新时代工会工作创新发展的根本遵循和行动指南。各级工会要认真学习、深刻领会习近平新时代中国特色社会主义思想的丰富内涵和精神实质，在自觉践行习近平新时代中国特色社会主义工运思想上走前头、做表率，奋力开创新时代工运事业发展新局面。

一、习近平新时代中国特色社会主义思想对工会理论和实践发展的指导意义

当前，中国特色社会主义进入了新时代，面对社会主要矛盾的新变化、广大职工群众的新诉求、劳动关系的新变革、工会改革创新的新要求，习近平总书记高瞻远瞩，与时俱进，对我国工运理论和实践发展做了全面、深刻地论述，为构

[①] 张保华，安徽省总工会党组成员、经审委主任兼省总工会干校校长。张举，安徽省总工会干校高级讲师。王慧，安徽省总工会干校讲师。

建我国新时代工运理论与实践发展指明了前进方向。

党的十八大以来，习近平总书记关于工人阶级和工会工作发表了一系列重要讲话，做出一系列重要指示，提出一系列重要论断，系统阐述并深刻回答了事关新时代党的工运事业发展的一系列重大理论和实践问题，形成了习近平新时代中国特色社会主义工运思想，主要体现在坚持自觉接受党的领导；坚持全心全意依靠工人阶级方针；把为实现中华民族伟大复兴中国梦而奋斗作为新时期我国工人运动时代主题；坚持走中国特色社会主义工会发展道路；大力弘扬劳模精神、劳动精神、工匠精神；高举维护职工权益旗帜，竭诚为职工群众服务；坚持增强"三性"、去除"四化"改革方向；坚持"三个着力"，加强基层工会建设；把农民工这支工人阶级新生力量最广泛地组织到工会中来；加强新形势下工人阶级地位及工运理论研究等方面。实践证明，习近平总书记关于工人阶级和工会工作的一系列重要论述、重要论断和重要观点，已经形成习近平新时代中国特色社会主义工运思想，成为习近平新时代中国特色社会主义思想不可或缺的重要组成部分，是对马克思主义工运理论的新概括和新发展，为我国新时代工运理论创新和工会工作的实践发展指明了前进方向，提供了指导原则。

（一）从规律层面认识和指导新时代的工会工作

改革开放40年来，我国工会对于工作规律的认识不断深化，形成了"新时代中国特色社会主义工会发展道路"等重大理论成果，习近平总书记向各级工会组织提出要求：要始终坚持这条道路，不断拓展这条道路，努力使这条道路越走越宽广。遵循习近平总书记的重要论断，我国工会对于新时代工会工作规律的认识还将继续深化。

（二）为科学把握工人阶级现实地位提供了重大指导原则

针对随着改革进程中工人阶级先进性日益凸显的现状，习近平总书记在多次讲话中高度赞扬工人阶级主力军作用，指出：不论时代怎样变迁，不论社会怎样变化，我们党全心全意依靠工人阶级的根本方针都不能忘记、不能淡化，我国工人阶级地位和作用都不容动摇、不容忽视。

（三）从工会组织的改革上为新时代工运发展提供明确方向

针对新时代工会如何贯彻中央关于群团组织改革的精神，习近平总书记系统阐述了改革的必要性、紧迫性、原则性、基本态度和要求，提出群团组织要增强"三性"、去除"四化"，为工会等群团组织勾勒出了非常明晰的改革思路。

各级工会要坚持用习近平新时代中国特色社会主义思想武装头脑、指导实践、推动工作，做到内化于心、外化于行，落实到工会工作的全过程各方面。要聚焦新时代新任务，强化思想政治引领，积极组织动员广大职工群众为建设现代化强国建功立业。

二、当前工会组织面临的新形势

当前，党中央高度重视工会工作，给基层工会带来了新机遇。同时，随着经济结构调整、产业升级加快，我国职工队伍进一步优化，拥有高学历的职工逐步增加，新生代农民工已经成为职工队伍的重要组成部分，他们在价值观念、职业发展、行为方式、关注重点、人际交往等方面呈现一些新特征。因此，必须正视当前工会工作面临的新形势。

（一）《中共中央关于加强和改进党的群团工作的意见》及中央、省委党的群团工作会议给工会工作带来了新机遇

中共中央《关于加强和改进党的群团工作的意见》深刻阐述了新形势下加强和改进党的群团工作的重要性和紧迫性，是指导和推动党的群团工作不断开创新局面的纲领性文件。2015年7月召开了中央党的群团工作会议，这在党的历史上还是第一次，具有全局性、开创性和里程碑意义，在整个国家的治理体系中，把群团工作上升到了一个新的高度。中央召开党的群团工作会议，既为工会工作创新发展带来重大机遇，也提出了新的更高要求。新时代，党的工会工作只能加强、不能削弱，只能改进提高、不能停滞不前。各级工会应该做科学发展的"发动机"、深化改革的"助推器"、关爱职工的"温馨窝"、和谐稳定的"润滑剂"，通过创造性地开展工作，不断增强发展活力，真正赢得职工信任。

（二）劳动关系现状给工会工作提出了新课题

劳动关系是现代社会最基本的社会关系，劳动关系矛盾是社会主要矛盾在劳动关系领域的具体表现。中国特色社会主义进入了新时代，随着我国社会主要矛盾发生历史性变化，劳动关系矛盾将呈现出比以往更为复杂多变的趋势特点。主

要表现在：一些领域劳动关系矛盾呈现多发、频发态势，如产业结构转型升级涉及职工分流安置的矛盾增多；分享经济迅猛发展，网络约车、电商平台、共享平台等新兴业态涌现，劳动关系主体构成更加复杂，对传统劳动关系规制模式和劳动基准的制定与执行构成重大挑战；劳动者维权意识增强，其利益诉求及其表达方式更加多样化，集体主张权利诉求的趋势日益明显；新时代职工队伍对美好生活的需要正在不断提高，但是同不平衡不充分的发展之间构成一对新矛盾。总之，新时代工会工作理念、工作方法已经发生变化，工会工作面临着新的挑战。工会在推动经济发展，构建和谐劳动关系及和谐社会中，要准确把握科学定位、基本任务、工作重点、维权机制、建设目标，充分发挥在协调劳动关系中的不可替代作用。

（三）职工队伍及利益诉求深刻变化给工会工作带来了新挑战

一是职工利益诉求深刻变化带来的挑战。在我国社会主要矛盾发生变化的背景下，尤其是在各种新经济组织、新社会组织大量涌现的情况下，职工群众的思想观念日趋活跃，价值取向和利益诉求日趋多元，正在从物质需求向精神文化需求转变，从追求生存权益向追求发展权益转变，从被动维权向主动诉求转变。二是职工队伍深刻变化带来的挑战。从年龄结构来看，年轻职工已成为改革和建设的骨干力量。从劳动形态来看，越来越多的劳动者处于直接生产过程之外，以脑力劳动为主的职工正在增加。从就业分布来看，第三产业、非公企业成为吸纳职工就业的主渠道，新型就业群体规模不断扩大，职工群体间的差异日益显著，甚至有分化的倾向。这给新形势下的工会工作带来了新的挑战。

（四）工会自身存在的问题对工会工作提出了新要求

近几年来，各级工会认真贯彻落实党的十八大和十九大精神，深入贯彻习近平新时代中国特色社会主义思想和对工会工作的重要指示精神，坚持正确政治方向，主动围绕中心、服务大局，聚焦重点难点，在推进工会改革和智慧工会工作，大力弘扬劳模精神、劳动精神、工匠精神，推动职工创新创业、困难职工精准帮扶、维护职工合法权益等方面，全面履行工会职责，团结动员广大职工为安徽经济社会发展做出了积极贡献。但也存在一些问题：一是重视不够。从调研情况看，一些单位在机构设置时将工会工作职能划归到办公室、党群科等部门。工会方面的法律、法规得不到应有的重视和落实，给工会维权工作带来了阻碍。同时，一些职工对工会地位认识不够，对工会工作表现出置身事外的态度，对工会作用缺乏认同感。二是缺人干事。面对工会服务范围不断扩大，服务质量不断提升，尤其是当前信息化迅猛发展和"互联网+"工会工作的新形势，工会工作模式不断创新，原有的市、县、乡镇（街道）工会编制、人员数量、工会经费、活动场所等难以适应新形势的需要，工会工作常常是疲于应付，力不从心。三是无钱干事。调研中，有的非公企业工会经费不能落实到位，是企业"老板"和单位"负责人"说了算。有的机关事业单位行政领导法律意识淡薄，以各种理由少拨或漏拨工会经费。四是方法单一。一些地方工会存在重点不够突出、特色不够鲜明、服务不够到位等问题。一些基层工会仅仅是发些福利、组织慰问和文体活动，没有发挥好桥梁和纽带作用，在积极参政议政、维护职工合法权益等方面发挥作用不明显。这些问题的存在，既制约了工会的发展，也对新时代工会工作提出了新要求。

三、新形势对工会工作的新要求

新形势要求各级工会组织要用习近平新时代中国特色社会主义思想和党的十九大精神统领工会各项工作，坚持求真务实抓落实、与时俱进抓创新，以实实在在的举措，使工作思路、工作目标更加符合习近平新时代中国特色社会主义思想和党的十九大精神，认真谋划好、强力推进好工会各项工作。

（一）要深刻把握习近平新时代中国特色社会主义思想，始终保持工会工作正确政治方向

要把深入学习贯彻习近平新时代中国特色社会主义思想和党的十九大精神作为首要政治任务，在学懂弄通做实上下功夫，往心里走，朝实里做，引导工会干部增强"四个意识"，树立"四个自信"，做到"四个服从"，坚决维护习近平总书记在党中央和全党的核心地位，坚决维护党中央权威和集中统一领导，在政治立场、政治方向、政治原则、政治道路上同以习近平同志为核心的党中央保持高度一致。要把学习贯彻党的十九大精神与学习贯彻习近平总书记关于工人阶级和工会工作的重要论述结合起来，深入学习宣传贯彻习近平总书记给中国劳动关系学院劳模本科班学员回信精神，进一步做好党的职工群众工作，推动习近平新时代中国特色社会主义思想和党的十九大精神在工会系统落地生根、形成生动实践。

（二）要牢牢把握我国工人运动的时代主题，团结动员广大职工为建设现代化强国和实现中华民族伟大复兴的中国梦而奋斗

要牢牢把握为实现中华民族伟大复兴中国梦而奋斗这一工人运动时代主题，把组织引导广大职工在实现现代化强国的宏伟目标中广泛深入开展建功立业活动，作为贯彻落实党的十九大精神、实现宏伟目标的重要举措，作为践行为实现中国梦而奋斗这一工人运动时代主题的重要载体，大力弘扬劳模精神、劳动精神、工匠精神，倡导辛勤劳动、诚实劳动、创造性劳动，营造劳动光荣的社会风尚和精益求精的敬业风气，充分激发新时代工人阶级的精气神，为振兴实体经济、建设现代化经济体系发挥主力军作用，为我国经济社会发展做出新的贡献。

（三）要勇于担当新的使命，把职工群众对美好生活的向往作为工会组织的奋斗目标

进入新时代，职工群众对美好生活的向往更加强烈，不仅对物质文化生活提出了更高的要求，而且在民主法治、公平正义、安全环境等方面的要求也日益提高。我们要充分认识到职工群众对于高品质生活的向往就是工会工作的奋斗目标，充分认识到解决发展的不平衡不充分问题就是工会工作的着力点，充分认识到解决社会主要矛盾要靠广大职工群众的团结奋斗，着力拓宽工会维权服务领域、提升维权服务层级、精准维权服务措施，努力在更广范围、更高水平上维护职工劳动经济、精神文化、社会参与等各项权益，促进职工全面发展、推动社会文明进步。

（四）要聚焦聚力工会改革新任务，推动新时代工会工作创新发展

深入推进工会改革创新，不断增强工会组织的政治性、先进性、群众性。按照增"三性"、去"四化"、强基层、促创新的改革整体思路，稳步推进工会改革。要强基层，下沉工作重心，使工会工作真正深入广大职工中去，不断增强基层工会的吸引力、凝聚力、战斗力。要促创新，加快网上工会建设，及时拓展工会新的工作领域和组织覆盖，推进产业工人队伍建设改革落地见效。要增能力，切实提高服务大局和做好群众工作的本领，把工会组织建设得更加坚强有力、更加充满活力。

（五）要认真贯彻新时代党的建设新要求，推动工会全面从严治党向纵深发展

加强工会系统党的建设，扎实开展"不忘初心，牢记使命"主题教育，教育引导各级工会干部坚定"四个自信"，树立"四个意识"，始终在政治立场、政治方向、政治原则、政治道路上同以习近平同志为核心的党中央保持高度一致。坚定不移推进工会全面从严治党，突出政治建设的统领作用，加强工会系统党风廉政建设和反腐败工作，持之以恒正风肃纪，坚定执行党的政治路线，严格遵守政治纪律和政治规矩，大力弘扬清风正气，形成良好政治生态，努力推进新时代工会工作开启新征程，谱写新篇章。

四、新时代赋予工会组织的新任务

新时代，各级工会组织要紧紧围绕党的十九大提出的奋斗目标，牢牢把握新使命和新要求，以新作为做出新贡献。

（一）加强职工理论武装，不断提高职工思想政治觉悟

以增强职工群众对党的思想认同、政治认同、理论认同、情感认同为目标，把广大职工的思想和行动统一到党的十九大精神和中央决策部署上来。深入开展"中国梦·劳动美"主题活动，运用"两微一端"等新媒体手段和群众性文化活动等贴近职工群众生产生活的方法，深入基层一线和职工群众，开展生动活泼的宣传教育活动，筑牢广大职工群众共同奋斗的思想基础。加强对职工群众的革命传统、理想信念和社会主义核心价值观教育，引导职工群众进一步发扬伟大创造精神、伟大奋斗精神、伟大团结精神、伟大梦想精神。推动劳模工匠精神进园区、进企业、进班组、进社区、进学校，形成尊重劳动、尊重知识、尊重人才、尊重创造的时代氛围，用工人阶级的优秀品质和模范行动鼓舞全体职工群众。

（二）坚持以职工为中心，切实维护职工合法权益

要准确把握社会主要矛盾的变化，高度关注供给侧结构性改革中职工权益维护问题，实现好职工劳动就业、技能培训、收入分配、社会保障、安全卫生等权益。要着力完善政府、工会、企业共同参与的协商协调机制，深化平等协商和集体合同制度建设，健全以职代会为基本形式的企事业单位民主管理制度，构建和谐劳动关系。要提高帮扶精准化、常态化水平,做实送温暖、金秋助学等工作品牌,既要在物质上送温暖,又要在精神上送关怀,用心、用情、用力,帮助一线职工、困难职工和农民工解决实际困难,让改革发展成果更多更公平地惠及广大职工。要努力扩大工会组织对新产业、新业态、新领域新阶层的覆盖面,大力开展"货车司机入会集中行动",积极组织快递员、护工护理员、家政服务员、商场信息员、网约送餐员、房产中介员、保安员等群体入会,把广大职工特别是农民工最广泛地组织起来,进一步夯实党执政的阶级基础和群众基础。

(三)广泛开展群众性建功立业和素质提升活动,充分彰显新时代主人翁的新作为

广泛开展"当好主人翁、建功新时代"主题劳动和技能竞赛,动员广大职工岗位建功、创新创造。采取多种形式,精心组织好广大职工开展各类劳动和技能竞赛活动,扎实开展好职工创新创业、发明创造、技术攻关、技术革新、技术帮扶、名师带徒、合理化建议等群众性经济技术创新活动,推动经济发展。要形成党委领导、政府负责、工会推动、各方参与的产业工人队伍建设改革工作格局,按照政治上保证、制度上落实、素质上提高、权益上维护的总体思路,有力有序推进产业工人队伍建设改革,着力推动产业工人收入待遇提高、技能素质提升、职业发展通道顺畅。深入实施职工素质提升工程,打造职工技能培训网上课堂,构建职工教育培训立体化网络,推动职工学历和技能水平"双提升",培养造就更多的大国工匠,为推动实现高质量发展、创造高品质生活提供有力支撑。

(四)创新工会工作方式方法,加快构建"智慧工会"

推动工会向网络工会、智慧工会发展,切实坚守好工会网上阵地,通过网上工会为职工提供更优质更精准的服务,不断创新服务形式载体。建设工会大数据平台和工会网上工作平台,实现职工线上服务和工会管理网络化。拓展工会网络服务功能,建设"网上职工之家""掌上工会",推动职工入会、普惠服务、困难帮扶、法律援助、网络维权、心理咨询、教育培训、就业服务、文体活动等工作网上运行,方便职工网上办事,满足职工多样化需求,提高工会办事效率,形成线上和线下服务有效互动、有机融合、快速高效的工作格局。

（五）加强新时代工会自身建设，努力打造一支高素质专业化工会干部队伍

加强工会基层组织建设。创新建会入会方式，依托党政相关部门，以属地建会、多层覆盖为原则，加大实体型工会组建力度，深入推进园区（开发区）、行业（产业）工会建设，健全完善街镇"小三级"工会组织架构，形成"纵向到底、横向到边、条块结合、纵横交错"的组织体系。改进工会干部管理模式。坚持请上来、沉下去、选进来，让工会干部队伍"活"起来；建立健全社会化工会工作者招聘录用、教育培训、薪酬管理、职务晋升、职业发展等机制，打造一支专业化高素质的工会工作者队伍。探索建立非公企业兼职工会主席（非财政供给人员）岗位工作奖励补贴机制。加强作风建设。始终保持昂扬向上的精神风貌、锐意进取的工作态度、攻坚克难的意志品质，经常性、制度性地到基层一线、到职工群众中去，了解职工群众的所求所盼、所忧所怨，做职工群众的知心人。加大工会干部培训力度。提高培训针对性和实效性，引导广大工会干部特别是领导干部增强"八种本领"，全面提升工会干部的素质和能力。加强调查研究。把握劳动关系的发展趋势和变化规律，挖掘基层工作的亮点和特色，做到学以致用，以学习研究成果不断提高工会工作水平。

今年是贯彻落实党的十九大精神的开局之年，是改革开放40周年，也是决胜全面建成小康社会、实施"十三五"规划承上启下的关键一年，还是中国工会十七大召开之年。在当前新形势下，各级工会要以习近平新时代中国特色社会主义思想和党的十九大精神统领工会全局工作，牢牢把握新时代工会工作的新目标、新任务、新要求，锐意进取，改革创新，为决胜全面建成小康社会、夺取新时代中国特色社会主义伟大胜利、实现中华民族伟大复兴的中国梦做出新的更大贡献。

新时代马克思主义工会理论的中国表达[①]
——学习习近平关于工人阶级和工会工作重要论述

刘 佳[②]

摘 要：当代马克思主义工会理论的中国表达，就是指以当代中国的社会历史条件为前提，以中国立场、中国话语、中国方式对马克思主义工会理论在中国实践的实践逻辑进行体系化、系统化、学理化的系统集成和话语建构，即中国化的马克思主义工会理论。当代中国马克思主义工会理论可以概括为当代中国工人阶级历史使命的理论、当代中国工会运动发展规律的理论、当代中国工会与国家关系的理论、当代中国工会改革发展的理论等四项理论范畴。这种概括具有直观呈现、条理分明、一脉相承的特点，体现了中国工人运动发展和中国工会改革创新的理论自觉和理论自信。

关键词：中国工会；工人阶级；工人运动；马克思主义工会理论；中国表达

在当代中国政治形态中，关于阶级、政党、国家关系有如下三个基本判断：中国共产党是中国工人阶级的先锋队，工人阶级是社会主义国家政权的领导阶级，工会工作是中国共产党治国理政的一项经常性、基础性工作。党的十八大以来，以习近平同志为核心的党中央在理论和实践方面丰富和发展了马克思主义工会理论，当代中国工人运动和工会工作站在新的历史起点上。2018年10月，王沪宁在代表党中央向中国工会十七大的致辞中指出，习近平总书记关于工人阶级和工会工作的重要论述"科学回答了工人阶级和工会工作的一系列方向性、根本

[①] 本文是笔者博士学位论文《马克思主义工会理论中国化及其当代实践研究》的准备材料之一，并受到李冉教授主持的教育部人文社会科学重点研究基地重大项目"马克思主义党性人民性理论的历史发展与中国创新"（课题编号：16JJD770040）资助。

[②] 刘佳（1989— ），男，辽宁抚顺人，复旦大学马克思主义学院博士研究生，主要从事马克思主义中国化研究。

性、战略性重大问题，贯穿了党的全心全意依靠工人阶级的方针，丰富了马克思主义工人阶级和工运学说，为新时代工运事业和工会工作创新发展指明了前进方向、提供了根本遵循"。① 由此，习近平关于工人阶级和工会工作重要论述被纳入"马克思主义工人阶级和工运学说"时代性发展的具体环节之中。学习习近平关于工人阶级和工会工作重要论述，要全面研读十八大以来的政治文本，对这些重要论断进行分门别类的归整。在此基础上，还要尝试从理论逻辑的维度对文本之间的思想脉络和内在关联进行提炼，从思想上高度凝练新时代马克思主义工会理论的中国表达。

一、马克思主义工会理论及其时代呼唤

工会，从广义上讲是工人阶级集体行动的组织化存在物；从狭义上看是工人阶级旨在实现一定政治、经济、社会的"半政党"组织。因此，工会包含三重规定性：第一，作为组织形式。工会是结构化组织，在领导体制上强调组织纪律、合作分工、民主集中，在宗旨上主张"组织起来，共同维权"，在制度上注重工会内控机制建设，以确保工人阶级集体行动的一致方向。第二，作为政治力量。早期是作为国家政治体制（在西方主要是议会政治）以外的党派性力量，它代表工人阶级和广大劳工的利益。特别是工会在西方国家取得合法地位之后，它就成为议会党派政治中的一个派别，融入国家政治生活；在共产党执政国家，工人阶级在共产党开国建政后上升为国家领导阶级，因此工会就相应地进入国家政治权力运作体系中，以国家政权"社会支柱"的角色勾连起工人阶级与政治国家。第三，作为社会权利的实现机制。工会本身也是一种制度化的存在物。中国工会的组织形式及其政治取向，决定了中国工会是中国工人阶级社会权利的代表者、维护者。在市场经济条件下，工会在维护职工群众的正当权益与合理诉求方面，表现得尤为显著。

资本主义生产方式和生产关系的确立是工运史的起点。在原始社会，由于社会生产力的极度低下，以及人对自然的过度依附，个体依赖共同体而存在，共同体是个人安身立命之所。此时，社会生产还停留在人类从自然界单向度获取物质资料的水平上，劳动剩余十分有限，生产资料私有制还处于胚胎之中。历经奴隶

---

① 中国工会第十七次全国代表大会在京开幕［N］．人民日报，2018-10-23（1）．

制社会和封建制社会两种私有制社会形态，资本主义社会作为私有制的最高的、因而也是完整的社会形式发展起来。在人的理性的复归和利己主义驱使下，"禁欲、节俭、吝啬、贪婪"成为西方社会的"普遍美德"，在对物质利益的追逐中，传统学徒制逐渐瓦解、家庭作坊和手工工场接连破产，科学技术对传统生产组织形式的改造等，不仅造就了一大批以专门生产交换价值为目的的资本家阶级，同时也把破产的封建地主、贵族、农民、小手工业者、小资本家等抛到了无产阶级和产业工人队伍中，因为他们如果不出卖自己的劳动力就不能苟活。工人阶级作为资产阶级的对立面，天然地构成资本主义现代叙事的结构性要素。伴随资本主义生产与现代科学技术的紧密结合，以及现代社会化大生产的分工化、体系化发展，"工人变成了机器的单纯的附属品"①，变成了会说话的机器。面对生存和生活压力，工人阶级只有组织起来与资本及其人格化身进行抗争，这是工人阶级解放的唯一出路。18世纪末19世纪初，西欧各国出现了首批工会组织。马克思主义工会理论就是在西欧资本主义处于上升期，工会组织广泛建立和工人运动蓬勃发展的背景下形成的，它是资本主义现代性叙事的理论产品，更是工人阶级为实现自身解放而不懈奋斗的思想结晶。

马克思主义工会理论具有解构与建构的双重指向。一方面，马克思主义工会理论源于其政治经济学批判。马克思认为，资本主义生产方式和生产关系的发展，使社会日益分成资产阶级和无产阶级②两大对立阶级。资产阶级以生产剩余价值为最终目的，工人阶级除了可以出卖自己的劳动力以外一无所有。工人越劳动，反而越贫困。马克思深刻揭示了工人阶级被剥削的制度性根源，即生产资料私人占有制度及建于其上的资本主义生产组织形式。马克思的政治经济学批判把资本主义生产的"奥秘"大白于天下，因而也就论证了工人运动的历史和道义正当性。另一方面，马克思主义工会理论科学地回答了工人阶级的历史使命、工会运动发展规律、工会与国家关系、工会自我建设与改革发展。特别是在后马克思时代，面对资本主义国家政治统治策略的调整、政治民主化的改革实践、社会福利体制和保障机制的日臻完善，工人阶级是否依然能够作为一个独立的政治阶级而备受质疑，工会组织及其存在价值究竟还有多大，马克思主义工会理论是否应当被送进"历史的档案馆"，对这些问题的深入探索和回答，本身就是马克思主

---

① 马克思恩格斯文集（第2卷）[M].北京：人民出版社，2009：38.
② 在马克思文本中，无产阶级与工人阶级是同概念，可参见《共产党宣言》。

义工会理论在新的历史条件下得以继续建构的一个重要方面。中国共产党在这个问题上进行了积极探索,对发展21世纪马克思主义工会理论、推进马克思主义工会理论的中国化做出原创性贡献。

习近平关于工人阶级和工会工作重要论述,是中国特色社会职业发展的时代呼唤。1978年以来,当代中国正经历从传统社会向现代国家的整体转型。经济上,社会主义市场经济体制取代计划经济体制,市场在资源配置中的决定性作用进一步巩固夯实;政治上,民主法治建设进程加快,党政包办的单位体制瓦解,社会基层与党政协商对话渠道大大拓展,国家治理现代化被提到重要议程;文化上,主流意识形态与多元思想文化交织并存,意识形态斗争暗流涌动。当代中国工人阶级是改革开放的一代。在现代性经济、政治、文化等要素共同塑造起来的中国工人阶级,其群体特征、生存空间、价值观念、行动逻辑等表现出许多新的时代特点,中国工会的动员方式和工作体系也与以往大不相同。习近平指出:"要根据时代变化和实践发展,不断深化认识,不断总结经验,不断实现理论创新和实践创新良性互动,在这种统一和互动中发展21世纪中国的马克思主义。"① 习近平关于工人阶级和工会工作的重要论述,就是在这一社会历史背景下形成构造起来的,深刻体现了中国特色社会主义发展的时代性特点。

二、中国工人阶级的历史使命

这是对中国特色社会主义进入新时代以后,中国工人阶级的历史定位、运动方向、时代精神的概括和总结。回答了在新的历史条件下,中国工人阶级应肩负什么样的历史使命,以什么样的精神面貌,实现什么样的奋斗目标的问题。

马克思主义唯物史观认为,阶级是社会生产力发展的必然结果,阶级斗争是社会历史发展的"火车头"。自私有制产生以来,人类社会就日益分化为剥削阶级和被剥削阶级两大对立阶级。在资本主义生产条件下,剥削阶级表现为无偿占有工人剩余劳动力的资本家阶级;被剥削阶级则表现为除了个人劳动力可以出卖以外一无所有的无产阶级,而工人阶级是无产阶级中的绝大多数。在资本主义社会中,工人阶级处于社会结构中的最底层,也是被资本家的社会权力所支配和控

---

① 坚持运用辩证唯物主义世界观方法论 提高解决我国改革发展基本问题本领[N].人民日报,2015-1-24(1).

制的对象,工人为资本家生产商品,工人并未因此而变得富裕和殷实,反而在物质上和精神上陷入双重贫困。马克思将其称为"劳动异化"。因此,工人阶级如果不推翻资本主义的经济和政治统治,就无法实现本阶级的彻底解放。马克思恩格斯对工人阶级的历史使命寄予厚望,高度评价工人阶级及其革命行动在推动社会历史发展中的重大意义:"我们的利益和我们的任务是要不断革命,直到把一切大大小小的有产阶级的统治全部消灭,直到无产阶级夺取国家政权,直到无产阶级的联合不仅在一个国家内,而且在世界一切举足轻重的国家内都发展到使这些国家的无产者之间的竞争停止,至少是发展到使那些由决定意义的生产力集中到无产者手中。"① 可见,马克思主义认为工人阶级的历史使命具有双重含义,一是要通过政治革命消灭资本主义私有制,建立由工人阶级领导的无产阶级专政国家;二是将生产资料收归全社会所用,大力解放和发展社会生产力,使工人的个体劳动真正成为社会性劳动,使工人阶级过上"人之为人"的生活。

中国工人阶级是坚持和发展中国特色社会主义的主力军。中国工人阶级与西欧工人阶级具有相似的历史遭遇,而当代中国工人阶级的历史使命又具有鲜明的时代性、民族性特点。1921年中国工人阶级政党——中国共产党创建,从此,中国工人运动有了马克思主义政党的领导和马克思主义理论的科学指导。1949年中华人民共和国成立,标志着中国工人阶级从革命阶级上升为国家领导阶级,中国工人阶级的历史地位由此而改写。1978年党的十一届三中全会以来,中国工人阶级的历史使命更加集中地体现在发展社会生产力、发展中国特色社会主义这一方面,成为推动当代中国进行伟大社会革命的主力军。劳动创造财富,劳动创造历史,劳动是工人阶级最可贵的阶级品格。我国工人阶级是一支具有大局意识、过硬技能、优良传统的劳动大军。社会主义是干出来的,中国特色社会主义是靠包括工人阶级在内的广大人民群众用辛勤劳动创造的。没有劳动,一切将无从谈起。习近平指出:"全面建成小康社会,进而建成富强民主文明和谐的社会主义现代化国家,根本上靠劳动、靠劳动者创造。因此,无论时代条件如何变化,我们始终都要崇尚劳动、尊重劳动者,始终重视发挥工人阶级和广大劳动群众的主力军作用。"② 实现中华民族伟大复兴的中国梦是中国工人运动的前进方向。有什

---

① 马克思恩格斯文集(第2卷)[M].北京:人民出版社,2009:192.
② 习近平.在庆祝"五一"国际劳动节暨表彰全国劳动模范和先进工作者大会上的讲话[N].人民日报,2016-5-29.

么样的历史使命，就会开辟出什么样的运动方向。一方面，工人阶级是社会先进生产力的代表，中国工人阶级运动的方向与马克思主义所强调的历史发展的大趋势是高度一致的，即以本阶级的自我解放实现全人类的共同解放。当前，中国工人运动的方向就是为实现中华民族伟大复兴的中国梦而奋斗，这是当代中国工人阶级运动的时代主题。习近平指出："工会要牢牢抓住这个主题，把推动科学发展、实现稳中求进作为发挥作用的主战场，把做好新形势下职工群众工作、调动职工群众积极性和创造性作为中心任务，把巩固党执政的阶级基础和群众基础作为政治责任。"① 另一方面，中国工人运动的方向，不是抽象的，而是具体的、现实的，是工人阶级整体行动与个体行动的有机统一。它既体现在中国工人阶级是中华民族实现伟大复兴的先进领导阶级，是中国特色社会主义现代化建设的关键性力量；还体现在每一个工人和职工的个人理想、工作条件、生活状况、精神境界等获得显著的改善和提高。习近平指出："实现中华民族伟大复兴的中国梦，根本上要靠包括工人阶级在内的全体人民的劳动、创造、奉献。要使中国梦真正同每个职工的个人理想和工作生活紧密结合起来，真正落实到实际行动之中。"②[3]

中国工人阶级在伟大事业中彰显时代精神。中国工人阶级的时代精神，是中国工人阶级在实现其历史使命的现实运动中所具有的思想状态、社会心理、情感体验和精神面貌的综合体现，是伟大民族精神的群体缩影，是引领现代化强国建设的强大精神力量。这种时代精神，就是劳动精神、劳模精神、工匠精神。其一，"劳动是推动人类社会进步的根本力量"③，劳动精神是关于劳动理念认知和行为实践的集中体现，在理念认知上表现为全社会尊重劳动、崇尚劳动、热爱劳动；在行为实践上表现为劳动者辛勤劳动、诚实劳动、创造性劳动。其二，劳动模范是工人阶级中的杰出代表和先进典型，"是民族精英，人民的楷模"④，在他们身上体现了中国工人阶级最为可贵的阶级品质，即"爱岗敬业、争创一流，艰苦奋斗、勇于创新，淡泊名利、甘于奉献"的劳模精神。其三，"大国工匠是职

---

　① 竭诚服务职工群众维护职工权益 为实现中国梦再创新业绩再建新功勋［N］.人民日报，2013-10-24（1）.
　② 竭诚服务职工群众维护职工权益 为实现中国梦再创新业绩再建新功勋［N］.人民日报，2013-10-24（1）.
　③ 习近平.在同全国劳动模范代表座谈时的讲话［N］.人民日报，2013-4-29（1）.
　④ 动员亿万职工群众积极建功新时代 开创我国工运事业和工会工作新局面［N］.人民日报，2018-10-30（1）.

工队伍中的高技能人才"[①],工匠精神是在职业技能上技能精到、技艺过硬,在职业素养上精益求精、追求卓越,在职业理念上敬业守信、责任担当。精神的力量是无穷的,让尊重劳动、尊重创造蔚然成风,让劳动精神、劳模精神、工匠精神在中国特色社会主义伟大事业中发扬光大。

三、中国工会运动发展的基本规律

这是对当代中国工会运动发展"何以可能"的概括和总结,回答了中国工会运动发展的领导力量、道路形态、基本属性等问题,提炼了中国工会运动发展的基本规律。

工会是工人阶级集体行动的组织化形式。马克思恩格斯认为,在资本主义条件下,资本家对雇佣工人剩余劳动的剥削——通过无偿占有工人的剩余劳动以追求剩余价值最大化为目标,这是资本运动的内在依据。资本以再生产的方式,一方面将生产资料集中在少数人即资本家手中,另一方面将越来越多的人(也包括资本家)抛至工人阶级队伍之中。面对资本对劳动的剥削,面对资本力量对工人生活、生理、心理造成的严重损害,工人阶级必须组织起来,以集体行动的方式对抗资本强势。马克思恩格斯将工人阶级的集体行动划分为两种类型:一是工人阶级的自发行动,行动对象是资本家的固定资本,如厂房、机器等,行动方式以罢工、破坏生产资料和生产工具为主;二是工人阶级的自觉行动,行动对象是资本主义制度本身,暴力革命是最为重要的行动方式。与这两种工人阶级集体行动类型相适应的组织化形式,分别是工会(工联)与工人政党。其中,工会(工联)是工人阶级集体行动的初级组织化形式,结构相对松散、分散,缺乏科学理论的指导,具有密谋性特点;工人政党是工人阶级集体行动的高级组织化形式,组织纪律严明。共产党因为有马克思主义作为科学指导和行动指南,是工人政党中最具革命性和先进性的组织力量。

坚持中国共产党对工会工作的指导。西欧国家的工会运动发展是以资本主义工业化大生产为前提的,工会运动早于工人政党运动。1847年马克思恩格斯对正义者同盟进行改造后,才创建历史上第一个无产阶级政党——共产主义者同盟。

---

① 动员亿万职工群众积极建功新时代 开创我国工运事业和工会工作新局面[N].人民日报,2018-10-30(1).

因此，西欧工会运动经历了先有工会、而后有工人政党，而后工人政党与工会共存的特殊发展逻辑。中国工会运动明显有别于此。习近平指出："中国的最大国情就是中国共产党的领导。"①政军民学、东西南北中，党是领导一切的，中国共产党是中国最高政治领导理论。中国工会组织是在中国共产党领导下创建的，中国工会运动也是在中国共产党领导下进行的，因此中国工会运动是由马克思主义政党"遥控指挥"的工人阶级组织化运动，中国共产党是中国工会运动发展的领导力量。习近平指出："工会要永远保持自觉接受党的领导这一优良传统。"②工会是党和政府联系工人阶级和职工群众的桥梁和纽带，坚持中国共产党领导是中国工会运动最重要的政治优势和鲜明特点，是中国工会运动发展的原则和底线，"这是我们党的一个突出政治优势，也是中国特色社会主义的一个鲜明特点"③。坚持中国特色社会主义工会发展道路。中国特色社会主义工会发展道路是中国特色社会主义道路的重要组成部分，坚持中国特色社会主义工会发展道路是中国工会发展的唯一正确选择。面向未来，我们不仅要实现第一个百年奋斗目标，还要开启第二个百年征程。然而，前进的道路不可能一帆风顺，建设现代化强国不可能轻轻松松实现，"必须进行许多具有新的历史特点的伟大斗争，任何贪图享受、消极懈怠、回避矛盾的思想和行为都是错误的"④。把党的领导、维护职工权益和依法依章程独立自主开展工作结合起来，增强政治鉴别力，自觉同"那种无视我国工人阶级成长进步的观点，那种无视我国工人阶级主力军作用的观点，那种以为科技进步条件下工人阶级越来越无足轻重的观点"⑤，以及那种企图将中国工会引导到西方"独立工会"模式的观点、那种忽视和否认工会工作在党和国家工作大局中特殊地位和作用的观点、那种对工会改革消极应对、敷衍了事、流于形式的观点做斗争。

坚持工会运动合规律性与合目的性相统一。一方面，中国工会运动本身就是一个客观的历史过程，它融入中国共产党领导的革命、建设、改革历史之中，融

---

① 中共中央文献研究室.习近平关于社会主义政治建设论述摘编［M］.北京：中央文献出版社，2017：28.
② 竭诚服务职工群众维护职工权益 为实现中国梦再创新业绩再建新功勋［N］.人民日报，2013-10-24（1）.
③ 竭诚服务职工群众维护职工权益 为实现中国梦再创新业绩再建新功勋［N］.人民日报，2013-10-24（1）.
④ 中国共产党第十九次全国代表大会文件汇编［M］.北京：人民出版社，2017：12-13.
⑤ 中共中央文献研究室.习近平关于社会主义政治建设论述摘编［M］.北京：中央文献出版社，2017：185.

入中国工人阶级从政治革命阶级到国家领导阶级的发展历史之中，融入中华民族从站起来、富起来到强起来的现代化进程中。另一方面，中国工会运动是中国工人阶级的共同事业，有其自身的使命和目标。从近看就是实现中国工人阶级自身的政治解放，成为国家的主人；从远看就是中国工人阶级实现自身的社会解放，成为自己的主人。合规律性与合目的性是内在统一的，我们既要看到两者的差异方面，更要看到两者的统一方面，当代中国工会运动就是要围绕党和国家工作大局做好"公转"的同时，更好地代表和维护职工群众合法权益。习近平指出：工会要"把推动科学发展、实现稳中求进作为发挥作用的主战场，把做好新形势下职工群众工作、调动职工群众积极性作为中心任务，把巩固党执政的阶级基础和群众基础作为政治责任，竭诚为职工群众服务，切实维护职工权益，不断焕发工会组织的生机活力"①。

四、中国工会要融入现代国家建设

这是对当代中国工会在社会主义现代化国家建设中的地位、功能的概括和总结，回答了"工会为什么要参与国家建设，工会如何参与国家建设"的问题。

马克思主义认为，国家是阶级矛盾不可调和的产物，市民社会决定政治国家。伴随资本主义国家议会政治的发展，政党成为影响国家战略和发展方向的重要政治力量。从发生学角度看，西方工会就是在资产阶级政治统治逐步确立，议会政治和政党政治逐渐成为资本主义国家政治运作基本形式的背景下发展起来的。然而，西方工会并不是在议会政治和政党政治的框架内建立的，而是作为议会政治和政党政治的对立物而与其平行式地出场的。西方工会的功能，概括起来就是作为工人阶级集体行动的组织化形式与资产阶级的政治经济权力相抗争，以更好地维护工人阶级的政治和经济利益。西方工会与国家政治权力之间是一种二元对立关系。伴随资本主义政治制度的进一步发展，两者之间的制衡关系逐渐弱化，边界也日益模糊，现代西方工会更为普遍地被吸纳到资产阶级政治运作逻辑之中，在资本家阶级与工人阶级之间充当一种"劳资矛盾"的稳定器和缓冲机制。

---

① 中共中央文献研究室.习近平关于社会主义政治建设论述摘编［M］.北京：中央文献出版社，2017：180.

中国工会与国家的关系与西方截然不同。一方面，中国工会是社会主义国家政权的重要社会支柱。1949年中国共产党开国建政后，中国工人阶级历史性地成为国家领导阶级，成为国家政治权力"名义"上的掌控者，中国工会组织进而也进入国家政治形态之中，但革命逻辑与传统并未淡去。这种转型意味着，中国工会被中国共产党整合到社会主义国家的民主政治发展之中，被执政党赋予社会支柱性功能。中国工会是社会主义国家政权的重要社会支柱。对此可以从三个方面来理解。第一，这是由中国工人阶级的政治阶级地位决定的，工人阶级是中国共产党的阶级基础，是中华人民共和国的领导阶级，工会是由共产党直接领导的群团组织，联结政党与工人阶级，工会工作对于巩固党和国家的政治基础和阶级基础意义重大；第二，工会在工人阶级和国家政权中具有信息传达和反馈功能，工会一方面将党和国家的大政方针传递给职工群众，另一方面把基层职工群众利益、愿望、诉求及时反馈给党和政府，强化工人阶级与国家政权的政治共同体关系；第三，工会通过思想引领、组织动员、权益维护等功能，把广大职工群众团结凝聚在党和政府周围，为工人阶级创新创造创业搭建舞台，将中国工人阶级运动融入中国特色社会主义现代化建设的整体事业中。中国工会与国家政权之间的关系不是抗衡性的，而是支撑性、联动性的。简而言之，"中国工会是中国共产党领导的工人阶级群众组织，是党联系职工群众的桥梁和纽带，是社会主义国家政权的重要社会支柱。"①另一方面，中国工会是推进国家治理体系和治理能力现代化的重要力量。党的十八届三中全会做出全面深化改革的重大决定，将坚持和发展中国特色社会主义制度，推进国家治理体系和治理能力现代化作为全面深化改革的总目标。习近平指出："国家治理体系是由众多子系统构成的复杂系统。这个系统的核心是中国共产党，党是领导一切的，人大、政府、政协、法院、检察院、军队，各民主党派和无党派人士，各企事业单位，工会、共青团、妇联等群团组织，既各负其责，又相互配合，一个都不能少。我们必须把群团组织建设得更加充满活力、更加坚强有力，使之成为推进国家治理体系和治理能力现代化的重要力量。"②改革开放以来，中国工会在国家治理体系和治理能力现代化进程中，发挥着越来越重要的作用。比如，在宗教工作中，工会要与统战部门和宗教

---

① 中共中央文献研究室.习近平关于社会主义政治建设论述摘编[M].北京：中央文献出版社，2017：177.

② 中共中央文献研究室.习近平关于社会主义政治建设论述摘编[M].北京：中央文献出版社，2017：188-189.

事务管理部门相互配合、齐抓共管;在家庭文明建设中,工会要结合自身功能特点,开展家庭文明建设活动;在提升就业质量方面,完善政府、企业、工会三方协商协调机制,构建和谐劳动关系,引导企业生产与职工技能培养相结合,构建终身化的职业技能培训机制;在乡村振兴战略中,发挥工会组织力量,支持农村产业发展、生态环境保护、乡村文明建设、农村弱势群体关爱等;在社会基层治理方面,发挥工会积极作用,打造共建共治共享社会治理格局。可见,中国工会是国家治理体系与治理能力现代化的重要主体,与政党、政府、企事业单位、社会组织等在国家治理格局中是协同合作、互为补充的关系,而非相互竞争、彼此拆台的"零和博弈"关系,这是社会主义国家工会组织与国家关系的显著特点。

五、中国工会改革发展的战略空间

这是对当代中国工会改革发展的理论与实践问题的概括和总结,涉及工会改革的宏观定位、目标任务等内容,回答了当代中国工会"为什么要深化改革、如何深化改革"的问题。

马克思恩格斯对工会组织建设问题的探讨,主要是以革命主义叙事为基本内容的,即工会是工人阶级的组织化载体,工人阶级政党应当赋予工会一定的组织地位,使工会在工人阶级政党的领导和遥控下进行政治革命。马克思指出:"因为工会是无产阶级的真正的阶级组织,无产阶级靠这种组织和资本进行日常的斗争,使自己受到训练,这种组织即使今天遇到最残酷的反动势力也绝不会被摧毁。既然这一组织在德国也获得了这种重要性,我们认为,在纲领提到这种组织,并且尽可能在党的组织中给它一个位置,那是绝对必要的。"[①]共产党夺取国家政权、建立无产阶级专政后,工会应当在共产党执政的条件下实现自身组织功能的转型和调试,但马克思恩格斯并未对此做出详细的阐释。列宁对此在实践上和理论上进行了初步探索和回答。当代中国共产党人对社会主义市场经济条件下工会改革发展的问题进行了艰辛的实践探索和理论思考。

中国工会改革要在群团改革的整体框架之下进行谋划。习近平指出:"工会、共青团、妇联等群团组织联系的广大人民群众是全面建成小康社会、坚持和发展中国特色社会主义的基本力量,是全面深化改革、全面推进依法治国、巩固党的

---

① 马克思恩格斯文集(第3卷)[M].北京:人民出版社,2009:413.

执政地位、维护国家长治久安的基本依靠。"①工会改革是中国共产党群团工作改革的重要组成部分。中国工会改革的落脚点就是盘活资源，使各方资源服务职工群众。当前，中国工会面临的现实问题是：一方面群团组织可整合利用的资源十分有限，而职工群众的需求却是广泛而多元的，这就必然存在资源的供给与需求之间的结构性矛盾问题，若不妥善加以解决，则工会改革的实际成果就很难惠及职工群众，职工群众对工会改革的绩效评价也会有所影响；另一方面，不仅工会在改革，共青团、妇联等其他群团组织也是本轮党的群团工作改革中的重要参与者，由此客观上造成了与工会之间形成"资源竞争"的格局，在同一地区或单位中，有限的资源如何在不同群团组织之间合理分配，将成为一个不小的难题。面对如此局面，工会改革不仅要围绕党政中心做好"自转"，还要关照群团改革的大逻辑实现与其他群团组织改革的有效衔接，变"资源竞争"为"资源共享"。这就要摒弃工会工作中的"零和博弈思维"，树立"共享发展理念"，构建党政领导下的基层群团工作"共同体"，发挥工青妇等不同群团组织的专长和优势，把有限的资源高效盘活，把组织的触角延伸到各个领域。

　　增强工会组织的政治性、先进性、群众性。习近平在中央党的群团工会会议上提出上述目标，这一目标是针对工会等群团组织不同程度存在"机关化、行政化、贵族化、娱乐化"的现象而言的。政治性是中国工会的灵魂，是第一位的，保持和增强工会的政治性，归根结底就是坚持中国共产党领导，"主要体现在工会、共青团、妇联等群团组织要承担起引导群众听党话、跟党走的政治任务，为夯实党执政的阶级基础和群众基础做出贡献上"。②先进性是中国工会改革的着力点，要把中国工会的党性、阶级性、人民性结合起来，始终站在党和人民的立场上，组织动员广大人民群众干在实处、走在前列，为中国特色社会主义现代化事业贡献力量。群众性是中国工会的力量源泉，增强群众性就是要自觉践行党的群众路线。群众路线既是认识方法，从职工群众中来再到职工群众中去，增强职工群众对党和政府方针政策理论的认同；群众路线也是工作方法，要坚持研究向下、重心下移，多为职工群众办实事、解难事。习近平指出："工会、共青团、妇联开展的机关干部下基层活动要常态化、制度化，成为每个干部的习惯和自

---

① 中共中央关于加强和改进党的群团工作的意见[C].北京：人民出版社，2015：1.
② 中共中央文献研究室.习近平关于社会主义政治建设论述摘编[M].北京：中央文献出版社，2017：190-191.

觉，大部分工作时间要到工人、青年、妇女中去。"①综上，本文所建构的理论形态的优势可能在于：一是将条目较多的理论进一步进行了整体性构建，理论结构更加清晰明了；二是理论形态内部的逻辑关系更加明确，体现前后相继的层次性和递进性；三是从马克思主义经典作家的工会理论出发，把握当代中国马克思主义工会理论对经典理论的继承性。如何在结构特征基础上进一步把握新时代中国马克思主义工会理论的时代逻辑和实践逻辑，如何描述当代马克思主义工会理论最鲜明的理论特质，这是接下来研究需要进一步解决的问题。

---

① 中共中央文献研究室.习近平关于社会主义政治建设论述摘编［M］.北京：中央文献出版社，2017：200.

从《大国工匠》中看匠心的三重境界

颜 琴[①]

摘 要：习近平总书记在党的十九大报告中指出："弘扬劳模精神和工匠精神，营造精益求精的敬业风气。"这为新时代弘扬工匠精神提出了新要求。本文试从央视纪录片《大国工匠》中分析匠心的三重境界，旨在全社会弘扬和传承敬业、严谨、精益求精的职业精神。

关键词：大国工匠；匠心精神；三重境界；职业精神

清华大学四大国学家之一的王国维先生曾在其著作《人间词话》中提及人生三重境界："昨夜西风凋碧树。独上高楼，望尽天涯路。""衣带渐宽终不悔，为伊消得人憔悴。""众里寻他千百度。蓦然回首，那人却在，灯火阑珊处。"意指能看到形势发展的方向并能排除干扰，这是取得成功的基础；面对各种困难，要忘我奋斗，敢于创新；经过磨炼之后，能够领悟贯通，取得独特的成绩。分别诠释了人生"立""守""得"三重境界。词话如此，人生亦如此，匠心精神也如此。

央视纪录片《大国工匠》从大勇不惧、大术无极、大巧破难、大艺法古、大工传世、大技贵精、大道无疆、大任担当8个层面，讲述了中铁二局二公司隧道爆破高级技师彭祥华、中国航天科技集团公司第四研究院7416厂高级技师徐立平、国家电网山东检修公司带电作业组组长王进等24位大国工匠的人生故事，展示了他们非凡的职业绝技。从他们身上不仅看到了平凡的工作岗位中迸发出来的劳动精神；而且看到了把职业当作事业来执着追求的职业精神；更看到了面对境况、始终如一；坚持不懈、勇于攀登；德技双馨、不忘初心的三重匠心境界。

[①] 颜琴（1970— ），女，江西南昌人，江西省总工会干部学校副校长、高级教师，主要从事工运理论、劳动关系、民主管理、班组建设等方面的教学与研究。

一、"立"——面对境况、始终如一，以一种爱岗敬业、淡泊名利、艰苦奋斗、乐于奉献的精神投入工作中

爱岗敬业的匠心精神。爱岗敬业就是热爱自己的工作岗位，以一种认真负责、专心致志的工作态度对待自己的本职工作。工作没有高低贵贱之分，无论从事什么职业，都要干一行、爱一行、钻一行。不论在工厂车间，还是在田间地头，抑或是在商场店铺，只要踏实勤勉，都能干出不平凡的业绩。大国工匠对自己的职业从不轻言放弃，他们干一行、爱一行、钻一行、精一行，从小事做起、从卑微的事做起，全身心地投入工作，认真履行相应的职责和义务，把自己的工作岗位当作创造人生价值的平台。大国工匠敬业、乐业，从他们身上可以看到崇高的职业理想和职业信念、从业态度和职业情感，他们能在劳动中感受快乐，在平凡的工作岗位上始终如一地做好每一件事情，用责任心苦干、实干和巧干，取得了卓越的成绩。

淡泊名利的匠心精神。淡泊名利的最高境界是不把个人的得失放在心上。古往今来，人如果被名利蒙蔽了双眼，就不能抵御各种诱惑，就会成为名利的奴隶，最终将身败名裂。大国工匠之所以能够做到淡泊名利，是因为他们能够用奉献精神和行之有效的行动来冲破利益的诱惑，始终牢记最初的目标，时常用自省、自重、自警、自励、自觉来敲打自己，坚持洁心、洁身、洁行，以廉为荣、以俭立身，面对充满竞争和诱惑的社会，以一种淡泊以明志、宁静以致远的优秀品格，耐住艰苦、守住清贫、抵住诱惑，安贫乐道、知足常乐，从不为个人私利去争取什么，面对荣誉，总是主动让给别人，用一颗平常心在自己平凡的工作岗位上默默耕耘，脚踏实地地实现自己的人生理想和生命价值，成为受全社会尊敬的先进人物。

艰苦奋斗的匠心精神。吃苦耐劳、勤俭持家和讲究节俭是中华民族的传统美德。艰苦奋斗是我们党的优良传统和政治本色。艰苦奋斗是一种奋发向上、艰苦创业的精神状态，是一种不畏艰难、勇往直前的坚强意志，一个人、一个民族乃至一个国家要强大，离不开艰苦奋斗，我们国家全面建成小康社会和中华民族伟大复兴梦想的早日实现，更离不开艰苦奋斗。艰苦奋斗既有恒定的价值内核，又有时代的特色价值。进入新时代更需要发扬艰苦奋斗的精神，始终保持昂扬向上的精神状态，形成不怕困难、不畏艰险的强大力量。大国工匠艰苦奋斗的精神体现在爱岗敬业、争创一流、勇于创新、淡泊名利、乐于奉献等各个方面。在他们

身上有不怕困难的意识,有克服困难的信心,有奋发进取的锐气,勤俭节约、艰苦朴素,围绕目标,不断实现自我突破。

乐于奉献的匠心精神。奉献精神是一种不求回报,勇于担当的精神。卡耐基说:"事情的本身不能使我们快乐或不快乐,决定我们感觉的是我们对事情的反应方式。"工作快乐与否,取决于对待工作的态度,只有怀着一颗奉献的心,带着快乐的心情投入工作中,才能创造出人间奇迹。在全社会提倡奉献精神,旨在唤醒人们心底的勤劳勇敢、刻苦钻研与无私奉献。实现中国梦,离不开每个人的努力,无论时代怎样变革,奉献一直是鼓舞着人们昂扬向上的庞大力量。大国工匠在日常生活和工作中,能够充分认识到自身利益与他人、社会、国家和民族利益的一致性,能够树立高度的社会责任感和使命感,将他人、社会、国家和民族的利益置于个人利益之上,无私奉献自己的一切,用甘于奉献的精神绘制出了美丽的事业蓝图。

二、"守"——坚持不懈、勇于攀登,以一种精益求精、争创一流、永不止步、勇于创新的精神投入工作中

精益求精的匠心精神。精益求精就是把事情做得非常出色了还要追求更加完美。中国古代的巧匠们凭着精益求精的态度和巧夺天工的雕琢,诞生了无数的艺术精品。进入互联网时代,需要手工完成的工作越来越少,但这种精益求精的匠心精神依然是社会进步的助推器。精益求精的工匠精神主要体现在严谨求实、一丝不苟、追求极致三个方面。大国工匠有严谨求实的工作原则,他们对自己的产品有着非常高的质量要求,对工作内容、工艺应用有着客观精确的认识和全面细致的思考,赋予了产品独有的精神气质。大国工匠有一丝不苟的工作作风,他们严格遵循工作规程和品质要求,从小事入手,注重细节,精雕细琢,追求完美,竭尽所能将产品做到最好。大国工匠有追求极致的工作目标,他们对技能和产品的质量始终做到以生产精品为目标,不断改进工艺,提高产品质量,技能、工艺和产品力争在业内能长久地处于领先水平。

争创一流的匠心精神。争创一流是一种积极向上的精神风貌,是提高工作水平的基本前提和条件。古人云:"取法其上,得乎其中;取法其中,得乎其下。"说明只有不断提高对工作的要求,产品的质量才能不断地提升。如果工作标准低,工作质量就得不到提升,久而久之就容易造成思维上的惰性,禁锢思想,难

以飞跃。争创一流就是要在高起点上继续求高，在新起点上继续求新。大国工匠身上总是有着争创一流的干劲。他们眼光前瞻，视野开阔，瞄准前沿，着眼未来，以强烈的忧患意识、机遇意识、进取意识和责任意识，积极参加技术革新、技术协作、发明创造、合理化建议等活动，创造一流的工艺、一流的质量、一流的业绩。

永不止步的匠心精神。人生只有不断地追求，才能收获更多的美好；只有不止步于眼前的美好，才能收获绽放的美丽。泰戈尔曾说过："只管走过去，不必逗留着采了花朵来保存，因为一路上花朵依然会继续开放。"只要不断进取，永不满足，就能登峰造极；只要不断追求，永不止步，就有闪光成就，这是无数技艺精湛的手艺人成为大师，成为流芳千古的大匠的原因。大国工匠孜孜不倦，执着精进，终身学习，孜孜以求，坚持做到在学习中工作，在工作中学习，天天向上，做知识型劳动者，不断突破自己的能力上限，不断超越自我。面对困难和挫折，从不抱怨，而是以良好的心态和顽强拼搏的意志勇往直前，同困难做斗争，铸就了个人品牌，谱写了人生华章。

勇于创新的匠心精神。所谓创新就是利用已有的常识，使原本的技术或事物日趋完善，从而获得比过去更好的技术或事物。创新既可推进民族进步，亦可推进事业发展。创新涵盖各个领域，是用人单位生存和发展的生命线，是用人单位提升核心竞争力的重要途径。勇于创新的意义在于在用人单位营造一种人人谈创新、时时想创新、处处有创新的组织氛围，最大限度地激发广大职工的创新热情和创造活力。大国工匠在工作中敢于突破老规矩，敢于打破旧框框，敢于接受新事物，创新观念、创新思路、创新制度、创新管理、创新能力和创新技术，创造性地建立新机制、制定新思路、采取新方法、取得新成效。大国工匠这种勇于创新的匠心精神，是各行各业创新精神的总结，将有利于加速"中国制造"升级为"中国创造"。

三、"得"——德技双馨、不忘初心，以一种心存感恩、团结协作、与人为善、毫无保留的精神投入工作中

心存感恩的匠心精神。感恩是一种处世哲学，是生活中的大智慧。只有心存感恩，才能收获更多的幸福和快乐，才能领悟命运的馈赠与生命的激情。对生活心存一份感恩，能够永远健康快乐，生活将呈现崭新的一面。对工作心存一份感

恩，工作就会变得简单轻松，并且会迸发出极大的工作热情，积极主动地去承担工作，最终成为用人单位的中流砥柱。懂得感恩是做人之本，是一个人不可磨灭的良知，是一个人最起码的道德品质。大国工匠都拥有一颗感恩的心，他们把工作当成用人单位赠予自己的礼物，自动自发地投入工作中，用激情在枯燥的工作中寻找乐趣，用微笑和热情换来了平凡岗位的卓越成就。

团结协作的匠心精神。比尔·盖茨认为大成功靠团队，小成功靠个人。歌德认为不管努力的目标是什么，不管他干什么，如果单枪匹马是没有力量的，合群永远是一切善良的人的最高需要。由此说明团结协作是每个人应当具备的基本品格之一，团结协作是事业成功的根本。在工作中，要想取得更多成就，光靠一个人单打独斗是不行的，只有依靠团队的力量，才能取得更大的成就。大国工匠能够清楚自己在团队中的位置，与团队成员友好合作，服从团队安排，把团队的成功看成施展个人才能的目标，实现了一次又一次的飞跃。他们乐于与别人分享自己的经验，这份淳朴和大气赢得了人们的尊重，起到了正面引领的作用。

与人为善的匠心精神。孟子曾说"君子莫大乎与人为善"，指的是君子的最高德行是与人为善。所以，你希望别人怎样对待你，你就应该怎样对待别人。然而，不尊重他人者有之，以自我为中心者有之，对不同意见不屑一顾者有之，对批判自己的人出言不逊者有之，在这种情况下，是针锋相对，还是宽容大度，可以反映一个人的素质和修养。大国工匠都怀有一颗感恩的心，他们感激所有帮助过他们的人，他们尊重他人的感受，不以自我为中心，经常换位思考，在学习、工作和生活中自觉践行与人为善的品德。

毫无保留的匠心精神。党的十九大报告提出："不忘初心，牢记使命。"这个"初心"就是出发时的目标、誓言或承诺。恩格斯说："一个知道自己的目的，也知道怎样达到这个目的的政党，一个真正想达到这个目的并且具有达到这个目的所必不可缺的顽强精神的政党——这样的政党将是不可战胜的。"大国工匠以敬业、专注、坚持、精益求精、创新和对产品、服务或工作精雕细琢，追求极致的职业理念，以及完美的执行力，取得了某一领域的重大突破和丰硕成果。德技双馨之后，大国工匠们除了坚守这份匠心之外，更多的是毫无保留地向后辈传输技艺、学识和做人的道理，培养出了更多具有匠心精神的专业人才，所有精湛的技艺、高深的学问在大国工匠的传授下一代一代地传承下去，对我国经济社会的发展和"中国创造"的未来产生了深远的影响。

29

参考文献

[1] 学习型员工·素质建设工程教研中心. 传承工匠精神 争做优秀员工[M]. 北京：企业管理出版社，2016.

[2] 侯兴传·王持栋. 劳模精神员工读本[M]. 北京：中国言实出版社，2011.

[3] 谢月华. 工匠心做事 感恩心做人[M]. 北京：企业管理出版社，2017.

[4] 向德荣. 劳模精神职工读本[M]. 北京：中国工人出版社，2016.

[5] 王国维. 人间词话[M]. 南京：江苏人民出版社，2016.

新时代工会工作的变与不变
——以新时代党的基本路线和我国社会主要矛盾为视角

乔 昕[①]

摘 要: 党的基本路线和我国社会主要矛盾这两个问题,是40年改革开放的理论基础和逻辑起点,始终贯穿着改革开放的全过程和各方面。党的十九大明确了中国特色社会主义进入新时代,党的基本路线和我国社会主要矛盾这两个重要的理论问题都被赋予了新的内涵和变化,回顾和梳理党的基本路线和我国社会主要矛盾的"变"与"不变",对于做好新时代工会工作具有重要的启迪和指导作用。

关键词: 新时代;基本路线;社会主要矛盾;工会工作

党的基本路线,是党和国家的生命线、人民的幸福线,它关乎兴国之要、立国之本、强国之路。我国社会主要矛盾,是决定党和国家的中心任务、工作重点及奋斗目标的基础与前提,它关乎中国特色社会主义建设事业的全局。1987年中共十三大正式提出并确立了党在社会主义初级阶段的基本路线。1981年党的十一届六中全会通过了《关于建国以来党的若干历史问题的决议》,其中对我国社会主要矛盾做了规范的表述。可以说,党的基本路线和我国社会主要矛盾这两个问题,是40年改革开放的理论基础和逻辑起点,始终贯穿着改革开放的全过程和各方面。当然,它们也对我国工会工作产生了深刻的影响。

2017年党的十九大胜利召开,明确了中国特色社会主义进入新时代,党的基本路线和我国社会主要矛盾这两个重要的理论问题都被赋予了新的内涵和变化,回顾和梳理改革开放40年来党的基本路线和我国社会主要矛盾的"变"与"不变",对决胜全面建成小康社会,夺取新时代中国特色社会主义伟大胜利,实

[①] 乔昕,陕西工运学院教师。

现中华民族伟大复兴的中国梦,具有重要的历史启示和现实意义,对于做好新时代工会工作也具有重要的启迪和指导作用。

一、新时代党的基本路线的变与不变

党的基本路线,是党在一定的历史时期指导全局的总任务、总方针、总政策的集中概括,是党的指导思想和基本理论的集中体现,是党在一定历史时期全部实践的指南和依据。能否制定和贯彻一条正确的基本路线,直接关系到党的事业兴衰成败。毛泽东同志把基本路线比作"照耀我们各项工作的灯塔"。[①]邓小平同志说,党的路线正确与否,"关系着国家的前途和社会主义事业的成败"。[②]

党在不同历史时期制定了相应的基本路线。中华人民共和国成立以来,我们党先后提出和制定了不同历史阶段的基本路线,对此,学术理论界尚有不同观点:一是"三个"说,即过渡时期总路线(1953年6月)、社会主义建设总路线(1958年5月)和社会主义初级阶段的基本路线(1987年10月);二是"四个"说,即增加"文化大革命"时期"以阶级斗争为纲"的路线(1969年4月);三是"五个"说,即增加中共八大路线(1956年9月)。本文所说的党的基本路线,是通常所指的党在社会主义初级阶段的基本路线。

(一)毫不动摇坚持党在社会主义初级阶段的基本路线

1987年,党的十三大做出我国仍处于并将长期处于社会主义初级阶段的科学论断,并明确概括和全面阐发了党在社会主义初级阶段的基本路线,即"领导和团结全国各族人民,以经济建设为中心,坚持四项基本原则,坚持改革开放,自力更生,艰苦创业,为把我国建设成富强、民主、文明的社会主义现代化国家而奋斗"。党的十四大将其正式写入党章,党的十五大、十六大、十七大、十八大、十九大都一以贯之地突出强调这一基本路线,要求全党无论遇到什么困难和风险,都必须毫不动摇地加以坚持。党的十九大要求"牢牢坚持党的基本路线这个党和国家的生命线、人民的幸福线,领导和团结全国各族人民,以经济建设为中心,坚持四项基本原则,坚持改革开放,自力更生,艰苦创业,为把我国建设

[①] 中共中央文献研究室.毛泽东文集(第6卷),[M].北京:人民出版社,1999:316.
[②] 中共中央文献编辑委员会.邓小平文选(第2卷)[M].北京:人民出版社1994:205.

成为富强民主文明和谐美丽的社会主义现代化强国而奋斗"①。

从党的十三大到十九大，三十年来党的基本路线保持了稳定、得到了坚持。其一直不变的内涵主要包括：坚持中国共产党的领导；一个中心（以经济建设为中心）；两个基本点（坚持四项基本原则，坚持改革开放）；一条重要原则（自力更生，艰苦创业）；一个奋斗目标（建设社会主义现代化国家）。以上诸方面既体现了党的基本路线的整体性和系统性，更证明了党的基本路线的稳定性和一贯性。党的基本路线，必须全面坚持，须臾不可偏离、丝毫不可偏废。我国建设有中国特色社会主义的伟大实践，集中到一点，就是毫不动摇地坚持了党在社会主义初级阶段的基本路线，正如习近平总书记在纪念建党95周年大会上的讲话中指出的："党的基本路线是国家的生命线、人民的幸福线，我们要坚持把以经济建设为中心作为兴国之要、把四项基本原则作为立国之本、把改革开放作为强国之路，不能有丝毫动摇。"

（二）与时俱进完善党在社会主义初级阶段的基本路线

中国共产党具有与时俱进的优秀基因，党的基本路线也具有发展性的优良品质。这里所说的发展性（变化），不是偏离和动摇，更不是改变，而是发展、丰富和完善。党的十三大正式提出党在社会主义初级阶段的基本路线以后，党的十四大、十五大、十六大对党的基本路线的表述与十三大完全相同，一个字都没有改变，一个字也没有增加或减少。但党的十六大以后，提出了科学发展观和构建社会主义和谐社会的重大战略思想，将中国特色社会主义事业总体布局由经济建设、政治建设、文化建设三位一体进一步发展为经济建设、政治建设、文化建设、社会建设四位一体，标志着我们党对中国特色社会主义的科学内涵和现代化建设目标的认识达到了一个新高度。党的基本路线随之丰富发展成为"领导和团结全国各族人民，以经济建设为中心，坚持四项基本原则，坚持改革开放，自力更生，艰苦创业，为把我国建设成为富强民主文明和谐的社会主义现代化国家而奋斗"。从十三大（1987年）到十七大（2007年）的二十年，党的基本路线仅仅丰富了两个字——"和谐"。十八大对党的基本路线的表述则与十七大完全相同，一个字都没有改变。

党的十九大宣告中国特色社会主义进入新时代，也对党的基本路线做了

---

① 习近平.决胜全面建成小康社会 夺取新时代中国特色社会主义伟大胜利［R］.2017-10-18.

进一步的发展和完善。其一,在"富强、民主、文明、和谐"后面加了"美丽"两个字,正好对应我们国家"五位一体"(建设中国特色社会主义经济、政治、文化、社会、生态)的总体布局;其二,十九大之前,我们党的基本路线所表述的奋斗目标是要"建设社会主义现代化国家",现在变成了"建设社会主义现代化强国"。我们说"落后就要挨打,贫穷就要挨饿,失语就要挨骂",近几年,我国的经济实力、综合国力一直都在提升,2017年我国GDP总值为80万亿元,占世界第二位,仅次于美国,对世界经济的贡献也超过了30%。中国特色社会主义进入新时代,意味着近代以来久经磨难的中华民族迎来了从站起来、富起来到强起来的伟大飞跃,我们不仅要解决落后和贫穷的问题,我们更要解决"话语权"的问题。虽然只增加了两个字"美丽",只修改了两个字"强国",但是内涵发生了深刻变化,具有重大而深远的意义。可见,党的基本路线的制定,是随着时代的发展而不断发展的,是根据社会实践变化而不断丰富的,随着世情国情党情的深刻变化,党的基本路线的内涵也在不断丰富和发展,正是这种不断完善,使党的基本路线始终发挥着生命线和幸福线作用。

总之,三十多年来,党的社会主义初级阶段基本路线,"变"中有"不变",这个"不变"的重要一点就是"一个中心,两个基本点",党的基本路线在十九大报告中的语句表述也与过去完全一致,但是纵览党的十九大报告及《中国共产党党章(修正案)》,实际上党的基本路线在内涵上变得更为丰富了,可以说是"不变"之中也有"变"。

二、新时代我国社会主要矛盾的变与不变

社会主要矛盾是一个国家生产力发展水平和社会发展阶段的客观反映。有什么样的生产力发展水平、处于什么样的发展阶段,就会有什么样的社会主要矛盾。社会主要矛盾影响着某一阶段国家的发展方向,决定党和国家的中心任务。科学判断我国社会主要矛盾,并据此确定党的工作重点和奋斗目标,是推进中国特色社会主义事业不断前进的基础和前提。党的十九大做出了"中国特色社会主义进入新时代,我国社会主要矛盾已经转化为人民日益增长的美好生活需要和不平衡不充分的发展之间的矛盾"的重大判断,这个变化,是关系全局的历史性变化,对党和国家工作提出了许多新要求。我国社会主要矛盾已经转化,是判断中

国特色社会主义进入新时代的重要依据，是准确认识中国特色社会主义进入新时代的逻辑前提。

（一）我国社会主要矛盾的提出

对我国社会主要矛盾的探索，始于1956年党的八大。中华人民共和国成立后的一段时期内，基于当时我国经济社会发展水平不高、社会生产力相对落后的现实情况，党的八大明确提出："我们国内的主要矛盾已经是人民对于建立先进的工业国的要求同落后的农业国的现实之间的矛盾，已经是人民对于经济文化的迅速发展的需求同当前经济文化不能满足人民需要的状况之间的矛盾。"这是我党历史上第一次提出我国社会主要矛盾，也是对当时国情的一个基本判断，为当时确定党和国家的主要任务提供了依据。应当说，党的八大对于在社会主义改造取得决定性胜利以后，我国社会主要矛盾的认识和判断是准确的、客观的。但遗憾的是，后来由于"左"的思想的干扰，党对我国社会主要矛盾的认识，坚持得不够明确和牢固，在相当长的时期偏离了党的八大关于社会主要矛盾的正确判断，而把两个阶级、两条道路的斗争作为社会主义社会的主要矛盾，这种偏离和曲折，给国家建设和发展带来了负面影响，造成了严重后果。

（二）我国社会主要矛盾的回归

1978年党的十一届三中全会实现了历史转折，反映在对我国社会主要矛盾的认识上，就是重回八大的有关表述。1979年中央召开的理论务虚会上明确指出："我们的生产力发展水平很低，远远不能满足人民和国家的需要，这就是我们目前时期的主要矛盾。"1981年党的十一届六中全会通过了《关于建国以来党的若干历史问题的决议》，其中对我国社会主要矛盾做了规范的表述："在社会主义改造基本完成以后，我国所要解决的主要矛盾，是人民日益增长的物质文化需要同落后的社会生产之间的矛盾。"这一表述与八大的提法相比，有两点变化：一是不再从国家发展层面讲"建立先进的工业国的要求同落后的农业国的现实之间的矛盾"；二是把"人民对于经济文化迅速发展的需要同当前经济文化不能满足人民需要之间的矛盾"，改成"人民日益增长的物质文化需要同落后的社会生产之间的矛盾"。这两处改动，既承续了八大表述的本质内容，也反映了国情的某些变化，使社会主要矛盾的表述更精练、内容更集中。

这一表述正确认识和把握了改革开放新时期我国社会的主要矛盾，之后历次党代会都要重申社会主要矛盾问题。党的十二大确认了这一提法，并把它载入党章，党的十八大报告重申了"人民日益增长的物质文化需要同落后的社会生产之间的矛盾这一社会主要矛盾没有变"。从党的十二大报告到党的十八大报告都沿用了这个社会主要矛盾的提法，成为36年来我们一贯的表述。从那时起，我们党和国家的一切工作和任务都是为了集中解决这一社会主要矛盾。正是这一次回归，正是对社会主义初级阶段我国社会主要矛盾的准确把握，才奠定了社会主义初级阶段基本路线的理论基础，正是准确抓住了我国社会主要矛盾，才开辟了40年改革开放的新局面，才使我国创造了人类历史上的发展奇迹。

（三）我国社会主要矛盾的变化

党的十九大报告指出，"中国特色社会主义进入新时代，我国社会主要矛盾已经转化为人民日益增长的美好生活需要和不平衡不充分的发展之间的矛盾"。这是自1981年以来，有关我国社会主要矛盾表述的首次改变。这既是对马克思主义关于社会主义建设理论的丰富和发展，也是深刻总结我国社会发展实践所做出的科学判断。这一重大判断，揭示了制约我国发展的症结所在，明确了解决当代中国发展问题的根本着力点，为新时代谋划发展、推动发展指明了正确方向，是习近平新时代中国特色社会主义思想的重要理论成果，也是制定党和国家大政方针及长远战略的重要依据，对决胜全面建成小康社会、建设富强民主文明和谐美丽的社会主义现代化强国，具有十分重要的意义。

问题是时代的声音，矛盾是前进的动力。准确把握我国社会主要矛盾的变化，一方面，要深刻认识人民日益增长的美好生活需要。一般而言，物质文化需要相对比较具体，主要是一些硬性的需求；而美好生活的需要，则不仅包括具体的物质文化需要，还包括人们的主观价值判断和选择，而且不同社会群体和阶层的判断与选择又呈现千差万别的多样性特征。另一方面，要深刻认识不平衡不充分的发展。改革开放以来我国社会生产力水平总体上显著提高，社会生产能力在很多方面进入世界前列，目前更加突出的问题是发展不平衡不充分，如发展质量和效益还不高，创新能力不够强，生态环境保护任重道远，社会文明水平尚需提高、国家治理体系和治理能力现代化还在路上，等等。这些已经成为满足人民日益增长的美好生活需要的主要制约因素。十九大报告把"需要"和"生产"的矛盾，改为"需要"和"发展"的矛盾，表明社会主义现代化建设的内容更丰富、更充实、更富有内涵了，必须认识到，我国社会主要矛盾的变化是关系全局的历史性变化，对党和国家的工作提出了许多新要求。因此，解决新时代的社会主要矛盾，推进的过程会更复杂，遇到的问题会更多，遭受的挑战会更大，需要付出的努力会更艰辛。

纵观中华人民共和国成立以来我国社会主要矛盾的提法及其变化，可以清楚地看到我国社会主要矛盾始终紧扣以人民为中心的发展思想。对于新时代我国社会主要矛盾的转化，需要把握"变"与"不变"的辩证关系。"变"的是从"物质文化需要"到"美好生活需要"，从解决"落后的社会生产"问题到解决"不平衡不充分的发展"问题，"不变"的是"人民"这个根本。新时代我国社会主要矛盾的转变，实质是人民需要的变化，这不仅是我们党基于马克思主义人本理论的事实判断，也是党从人民的立场取向和感情倾向出发的价值判断。人类社会的发展过程其实就是人类逐渐完善自身的历史过程，无论是社会的发展还是个体的发展，都要坚持以人为中心的发展理念。所以，解决新时代我国社会主要矛盾，必须以习近平新时代中国特色社会主义思想为引领，始终尊重人民主体地位、发挥人民主体作用，始终把人民的需求作为继续前进的价值引擎和现实驱动力，牢固树立为人民服务的思想，带着不变的殷殷初心、深厚的为民情怀、强烈的使命担当，始终把人民群众最关心、最直接、最现实的利益问题放在心中最高位置，坚持把人民日益增长的美好生活需要作为一面镜子去映照现实，通过改革发展不断增强人民的获得感、幸福感和安全感。

三、新时代工会工作必须坚持的"不变"

党的基本路线的发展完善和我国社会主要矛盾的转化，对新时代的工会工作提出了新的要求，这种新要求，首先体现在工会工作必须坚持的几个方面。

（一）新时代要求工会工作必须坚持自觉接受党的领导

新时代工会工作必须坚持自觉接受党的领导，是贯彻党的基本路线的必然要求。党的基本路线明确指出党"领导和团结全国各族人民"，"坚持四项基本原则"（其中包括坚持中国共产党的领导），这是过去、现在和未来坚定不变的一贯要求，中国革命之所以不断取得胜利，我国改革开放和社会主义现代化建设之所以能够取得举世瞩目的辉煌成就，包括我国工会工作不断取得新的成绩，最根本的就在于我们始终毫不动摇地坚持了中国共产党的领导。

新时代工会工作必须坚持自觉接受党的领导，是由中国工人阶级和中国共产党不可分割的血肉联系决定的。《共产党宣言》已经明确地提出和回答了共产党与工人阶级之间的关系问题，即工人阶级是党的阶级基础，党是工人阶级的先锋队，工人阶级需要党。这种天然联系已经被历史和实践充分证明，只有坚持共产党的领导，中国工人阶级才能成为国家的领导阶级，中国工会才能发挥好、担当好党联系职工群众的桥梁和纽带、国家政权的重要社会支柱、职工利益代表者和维护者的作用。

新时代工会工作必须坚持自觉接受党的领导，是保持和增强工会工作政治性的根本保证。中国工会是社会主义性质的工会，离开党的领导，就会丢掉中国工会的最大优势，保持和增强政治性也就无从谈起。坚持自觉接受党的领导，是保持和增强工会工作政治性的关键，也是新时代工会改革和创新必须一以贯之的政治立场。无论在任何时候、任何情况下，工会必须始终坚持自觉接受党的领导，始终沿着党引导的方向前进，工会工作才能保持坚定正确的政治方向，才能战胜各种艰难险阻，才能披荆斩棘不断走向胜利。坚持党的领导是做好工会工作的根本政治原则和根本政治保证，也是中国工运史最基本和最重要的历史经验。

新时代工会工作必须坚持自觉接受党的领导，是把党的意志和主张落实到职工群众中去的有效措施。坚持党的领导是具体的而不是抽象的，只有通过有声有色的工作，把党的意志和主张落实到职工群众中去，才能真正说是坚持了党的领导。工会只有把依法循章独立自主开展工作同自觉接受党的领导紧密结合起来，才能发挥桥梁和纽带作用，既巩固工人阶级作为国家领导阶级的地位，又增强党的阶级基础，巩固党的执政地位；既维护职工群众具体利益，又维护全国人民根本利益，切实把党的路线方针政策落到实处。

（二）新时代要求工会工作必须坚持我国工人运动的时代主题

党的十九大要求"牢牢坚持党的基本路线这个党和国家的生命线、人民的幸福线"，明确了"为把我国建设成为富强民主文明和谐美丽的社会主义现代化强国而奋斗"的目标，为开创新时代中国特色社会主义建设指明了方向。对于工会而言，就是要牢牢把握我国工人运动的时代主题。习近平同志指出："我国工人运动的时代主题，是为实现中华民族伟大复兴的中国梦而奋斗。工会要牢牢抓住这个主题，把推动科学发展、实现稳中求进作为发挥作用的主战场，把做好新形势下职工群众工作、调动职工群众积极性和创造性作为中心任务，把巩固党执政的阶级基础和群众基础作为政治责任,竭诚为职工群众服务,切实维护职工群众权益,不断焕发工会组织的生机活力。"在新时代做好工会工作,必须深刻领会习近平同志的这一重要论述,牢牢把握我国工人运动的时代主题。

实现中华民族伟大复兴的中国梦,根本上要靠包括工人阶级在内的全体人民的劳动、创造、奉献。要使中国梦真正同每个职工的个人理想和工作生活紧密结合起来,真正落实到实际行动之中。要把广大职工群众充分调动起来,满怀信心投身于为实现中国梦而奋斗的火热实践,形成万众一心、众志成城的磅礴力量。工人阶级和工会组织要在服务大局中明确政治站位,在聚焦主业中把握职责定位,为把我国建设成为富强民主文明和谐美丽的社会主义现代化强国贡献智慧和力量,用亿万职工的劳动托起伟大的中国梦。新时代工会工作要组织动员广大职工增强历史使命感和责任感,立足本职、胸怀全局,自觉把人生理想、家庭幸福融入国家富强、民族复兴的伟业之中,撸起袖子加油干,用诚实劳动、创新创造来回报新时代,以更大的热情、更实的行动参与到实现十九大确立的新愿景新目标之中,"走进新时代,当好主力军",汇聚起工人阶级为实现伟大梦想奋勇向前的磅礴力量,争做实现中国梦的主力军、建设者和推动者。

(三)新时代要求工会工作必须坚持全心全意依靠工人阶级的方针

党的基本路线强调"领导和团结全国各族人民",党不仅要领导人民,更要团结人民。工人阶级既是人民的重要组成部分,又是我们国家的领导阶级,也是党最坚实的阶级基础。中国特色社会主义进入新时代,工会工作必须坚持全心全意依靠工人阶级的方针,必须更加尊重工人阶级的主人翁地位,充分发挥工人阶级的主力军作用。习近平总书记2015年《在庆祝"五一"国际劳动节暨表彰全国劳动模范和先进工作者大会上的讲话》中明确指出:"不论时代怎样变迁,不论社会怎样变化,我们党全心全意依靠工人阶级的根本方针都不能忘记、不能淡化,我国工人阶级地位和作用都不容动摇、不容忽视。"

新时代工会工作全心全意依靠工人阶级,既要解决认识问题,更要解决实践问题,不能只当口号喊、标签贴,而要贯彻到经济、政治、文化、社会、生态文明建设和党的建设各方面,落实到工会工作的全过程,体现在企业生产经营的各环节,不断营造环境、搭建平台、畅通渠道、创新方式,为职工成长成才、就业创业、报效国家、服务社会创造更多机会,为职工参与企业民主管理、参与国家和社会治理打开更广阔的通道。贯彻落实好《新时期产业工人队伍建设改革方案》，努力造就一支有理想守信念、懂技术会创新、敢担当讲奉献的宏大的产业工人队伍；贯彻落实好《关于提高技术工人待遇的意见》，创新技能导向的激励机制，进一步鼓励广大职工辛勤劳动、诚实劳动、创造性劳动，把个人梦与中国梦紧密联系在一起，始终以国家主人翁姿态为实现党的基本路线规定的奋斗目标和满足人民对美好生活的向往做出贡献，展现新时代工人阶级新风采和工会工作新作为。

（四）新时代要求工会工作必须坚持改革开放、自力更生

党在新时期的基本路线被简明概括为"一个中心、两个基本点"，朗朗上口并且通俗易懂，结果不少人往往只记住了这个概括，不记得甚至不了解党的基本路线的完整表述，不知道党的基本路线中还有"自力更生，艰苦奋斗"这一重要思想。马克思主义认为，任何一个国家的革命和建设事业，要想取得胜利，都必须依靠本国人民群众的智慧和艰苦努力，依靠自己的力量，自力更生，而不能依赖外来力量，这是一项重要的原则。并且这样的原则在党的基本路线的表述中一直没有改变，这就要求新时代的工会工作必须始终坚持改革开放、自力更生的理念，树立改革开放与自力更生共同发展才是硬道理的思想。

新时代工会工作，要引导广大职工群众以世界的眼光和胸襟，坚持改革开放的强国之路。在40年改革开放的历史进程中，我国工人阶级在党的坚强领导下，胸怀全局、锐意进取，自觉做解放思想、改革创新的时代先锋，积极主动地推动科学发展、促进社会和谐，表现出高度的政治觉悟、不懈的奋斗精神，为中国特色社会主义事业建立了卓越功勋。在40年改革开放的历史进程中，各级工会组织认真贯彻中央决策部署，坚决拥护、热情支持改革开放，努力把握社会主义市场经济条件下工会工作的特点规律，探索形成了中国特色社会主义工会发展道路，充分发挥了党联系职工群众的桥梁纽带作用，发挥了社会主义国家政权的重要社会支柱作用，发挥了职工利益的代表者、维护者作用。今天，在经济全球化背景下，要进一步解决制约我国经济社会发展的深层次矛盾和问题，实现科学发展，就必须坚定不移地把改革开放继续推向前进。工会和工人阶级要始终做全面深化改革的推动者、参与者，改革的目的是实现包括工人阶级在内的广大人民群众的根本利益，改革的进程也必然要由工人阶级来参与、来推动。

新时代工会工作，要组织广大职工群众自力更生，艰苦奋斗，奋起直追，把中国发展的短板补起来。历史和现实反复向我们昭示，自力更生、艰苦奋斗永远

是中国发展和成功的最可靠保障。习近平同志在纪念毛泽东诞辰120周年的大会上明确指出：“毛泽东思想活的灵魂是贯穿其中的立场、观点、方法，它们有三个基本方面，这就是实事求是、群众路线、独立自主。"独立自主的一个重要内涵就是自力更生、艰苦奋斗的精神。要贯彻党的基本路线和解决社会主要矛盾，当然要争取外援，并尽最大可能利用世界各国方方面面的资源，但是这个立足点，只能放到我们自己长时间的自力更生和艰苦奋斗上。企图用金钱买回或用资源换回一个富强民主文明和谐美丽的社会主义现代化强国，是不切实际的。2014年5月，习近平在上海考察中国商飞设计研发中心时指出："我们要做一个强国，就一定要把装备制造业搞上去。"这就旗帜鲜明地倡导了党在社会主义初级阶段基本路线中的"自力更生、艰苦奋斗"的精神。我国工人阶级具有信念坚定、立场鲜明，艰苦奋斗、勇于奉献，胸怀大局、纪律严明，开拓创新、自强不息的伟大品格，在新时代的工会工作中坚持改革开放、自力更生，必将结出灿烂的物质文明与精神文明之硕果。

四、新时代工会工作必须适应的"变"

（一）新时代要求工会工作必须适应中国特色社会主义工会发展道路

中国特色社会主义道路是全体中国人民的选择，而中国特色社会主义工会发展道路是中国特色社会主义道路在工会发展中的具体体现，中国特色社会主义工会发展道路是中国特色社会主义道路的重要组成部分，是中国工会立足工人阶级群众组织的特点和优势，团结带领广大职工为实现党所确立的反映全体中国人民共同意愿的党的基本路线而奋斗的胜利之路，也是工会工作适应我国社会主要矛盾变化的必由之路。面对新的形势任务，面对职工群众的新期待新要求，只有自觉坚持并不断完善中国特色社会主义工会发展道路，才能找准工会工作方向，才能与党和职工群众心连心，才能使中国特色社会主义工会发展道路越走越宽广。

新时代要坚持中国特色社会主义工会发展道路，事关党的事业发展全局，事关工人阶级根本利益，事关中国工会前途命运，具有重大理论和实践意义。工人阶级是坚持中国特色社会主义工会发展道路的主体，在新时代更需要中国工会担负起自己的历史责任，团结动员亿万职工为全面建成小康社会、建设富强民主文明和谐美丽的社会主义现代化强国、为实现中华民族伟大复兴的中国梦而奋斗。

中国特色社会主义进入新时代，要在坚持中国特色社会主义工会发展道路上，坚持中国工会高度的政治性、明确的先进性和广泛的群众性的统一。中国工会必须始终坚持自觉接受党的领导，努力破解工会工作面临的重点难点问题，探索解决构建和谐劳动关系、维护职工合法权益、加强工会组织建设、激发基层工会活力等方面的突出问题，做到在思想上不断有新解放、在理论上不断有新突破、在措施上不断有新改进、在实践上不断有新创造。坚持发展工人阶级的先进性，尊重基层和职工群众的首创精神，弘扬工人阶级伟大品格和劳模精神、劳动精神及工匠精神，使工会工作焕发更加蓬勃的生机，始终做社会主义国家政权的重要社会支柱。

（二）新时代要求工会工作必须适应建设社会主义现代化强国的需要

党的十九大宣告中国特色社会主义进入新时代，总任务是实现社会主义现代化和中华民族伟大复兴，新目标是分两步走全面建设社会主义现代化强国，目标催人奋进，任务艰巨繁重。在党的基本路线的表述中，也明确提出了"把我国建成富强民主文明和谐美丽的社会主义现代化强国"的奋斗目标，体现了我们不仅要实现社会主义现代化，更要实现由"富起来"到"强起来"的转变。工会工作必须适应这一转变，工会要充分调动广大职工的积极性、主动性和创造性，引领广大职工当好主人翁，建功新时代，使工人阶级更好地担负起新时代赋予的新使命。

社会主义是干出来的，新时代也是干出来的。在党和国家事业发展的各个历史阶段，工人阶级始终在中国共产党的领导下，坚定地走在时代最前列，做出了重大贡献。特别是党的十八大以来，一批国家战略取得显著成效，一批重大科技成果相继问世，一批超级工程成为标志性符号，这些都凝聚着工人阶级的智慧和力量，饱含着工人阶级的辛勤和汗水。在新时代，工会工作要创新职工建功立业的载体和平台，广泛开展劳动和技能竞赛等活动，充分调动广大职工岗位奉献的积极性和主动性，激励广大职工焕发创新潜能和创造活力，在振兴实体经济、产业优化升级中彰显新作为。不折不扣贯彻好、落实好《新时期产业工人队伍建设改革方案》和《关于提高技术工人待遇的意见》，坚持以职工为本，以职工需求为导向，坚持发展为了职工、发展依靠职工、发展成果由职工共享。新时代工会工作要围绕建设"现代化强国"的目标，以习近平新时代中国特色社会主义思想为指引，大力弘扬劳模精神、劳动精神和工匠精神，大力营造尊重劳动、崇尚技能、鼓励创造的社会氛围,既切实担负起引导职工群众听党话、跟党走的政治责任,又团结动员广大职工发挥主力军作用,汇聚起团结奋斗的磅礴力量。

(三)新时代要求工会工作必须适应新发展理念

十九大报告在表述党基本路线时明确提出"把我国建成富强民主文明和谐美丽的社会主义现代化强国"。将"美丽"纳入社会主义现代化强国目标,与富强、民主、文明、和谐并列,体现了当前国家发展所要追求的目标和前进方向,说明"美丽"已经成为社会主义现代化强国必须达到的目标。"美丽"一词不仅要求我们要发展经济,增强国力,更要求我们在发展的同时关注环境,统筹兼顾,这是对科学发展观的高度概括。中国特色社会主义进入新时代,我国社会主要矛盾已经转化为人民日益增长的美好生活需要和不平衡不充分的发展之间的矛盾。人民美好生活需要不仅包括物质文化生活需要,还包括经济、政治、文化、社会、生态等更多领域的需要,其中优质的生态产品和优美的生态环境也是美好生活需要的重要内容。这些变化必然对工会工作提出新的更高的要求。

新时代工会工作适应新发展理念,是实现更高质量、更有效率、更加公平、更可持续发展的必由之路。十九大报告中指出,要贯彻新发展理念,建设现代化经济体系。我国经济已由高速增长阶段转向高质量发展阶段,正处在转变发展方式、优化经济结构、转换增长动力的攻关期,必须坚持质量第一、效益优先,以供给侧结构性改革为主线,推动经济发展质量变革、效率变革、动力变革,提高全要素生产率,着力加快建设实体经济、科技创新、现代金融、人力资源协同发展的产业体系,着力构建市场机制有效、微观主体有活力、宏观调控有度的经济体制,不断增强我国经济创新力和竞争力。工会要把教育引导广大职工树立"人与自然和谐共生"的理念,坚持"绿色发展"放在突出地位,把生态文明建设融入生产经营中,提供更多优质生态产品,以满足人民日益增长的优美生态环境需要。

新时代工会工作适应新发展理念,要坚持发展为了职工,发展依靠职工,发展成果由职工共享,彰显人民群众至上的价值取向。工会工作要全面把握和推动落实共享发展的政策措施,凡是为职工造福的事情就要千方百计做好,把实现职工幸福作为发展的目的和归宿。促进工会工作的公平性和普惠性,让职工群众有更多获得感、幸福感,使新时代工会工作成为全面建设小康社会的重要组成部分。

（四）新时代要求工会工作必须适应职工群众对美好生活的向往

党的十九大报告提出，我国社会主要矛盾已经转化为人民日益增长的美好生活需要和不平衡不充分的发展之间的矛盾。这一重要论断，符合中国国情，符合现实工作需要，也符合人民群众的实际愿望。40年改革开放，伴随着经济的发展和物质的丰富，广大职工群众的观念也发生着变化，职工群众利益诉求呈现出不同的表现形式和许多新特点。

1. 利益诉求更加多元

受多种因素影响，职工群众在利益诉求方面的多元性、多样性和多变性日益增强，其利益诉求也从普通的物质利益向生存利益、精神利益、民主权利转变，涵盖了经济、政治、文化和社会的各个方面，从单一化趋向多样化、从普遍化趋向差异化。教育、物价、医疗、工资、社保等涉及职工群众关心的具体问题，在不同群体和个体中往往都反映着各自不同的利益诉求，导致各种矛盾和问题更加复杂，使得因劳资纠纷、社会保障、工资福利、劳动合同、分配不公等引发的社会矛盾和群众诉求明显增多，化解矛盾纠纷的压力明显增大。人人有需求，个个有要求，社会价值观多元化，利益诉求碎片化。

2. 权利意识更加强烈

职工群众中虽然存在不同利益群体，但各个利益群体的主体意识、自主意识均不断增强，其对社会资源的占有及表达利益诉求的意识更加直接、明显、公开。随着物质条件不断改善和收入普遍提高，职工群众的权利意识和法律意识日渐提高，政治参与意识和表达政治诉求的愿望日益强烈。职工群众不再乐意处于被说教、被指挥的地位，而是希望平等地讨论问题、交换意见；不再满足于既得的物质利益，更加注重享有各项政治权利；不再纠结于具体问题的解决，更加关注社会公平正义。而且，职工群众反映的热点、难点问题大多是历史问题与现实问题相互渗透，经济利益诉求与政治利益诉求相互结合，合理要求与不合法方式相互交织，多数人的合理诉求与极少数人的无理取闹相互纠结，复杂程度增加，处置难度加大。

3.价值取向更加务实

职工的思想观念、道德标准和价值取向,更加趋于理性和务实。广大职工群众享受到了经济社会发展所带来的实惠和便利,幸福感、获得感、安全感指数不断提高。同时,市场经济的快速发展增强了职工的危机感和责任感,职工价值取向更加务实,忧患意识、危机意识随着市场经济的发展越来越强,广大职工从来没有像现在这样关心企业的生存和发展,职工对企业经营者的评判,对企业前途的关心都能同自身利益紧密地联系在一起。职工就业观念逐步更新,竞争意识不断增强,提高自身素质的愿望更加强烈,多数职工希望参加单位组织的业务培训,越来越多的职工认为努力工作主要是为了使自身价值得到认可。

4.文化需求更加凸显

随着物质生活逐步改善,职工群众的精神文化需求更加迫切、更加旺盛。他们职业发展愿望增强、精神文化需求凸显,对共享发展成果愿望强烈。从追求生存权益向追求发展权益转变,从追求物质满足向追求精神文化享受转变。世界发展经验表明,一个国家跨入中等收入之列,其国民的精神文化生活需求会呈"井喷式"爆发,我国正处于这一阶段。广大职工群众的精神文化生活需求非常强烈,渴望舒解情绪、缓解压力、强身健体,追求生活质量和体面劳动,希望实现全面发展。但一些劳务派遣工和农民工等群体中不同程度存在文化荒漠和情感孤岛现象,应当引起重视。

中国特色社会主义进入新时代,工会工作必须适应职工群众对美好生活的向往,把服务职工工作做得更具体更扎实更温暖。强化群众意识,坚持群众路线,是工会工作的生命线,要切实维护和发展职工权益,构建服务职工工作体系,全心全意为广大职工服务,把竭诚为职工群众服务作为工会工作的出发点和落脚点,为职工提供更多项目化、订单式、普惠性服务。要突出抓好困难职工帮扶解困,常态化开展送温暖活动,推动实现职工体面劳动、舒心工作、全面发展,不断满足职工群众对美好生活的需要。进一步加强工会会员服务阵地建设,积极适应新时代群众工作的新特点新要求,坚持以职工为本,努力赢得职工群众的信任和支持,增强工会工作的感召力和影响力。

中国特色社会主义进入新时代,党的基本路线和我国社会主要矛盾都有不同程度的丰富和变化,这就给新时代工会工作提出新的要求。工会需要正确认识和准确把握其中"变"与"不变"的关系,一方面,立足"不变"、坚守"不变",

咬定青山不放松，坚持工会工作的政治性、先进性和群众性；另一方面，顺应"变"、促进"变"，敢于革故鼎新，与时俱进，推动工会工作改革创新，不断焕发工会组织生机活力。

参考文献

[1] 王香平.新中国成立以来党的基本路线的历史演变及其经验启示[J].当代中国史研究，2010（2）.

[2] 李慎明.党的基本路线必须完整地准确地理解和把握[J].红旗文稿，2014（16）.

[3] 刘昀献.党的基本路线是国家的生命线人民的幸福线[N].文汇报，2017-01-20.

[4] 徐方平，高静.走出对我国社会主要矛盾认识的误区[N].人民日报，2018-01-18.

[5] 周文彰，蒋元涛.十九大关于我国社会主要矛盾新论断的依据和意义[J].先锋，2017（11）.

[6] 陈晋.深入理解我国社会主要矛盾的转化[N].北京日报，2017-11-13.

[7] 李慎明.新征程：全面建设社会主义现代化国家[N].人民日报，2017-10-22.

[8] 方世南.把握社会主义现代化强国深刻内涵的主要维度[N].辽宁日报，2017-11-14.

试论"干劲 闯劲 钻劲"赋予的新时代劳模精神新内涵

——兼论对在大学生中弘扬劳模精神的重要意义

王珮璇①

摘 要：2018年"五一"国际劳动节前夕，中国劳动关系学院劳模本科班全体学员怀着对党和习近平总书记的浓厚感情，写信向总书记汇报学习习近平新时代中国特色社会主义思想的深刻体会，表达"当好主人翁，建功新时代"的愿望和决心。4月30日，习近平总书记在百忙之中给中国劳动关系学院劳模本科班学员回信，向他们并向全国所有劳动模范、向全国广大劳动者致以节日的问候。习近平总书记还在信中明确要求，新时代劳模要"珍惜荣誉、努力学习，在各自岗位上继续拼搏、再创佳绩，用你们的干劲、闯劲、钻劲鼓舞更多的人，激励广大劳动群众争做新时代的奋斗者"。首次将劳模在劳动实践中所表现出来的特有的优秀品质概括为"干劲、闯劲和钻劲"，赋予了劳模精神新的时代内涵，把我们党对劳动、劳动者、劳模精神的认识上升到一个新的高度，也对全社会深入弘扬劳模精神提出了新任务、新要求，为我们全面认识和深刻理解新时代劳模精神、劳模工作、劳模精神培育提供了指导思想和原则，指明了方向。

关键词：干劲；闯劲；钻劲；劳模精神；新内涵

一、"干劲、闯劲、钻劲"，是对劳模精神传统的科学总结与提炼

习近平总书记在回信中寄予殷切期望："希望你们珍惜荣誉、努力学习，在各自岗位上继续拼搏、再创佳绩，用你们的干劲、闯劲、钻劲鼓舞更多的人，激

---

① 王珮璇，中国劳动关系学院2016级社保二班学生。

励广大劳动群众争做新时代的奋斗者。"首次将劳模在劳动实践中所表现出来的特有优秀品质概括为"干劲、闯劲和钻劲",赋予了劳模精神新的时代内涵,是对劳模精神传统的科学总结与提炼,是对新时代劳模精神的最高褒奖,把我们党对劳动、劳动者、劳模精神的认识上升到一个新的高度。

中国工人阶级作为中国先进生产力和生产关系的代表,在中国革命、建设和改革的各个历史时期都走在前列、勇挑重担,具有光荣的革命传统,中国工人运动历来同党的中心任务紧密联系在一起。

在我国工人阶级发展壮大的过程中,劳动模范作为工人阶级的优秀分子,始终是时代的引领者和领跑者,充分发挥了先锋和排头兵作用;他们以辛勤劳动、诚实劳动和创造性劳动,持续推动着社会进步、国家发展和民族复兴。劳模精神作为劳动模范的思想内核、行动指南和精神灯塔,以积极的劳动姿态、卓越的劳动创新、丰富的劳动创造、果敢的劳动担当和无私的劳动奉献,成为推动时代前进的强大精神动力,充分体现了工人阶级先进性的主体地位,彰显了工人阶级的伟大政治品格,推动了工人阶级的发展成长,提升了生产力和生产关系的发展水平。

十八大以来,习近平总书记多次亲切接见劳动模范,召开劳动模范座谈会,并就劳模精神发表重要讲话。从2013年4月28日,习近平总书记来到全国总工会机关,同全国劳动模范代表座谈,指出要充分发挥工人阶级主力军作用,依靠诚实劳动开创美好未来;到2014年4月30日,正在新疆考察工作的习近平总书记在乌鲁木齐接见劳动模范和先进工作者、先进人物代表,并同他们座谈,强调劳动是一切成功的必经之路;到2015年4月28日,习近平总书记出席庆祝"五一"国际劳动节暨表彰全国劳动模范和先进工作者大会,就进一步弘扬劳模精神、劳动精神及我国工人阶级和广大劳动群众的伟大品格发表重要讲话;再到2017年10月18日,在党的十九大上,习近平总书记代表十八届中央委员会做《决胜全面建成小康社会,夺取新时代中国特色社会主义伟大胜利》报告,指出要建设知识型、技能型、创新型劳动者大军,弘扬劳模精神和工匠精神,营造劳动光荣的社会风尚和精益求精的敬业风气;一直到今年"五一"回信,将劳模精神浓缩概括为"干劲、闯劲和钻劲"。

习近平总书记的系列讲话、复信,发展和丰富了马克思主义工人阶级理论和劳动学说,深刻回答了我国当代工运事业的一系列重大理论和实践问题,为新时代劳模精神赋予了新内涵,为激发劳动模范和全体劳动者创新创造创优的热情和活力、发挥好新时期工人阶级主力军作用提供了行动指南。

二、"干劲、闯劲、钻劲",深化、发展了劳模精神的时代品格和实践指向

习近平总书记在回信中明确提出"社会主义是干出来的,新时代也是干出来的",并且重申"劳动最光荣、劳动最崇高、劳动最伟大、劳动最美丽",实现了劳动"事实"与劳动"价值"的高度统一,马克思主义的劳动历史观与劳动认识论的高度统一,赋予了劳动以解释、改变、伦理、审美的时代内涵,拓宽了劳动视界,升华了劳动的本质。[①]将劳模精神浓缩概括为"干劲、闯劲和钻劲",充分说明习近平总书记立足于新时代的经济社会背景,继承并发展了马克思主义劳动学说,强调并深化了对劳动的重要地位、价值、意义和作用的认识,旗帜鲜明地回答了在当前国内国际形势下应该坚持什么样的劳动观念、秉持什么样的劳动姿态、倡导什么样的劳动精神等一系列问题,彰显了劳动最光荣、劳动最崇高、劳动最伟大、劳动最美丽的思想观念,凸显了辛勤劳动、诚实劳动、创造性劳动的劳动姿态,深化了在劳动中体现价值、展现风采、感受快乐的劳动理论。

劳动模范,是在劳动实践中产生的典型代表和榜样楷模。劳模精神就是一种崭新的劳动精神——以新的劳动态度对待新的劳动,它继承并发展了中华民族传统优秀的劳动观念,融入具有中国特色的马克思主义劳动价值论,契合中国革命、建设和改革的社会历史情境,表现出辛勤劳动、诚实劳动、创造性劳动的劳动价值观,体现了敬业之美的精神原色,传达出极致之美的品质追求,更展现了创造之美的价值升华,是优秀的劳动者所具有的精神品格和文化特质,也是可普遍适用于全社会的职业精神、道德情操和精神风貌,应成为全社会每个人的精神原色。

中国特色社会主义进入新时代,劳模精神既传承了以往时代的共同点,又展现出新的内涵和实践指向。爱岗敬业是劳模精神的基础,创新创造是劳模精神的核心,艰苦奋斗是劳模精神的本质,甘于奉献是劳模精神的底色。干劲、闯劲、钻劲是新时代劳模精神的真谛,是当代劳动者必修的内功。

干劲,反映了劳模从事劳动过程中所表现的基本精神状态,是劳模劳动积极性在实践中的客观反映;闯劲,反映了劳模不畏困难、不惧艰险、勇于挑战、敢为人先的强烈进取精神,是劳模主体能动性的生动体现;钻劲,是劳模创新意志

---

① 田鹏颖.用实干践行马克思主义劳动观[N].光明日报,2018-05-23(05).

品质在劳动实践中的具体体现,是劳模创新目的性与实现目的始终如一坚守的高度统一。①

三、"干劲、闯劲、钻劲",彰显了党中央对新时代劳模精神的新期待

劳模是高扬主人翁劳动精神的一面旗帜,劳模精神的积极效应在于对广大劳动者产生的先进示范作用。立足于新时代中国特色社会主义的历史时期,习近平总书记对劳动模范这个先进群体寄予新希望,赋予了劳模精神"干劲、闯劲、钻劲"的新的时代内涵,既是对劳模精神传统的科学总结,又深化发展了劳模精神的时代品格和实践指向,表现出辛勤劳动、诚实劳动、创造性劳动的劳动价值观,体现了敬业之美的精神原色,传达出极致之美的品质追求,更展现了创造之美的价值升华。

习近平总书记在回信中彰显了党中央对新时代劳模精神的新期待,对全国劳动模范的高度肯定和对新时代广大劳动者建功立业的殷切厚望,特别强调广大劳模要以其干劲、闯劲和钻劲作为新时代的价值引领,要用干劲践行劳模精神,用闯劲诠释创新精神,用钻劲培育工匠精神,带动广大劳动者努力培育优秀品质;在劳动实践中,努力学习和亲身践行劳模精神;在社会主义现代化的新征程中,争做新时代的奋斗者,这是实现中华民族伟大复兴中国梦最重要的保证。②党的十八大以来,习近平总书记多次强调劳动的重要性。他强调要在全社会大力弘扬劳模精神、劳动精神,大力宣传劳动模范和其他典型的先进事迹,引导广大人民群众树立辛勤劳动、诚实劳动、创造性劳动的理念。党的十九大报告提出,要"弘扬劳模精神和工匠精神,营造劳动光荣的社会风尚和精益求精的敬业风气"。

在新时代背景下,弘扬劳模精神和工匠精神,有利于培养造就一支有理想守信念、懂技术会创新、敢担当讲奉献的宏大产业工人队伍,推动中国迅速向中国质量转变、中国制造向中国创造转变、制造大国向制造强国转变;有利于在全社会营造崇尚劳动的浓厚氛围和精益求精的敬业风气,汇聚起"劳动托起中国梦"的强大正能量。作为当之无愧的时代领跑者,作为时代的精神符号和力量化身,

---

① 屈增国、刘向兵.弘扬劳模主人翁精神 争做新时代的奋斗者[N].光明日报,2018-05-03(04).
② 屈增国、刘向兵.弘扬劳模主人翁精神 争做新时代的奋斗者[N].光明日报,2018-05-03(04).

作为引领时代新风的精神高地,劳动模范要以高度的主人翁责任感、卓越的劳动创造、忘我的拼搏奉献,为全国各族人民树立学习的榜样;劳动模范要"把国事当家事、把自己当主角",在本职工作中充分发挥积极性、主动性和创造性,自觉把人生理想、家庭幸福融入国家富强、民族复兴的伟业之中,继续保持和发扬先进性,激励广大劳动群众一起争做新时代的奋斗者,最终建构起个人与集体、个人梦与中国梦、个人家庭与国家民族融合统一的发展共同体和命运共同体。

四、"干劲、闯劲、钻劲",对全社会深入弘扬劳模精神提出了新任务、新要求

劳模精神是工人阶级先进性和主人翁意识的集中体现,是社会主义核心价值观的生动诠释,是时代精神、民族精神、劳动精神和工匠精神的生动体现,在价值取向、爱国情怀、文化传承、道德提升和教育导向方面与社会主义核心价值观具有高度的契合性和一致性,是培育时代新人的重要手段,是文化自信的重要支撑,是实现伟大复兴中国梦的重要力量。今天,在习近平新时代中国特色社会主义思想的指引下,着重提高劳动者素质,推动建设宏大的知识型、技术型、创造型劳动大军,需要广大劳动者大力弘扬劳模精神,让每一名劳动者都在自己的岗位上尽职尽责、发光发热,切实担负起时代赋予的光荣使命,为中华民族伟大复兴做出新的更大的贡献。

习近平总书记密切回应社会关切,以问题为导向,立足于整体意识、时代意识、全局意识、问题意识的实践框架,指出劳模精神在新时代所担负的重大使命、所具有的重要功能及所面临的重大问题,注重强化劳模精神的落地生根。他在回信中强调"全社会都应该尊敬劳动模范、弘扬劳模精神,让诚实劳动、勤勉工作蔚然成风",强调"劳动最光荣、劳动最崇高、劳动最伟大、劳动最美丽",这既是基于对人类社会发展一般规律的深刻把握,又是基于中国特色社会主义新时代做出的价值判断。劳模精神是社会主义核心价值观的生动展现,超越时空、超越地域、超越民族,在蓬勃发展的中国特色社会主义新时代,自然成为弘扬社会主义核心价值观的精神向导。① 在中国共产党引领中华民族从站起来到富起来的伟大历史进程中,劳模精神发挥了中流砥柱的重要作用;同样,在中国共产党

---

① 田鹏颖.用实干践行马克思主义劳动观[N].光明日报,2018-05-23(05).

引领中国人民从富起来到强起来、创造属于人民的美好生活的新时代伟大征程中，劳模精神也是最重要的力量源泉。当好主人翁，建功新时代。在当前建设知识型、技能型、创新型劳动者大军，培养新时代中国特色社会主义时代新人的历史任务中，在决胜全面建成小康社会、夺取新时代中国特色社会主义伟大胜利的历史进程中，尤其需要在全社会大力弘扬劳模精神，创新劳模宣传方式方法，讲好劳模故事，以劳模的先进事迹感动全社会，以劳模的卓越贡献激励全社会，以劳模的高尚情操带动全社会，营造尊重劳模、热爱劳模和学习劳模的良好氛围，让劳模精神真正成为企业文化的制高点，成为职工文化的推动器，成为校园文化的着力点，成为培育和践行社会主义核心价值观的重要抓手，让劳模精神在实现中华民族伟大复兴中绽放璀璨光芒。

五、"干劲、闯劲、钻劲"，对在大学生中弘扬劳模精神具有重要意义

习近平总书记的回信，是新时代弘扬劳模精神的有力思想武器和行动指南，充分理解、体会和把握习近平总书记回信的重要精神，对深入学习宣传贯彻党的十九大精神和习近平新时代中国特色社会主义思想，对全社会进一步深入弘扬劳模精神和劳动精神，对高校进一步做好思想政治工作，加强与劳模精神、劳动精神相关学科的建设，在高校大力弘扬劳模精神，把大学生培养成新时代的奋斗者，具有深远的影响和重大的指导作用。

习近平总书记的回信，深刻阐释了劳模精神的时代内涵和做好新时代劳模工作的指导思想，为在全社会大力弘扬新时代劳模精神提供了根本遵循，同时也为写好高校思想政治工作的"奋进之笔"、在大学生中弘扬劳模精神注入了强劲动力。

新时代是劳动者的时代，新时代是奋斗者的时代，新时代是不断创造人民美好生活的时代，新时代也是当代大学生努力奋斗、驰骋梦想、激扬青春、奉献祖国的时代。高校深入学习贯彻习近平总书记的回信精神，坚持不懈培育和弘扬劳模精神，必能使当代大学生真正成为劳动教育的受教者和受益者，成为劳模精神的践行者和创造者，成为实现中华民族伟大复兴中国梦的中坚力量。

习近平总书记的信是写给劳动模范和广大劳动者的，也是写给作为未来劳动者的大学生的。他强调的"劳动最光荣、劳动最崇高、劳动最伟大、劳动最美丽"和"全社会都应该尊敬劳动模范、弘扬劳模精神，让诚实劳动、勤勉工作蔚

然成风"等重要思想，与党的十九大"建设知识型、技能型、创造型劳动者大军""培养德智体美全面发展的社会主义建设者和接班人"等精神互为表里，也是高校推进教育教学改革、加强思想政治教育的根本遵循和重要内容。高等院校要深入学习、深刻领会习近平总书记回信的重要精神，在高校大力弘扬劳模精神，努力把大学生培养成新时代的奋斗者。

近年来，各地各类高校在加强大学生劳动教育、弘扬劳模精神工匠精神方面进行了许多有益探索，积累了宝贵经验。对照习近平总书记回信中的新思想、新要求，需要特别注意继续坚持价值引领，探索劳模精神融入高校思想政治教育大系统的系统路径，将劳模精神融入高素质人才培养全过程，在落实、落细、落小上下功夫；要从各自办学历史、办学传统、办学优势出发，把劳模精神导入校园文化建设的大工程；要坚持"教育者先受教育"，把劳模精神变成高校教师师德师风的新内容；要创新劳模宣传方式方法，讲好新时代劳模故事，以劳模的先进事迹感动学生，以劳模的卓越贡献激励学生，以劳模的高尚情操带动学生；要把劳动教育作为当代青年的必修课，把劳动列入高校的教学计划；通过生产劳动和公益劳动等方式方法，引导当代大学生积极参加劳动体验、技能竞赛、岗位练兵等活动。

高校在弘扬劳模精神的实际工作中要注意：第一，聚焦主题主线，把学习习近平总书记回信精神作为习近平新时代中国特色社会主义思想学习宣传贯彻的重要内容，要多形式多渠道宣传，要大规模大范围宣讲，要全方位深层次研究。第二，聚焦明理明道，把劳模精神培育作为青年学生自觉践行社会主义核心价值观的重要抓手，要实现资源深度开发，要实现阵地全面覆盖，要实现成果有效共享。第三，聚焦落地落实，把劳模精神教育作为全面提升人才培养质量的重要手段，要融入学生社会责任感培养，融入学生创新精神培养，融入学生实践能力培养，与一体化育人体系建设有机结合，与典型创建示范有机结合。

作为大学生，要坚定辛勤劳动、诚实劳动、创造性劳动的信心和决心，既要努力学习科学文化知识、练就过硬本领，也要坚定理想信念、锤炼高尚品格、培育劳动情怀，弘扬劳模精神和工匠精神。在学习生活中充分发挥积极性、主动性和创造性，争做新时代的奋斗者。

综上所述，习近平总书记在给中国劳动关系学院劳模本科班学员的回信中，将劳模精神浓缩概括为"干劲、闯劲和钻劲"，赋予了新时代劳模精神新内涵，具有不可估量的理论和现实意义。在中国特色社会主义新时代，唯有通过劳动，实践马克思主义劳动观，在统筹推进"五位一体"总体布局、协调推进"四个全面"战略布局中，突出劳动的历史地位，我们才能更有定力、更有自信、更有智慧地坚持和发展新时代中国特色社会主义，确保中华民族伟大复兴的巨轮始终沿着正确航向破浪前行，才能在劳动中展现中国共产党人的人生境界，从而始终同广大劳动人民在一起，用干劲、闯劲、钻劲共同谱写新时代中国特色社会主义新篇章。

二
基层工会工作路径探索

创新工会工作体制机制，增强基层工会活力
——基层工会工作改革创新的实践与研究

武 兵[①]

摘 要：工会工作的落脚点在基层，薄弱环节也在基层。基层工会是工会工作的基础和关键，而基层工会的工作重点和难点，主要突出的又是在非公经济单位的工会工作。本文结合近年来对各级工会组织加强基层工会工作的改革创新实践进行的跟踪研究，以期通过对来自基层的层出不穷的创新经验、改革成果的梳理总结，对进一步做好加强基层工会的各项工作，特别是对做好非公单位的工会工作提供一些有益的借鉴。

关键词：基层工会；改革创新；实践研究

基层工会是根据《工会法》和《中国工会章程》的规定，经上级工会批准，建立在各种所有制的企业、事业单位、机关和其他社会组织中的工会组织。

目前，基层工会主要包括企事业单位工会、机关工会、集团公司工会，按照行政管理体制，还包括乡镇、街道工会和社区（村）工会。

基层组织是工会工作的组织基础、工作基础、经济基础。

党的十九大报告对于改革创新做了更加深刻的阐述，工会组织要组织动员广大工人群众坚定不移跟党走，更好地发挥联系工人群众的桥梁纽带作用，在群众工作体制机制和方式方法上必须跟上新时代的发展步伐，才能不断增强工会组织的政治性、先进性、群众性。

---

① 武兵，甘肃省总工会干部学校教师。

一、强化非公有制经济组织的工会工作是基层工会改革创新的重点也是难点

基层工会具有离职工最近、联系职工最直接、服务职工最具体的优势,承担组织引导职工群众的政治责任更艰巨、任务更繁重,是工会组织的重要基础。2015年7月6日在中央党的群团工作会议上,习近平总书记在讲话中指出:"保持和增强群团组织的群众性,必须大力健全组织特别是基层组织。组织是群团凝聚群众的阵地。群团基层组织处在群众工作第一线。""同时,也要看到,随着群众就业、生活、聚集方式日益多元化,群团组织覆盖不到、覆盖不全的问题日益凸显。在党政机关、国有企事业单位、城乡社区,工会、共青团、妇联等基本上是覆盖的,而在非公有制经济组织、社会组织等新领域新阶层中,尽管这些年做了很多努力,挂了不少牌子,有数据,有报表,实际上还存在大量没有覆盖的盲区和'飞地',工作没有成气候,不少基层群众感觉不到群团组织的存在。"总书记的讲话使各级工会对于推动工会改革向基层延伸的重要性和紧迫性有了更加清醒的认识,把基层工会组织建设得更加充满活力、更加坚强有力,把广大职工更加紧密地团结在以习近平同志为核心的党中央周围,充分体现工会组织忠诚于党的事业、竭诚服务于职工的使命和担当,成为各级工会努力奋斗的目标。

非公有制经济单位因为其数量占绝对多数,分布散、单位大小差异大,在加强基层工会工作中是重点中的重点,也是难点中的难点。《第八次全国职工队伍状况调查报告》指出,据全国总工会调查办公室测算,全国职工总数已达3.91亿人左右,比2012年的3.5亿人增长了11.8%。在职工队伍总量持续增加的同时,职工队伍的内部结构、整体素质、权益保障、作用发挥等方面也发生了许多新的变化。据测算,私有、港澳台商、外商及其他单位职工总数为32435.6万人,占职工总数的82.9%;国有和集体单位职工总数为6689万人,占职工总数的17.1%。2016年,城镇个体工商户和私营企业就业人数,分别比2012年增长52.9%和59.9%,占城镇就业的比例分别为20.8%和29.2%,比2012年分别提高5.6和8.8个百分点。调查显示,在非公经济就业的职工占绝对多数。①

江苏省江阴市总工会的赵雯同志对近年来江苏省江阴市在加强非公企业工会建设做了调查。全市独立建会的非公企业共有工会主席2835名,但是在实际工会

---

① 大兴调查研究之风 推进新时代职工群众工作——第八次全国职工队伍状况调查领导小组负责人答记者问[J].中国工运,2018(1):10.

工作中，真正有专人从事工会工作的企业却是比较少的。规模在501~1000人的54家非公企业中，仅有2家有专职人员负责工会工作，5000人以上的8家非公企业中，有3家有专职人员负责工会工作，其他规模的非公企业中均安排兼职人员从事工会工作。距离《企业工会工作条例》凡是职工在200名以上的企业都要配备专职工会主席的规定相去甚远，非公企业工会的组织建设和工会工作仍任重而道远。①

由于上述情况，新形势下基层工会组织建设中存在的问题，基本上聚焦在非公有制经济单位工会工作中存在的突出问题。主要表现在：工会组建率不高。非公企业往往规模比较小，许多企业不愿意组建工会，不愿意支付组建工会后所带来的成本，加之客观上各级工会组织行政化色彩比较浓，这些企业对工会组织认同感较低；职工维权存在相当大的难度。虽然职工维权得到了一定的改善，但是，从整体和全局的角度来讲，职工维权仍存在相当大的难度，一方面职工入会率低，无法获得工会组织的维权。另一方面企业工会主席受雇于企业主且为兼职，由于利益关系的存在，其独立自主开展工会活动和参与企业管理活动的难度相对较大，导致职工通过工会组织维权难度大，突出表现在签订的集体合同率低，特别是工资专项集体合同率就更低；企业工会的法律地位不明确。《工会法》虽然规定了企业的最高民主决策机构是企业职工代表大会，职工是企业的主人，但是《公司法》和《企业法》等法律规定公司的股东会或者股东大会才是企业的最高决策机构，职工并不是企业的主人；同时，企业工会活动的经费严重不足，场地受限，难以独立开展工作。现实中，职工在这些企业的地位，与企业主的素质、开明程度等有着密切的关系，是因人而异的，而做不到依法平等，企业工会主席公正地帮助职工说话或者维权，会受到企业主的刁难，多数时候只能看企业主的脸色办事。非公经济单位的持续不断大量涌现，非公企业工会已经成为基层工会的主体，使之"建起来、动起来、转起来、活起来"，是工会的政治任务。

二、习总书记"三个着力"重要指示为加强基层工会工作指明了方向、明确了主要任务和奋斗目标

习近平总书记历来高度重视工人阶级和工会工作，党的十八大以来，提出了一系列新思想、新理论、新论断，尤其对基层工会建设问题，做出"着力扩大覆

---

① 赵雯.略论加强非公企业工会干部队伍建设［J］.工会信息，2018（11）：41.

盖面，增强代表性；着力强化服务意识，提高维权能力；着力加强队伍建设，提升保障水平"的重要指示，为做好新形势下加强基层工会工作指明了方向，提供了基本遵循和奋斗目标，成为新形势下工会建设的主线。2017年2月6日，习近平总书记主持召开中央全面深化改革领导小组第三十二次会议，审议通过了《新时期产业工人队伍建设改革方案》，党中央专门就新时期产业工人队伍建设改革进行谋划和部署，制定实施关于新时期产业工人队伍建设改革的方案，在历史上是第一次。2018年3月22日，中共中央办公厅、国务院办公厅印发了《关于提高技术工人待遇的意见》，是从构建国家人才战略层面提出的顶层设计，是贯彻习近平总书记提出的"要择天下英才而用之""要在全社会大兴识才、爱才、敬才、用才之风"重要指示的充分体现。这些顶层设计和制度安排，为进一步加强基层工会组织建设，提供了强大的组织保障和工作基础。

在加强基层工会工作方面，全国总工会机关走在了前面，坚持把更多的资源向基层倾斜，把更多的精力投入基层一线，特别注重着力解决基层基础薄弱问题，激发基层工会活力，不断增强工会组织的吸引力、凝聚力、战斗力，发挥了以上率下的作用。与此同时，各级工会也都在积极推进改革创新中，把加强基层工会建设摆在突出位置，眼睛向下、面向基层、工作下沉，有力地推动了工会改革向基层延伸，基层工会建起来、动起来、转起来、活起来的目标得以大力推进，广大职工的获得感更加充实。各级工会通过大量艰苦细致的实践，层出不穷地涌现出一大批来自基层的创新经验、改革成果，从而使加强基层工会改革工作更加具有活力，基层工会组织建设和工会工作越走越宽广。坚持依法建会、依法管会、依法履职、依法维权，以典型引路，推动在非公有制经济工会工作上不断取得新突破，维护职工合法权益的新作为、做强基层的工会改革创新的新进展不断得以实现。

加强基层工会工作遵循的基本思路是：以习近平新时代中国特色社会主义思想为指导，坚持党建带工建，党工共建。以职工为根本，以需要为中心，以满足为结果；适应中国特色社会主义市场经济体制的要求，以维权为基本职责，以协调为主要任务，以职企"双赢"为目的；明确基层工会的定位，大力推进基层工会的群众化、民主化建设；创新基层工会的组织体制，大力发展社区工会、行业工会组织，重构工会工作机制、工作内容、工作载体、工作方式，创造良好的工会工作环境，发挥基层工会的主动性作用。

三、着力扩大覆盖面，增强代表性

深耕"大天地"，打造"活力工会"，推动"固本强基"体系建设。创新基层工会改革工作，重点是要持续抓好新领域、新阶层、新业态、新群体工会组建工作。大力推进信息文创产业、快递行业、现代服务业和特色小镇、园区等行业性、区域性工会建设，最大限度地让工会组织覆盖全部小微企业。探索非公企业工会工作考核评价制度、创新建会入会方式。加强对新型就业群体的研究，进一步推动货车司机、快递员、护工护理员、家政服务员、商场信息员、网约送餐员、房产中介员、保安员等群体入会和所在企业建会工作。做实企业外入会工作，用好"两非一无"（非正规就业、非标准化劳动关系和无单独建会工会）会员经费保障政策。扎实推进会员实名制工作，健全工会组织、会员情况等基础数据库，完善网上入会工作，实现会员管理制度化、规范化、信息化。对新建工会组织坚持高标准，同步建立工会经审、女职工、劳动争议调解等组织和职代会、厂务公开、集体合同等制度，切实做到依靠职工办工会、办好工会为职工。①

（一）坚持党建带工建，党建带工建是我们加强工会组织建设的有效工作经验

党建是工建的前提和保障，工建是党建的延伸和基础。没有党建工作，工会建设工作就不会健康发展，没有工建工作，党建工作就会失去根基。坚持党建带工建，丰富工作内容，提高工作效果，进一步形成"党委领导、政府支持、各方配合、工会运作"的工作格局，不断提高党对非公工会工作的领导水平。全面加强基层工会党的建设，建立健全党的组织和工作制度，使党组织成为企业坚强的领导核心。党建带工建，以党工共建作为推进党的工作和工会工作的有效载体，是坚持走有中国特色社会主义工会发展道路的建会新模式。在党组织的领导和帮助下，建立基层单位工会组织，党工共建，通过设计载体，组织开展各种生动有效的活动，宣传党的路线方针政策，组织群众、宣传群众、发动群众、帮助群众，以增强自身的凝聚力和战斗力，团结和带领广大职工为经济发展做贡献。

案例1.1：浙江省宁波市总工会努力做到党的基层组织建到哪里，基层工会组织就建到哪里，把基层党组织、基层工会组织打造成充满活力的"锋

---

① 陈保余.建功美好新时代 书写工运新篇章[J].工会信息，2018（13）：27.

领前哨""职工之家",形成了职责清晰、运转高效、面向基层、服务便捷的党建带工建工作新格局。[①]

案例1.2:湖北荆州开发区党工委开展"两新"组织党工共建行动,实行"五化"标准,推动党工组织和党工工作全覆盖。组织建设全面化。实行"挂图作战",做到应建尽建、应建快建。(《工人日报》2018年8月22日,记者邹明强,通讯员田晓军)

(二)基层组建工会重新定位

加强基层工会组织建设,加大覆盖面,就要把握非公经济单位发展的差异性和阶段性,立足于各非公单位职工的需要和企业发展的需要,突出维权功能和服务功能,通过开展群体性的生产、生活和娱乐活动,帮助职工提高素质,集聚企业职工的活力,达到职企双赢。通过这种方式,才能消除企业的疑虑,获得更多来自企业行政的支持,逐渐发展壮大工会的力量,为工会的职能逐步扩展打下良好的基础。针对一些行业职工流动性大的特点,工会组建和会员入会要创新建会的组织形式和入会形式;针对有些会员与单位脱离的状况,可采取一次性入会,凭会员证直接加入其他单位工会的新方式;针对20人以下的小型企业、乡镇社区,可引导和支持职工依法建立不同类型的工会组织模式,如社区联合工会、行业工会、职业工会、基层工会联合会、劳务市场工会、临时工会等,最大限度地把职工吸纳到工会组织中来。

案例2.1:甘肃省张掖市甘州区总工会采取多种组织形式,工会组建全覆盖。规模企业单独建,即职工人数在25人以上的单独建立企业工会委员会,会员人数最少的有25人,最多的有2200多人;小型企业联合建,即职工人数在25人以下7人以上的企业,组织建立基层工会联合会,区级层面分别组建了甘州区餐饮服务业工会联合会、药品零售行业工会联合会、商品零售行业工会联合会、美容美发行业工会联合会、文化市场行业工会联合会、民办教育行业工会联合会、社区卫生服务站及个体诊所工会联合会等7个行业性工会联合会,还在5个街道总工会下辖的17个社区分别成立了社区工会联合会;小微企业覆盖建,即职工人数在7人以下的,以50户为一组,组织建立联合

---

① 彭亚玲,崔盛杰."五带五化"全面加强党建带工建工作[J].中国工运,2018(1):52.

基层工会，通过区级层面的区域性、行业性工会联合会覆盖，还有一些未覆盖到的，一个楼宇、一条街面、一个市场等，就组织建立联合基层工会，比如，青年西街第一联合工会、南百大楼二层联合工会、泰真市场西北片联合工会等。通过这些措施，推动全区非公有制企业建会率动态保持在90%以上。

案例2.2：马鞍山先成立市级交运系统工联会推动企业建会——"先编篮子，后装菜"。建立流动会籍管理制度，实现司机工作关系到哪里，会员组织关系就到哪里，落实"四季送"、互助保障、职工疗休养等普惠服务，让基层职工切实感受到"工会就在身边"。（《工人日报》2018年7月31日5版，记者陈华，通讯员谢晓侠）

（三）基层工会组建法制化

依法治国是我国的基本方略，工会工作必须把大力推进法治化建设作为工会改革的重要内容。基层工会要依法履职维权，入会、建会、办会的全过程都要贯穿法治思维和法治方式，用法治保障工会改革、加强基层工会建设持续推进。通过调查分析，我们认为非公有制企业工会组建完善法制主要从两个方面考虑：一是依法建立健全非公经济单位的工会组织，合理有效设计载体和平台，开展经常性和规定性的活动，使非公有制企业工会工作走上制度化、规范化、法制化轨道，重点是要抓好非公有制企业和混合所有制企业工会干部的配备和培养；二是不断提高基层工会的履职尽责能力，对职工在政治、经济、文化等方面的合法权益能够依法有效地开展维护，从而通过能力提升，持续不断地推进非公有制企业工会独立开展工会工作。

案例3：江苏省南京市总工会抓住依法建会的主线，调整建会方式，依托区域性行业性联合工会和社区（村）、园区、楼宇等基层联合工会，先吸收未建会民营企业的职工入会，一旦入会职工达到法定人数，镇（街）、园区总工会等上级工会帮助督促企业建会。①

（四）理顺基层工会内部关系

不积跬步无以至千里。要使基层工会"建起来、动起来、转起来、活起来"，

---

① 韦婷.突出"四个重点"推进民营企业工会工作［J］.中国工运，2018（1）：54.

需要各级工会发扬钉钉子精神，落细、落实、落小，打通联系服务职工的"最后一公里"，真正发挥工会组织的桥梁纽带作用，将"职工之家"和"娘家人"的称号叫响做实。因此，要把加强基层工会建设中建设起来的社区联合工会、行业工会、职业工会、基层工会联合会、劳务市场工会、临时工会等，理顺其内部层级关系，明确各层级职责，实现工会组织网络和工会工作全覆盖。

案例4：甘肃省张掖市甘州区总工会按照属地化管理原则，理顺基层工会组织各层级的隶属关系，从而做到了职责明确，实现了工会组织网络和工会工作全覆盖。一是南街总工会——佛城社区工会联合会——青年西街工会委员会——青年西街第一联合工会；二是张掖（国家级）经济技术开发区总工会——机关工会委员会、东北郊生态科技产业园工会委员会、巴吉滩农业产业园工会委员会、兔儿坝滩循环经济产业园工会委员会、平山湖煤化工风电产业园工会委员会——相应的企业工会、企业工会联合会。

四、着力强化服务意识，提高维权能力

（一）习近平总书记多次深刻阐述工会"着力强化服务意识，提高维权能力"的内涵

2013年10月23日习近平同全新一届领导班子集体谈话时就给予了具体的指示："保障职工群众经济、政治、文化、社会权益是我国社会主义制度的根本要求，是党和国家的神圣职责，也是发挥广大职工群众积极性、主动性、创造性最重要最基础的工作。工会要赢得职工群众信赖和支持，必须做好维护职工群众切身利益工作，促进社会公平正义。工会维权要讲全面，也要讲重点，重点就是职工群众最关心最直接最现实的利益问题，就是职工群众面临的最困难最操心最忧虑的实际问题，在经济发展的基础上不断提高职工群众生活水平和质量，使他们不断享受到改革发展成果。""工会干部要加强学习、增强本领，努力走在时代前列、走在职工群众前列，在经济社会发展最需要的地方、在企业生产一线、在职工群众的伟大实践中经风雨、见世面，努力练成听党话、跟党走、职工群众信赖的'娘家人'。"2015年4月29日，习近平总书记在庆祝"五一"国际劳动节大会上的讲话再次强调："工会是党联系职工群众的桥梁和纽带，工会工作是党的

群团工作、群众工作的重要组成部分，是党治国理政的一项经常性、基础性工作。""要坚决履行维护职工合法权益的基本职责，把竭诚为职工群众服务作为工会一切工作的出发点和落脚点，帮助职工群众通过正常途径依法表达利益诉求，把党和政府的关怀送到广大劳动群众心坎上，不断赢得职工群众的信赖和支持。要坚持把群众路线作为工会工作的生命线和根本工作路线，把工作重心放在最广大普通职工身上，着力强化服务意识、提高维权能力，改进工作作风，破除衙门作风，坚决克服机关化、脱离职工群众现象，让职工群众真正感受到工会是'职工之家'，工会干部是最可信赖的'娘家人'。要自觉运用改革精神谋划推进工会工作，创新组织体制、运行机制、活动方式、工作方法，推动工会工作再上新台阶。"习近平总书记的论述，立意高远，内涵丰富，发展了马克思主义工人阶级理论和劳动学说，深化了对工会发挥维护职能、维护职工权益特点规律的认识，指明了新的历史条件下我国工会的历史使命和责任担当，明确了工会"着力强化服务意识，提高维权能力"的具体任务、方法措施、实现路径、工作要求、奋斗目标，具有很强的战略性、思想性、针对性，是习近平新时代中国特色社会主义思想的重要组成部分，是我们做好加强基层工会工作改革建设、履行好维护职能、做好职工权益维护的理论基础和根本的行动指南。

（二）着力强化服务意识的出发点和落脚点都要放在贴近职工上

增强职工群众对工会组织的认同感和归属感，需要从一项项贴心服务做起。要充分激发基层工会的内生动力，转职能、转方式、转作风，坚持让职工当主角，以职工需求为导向，不断强化服务意识，加强服务保障，使工会工作更旺人气、接地气。基层工会组织要做好新形势下工会工作，不能妄自菲薄，应该看到自身拥有的独特的、其他层级所不能替代的优势，也就是离职工最近、联系职工最直接、服务职工最具体的优势，认清和把握基层工会干部服务基层的目标和任务，以此来千方百计调动基层工会干部服务基层的热情，提高其基层工会干部服务职工的能力。基层工会干部是直面基层职工，要更加深刻理解和体会服务的本质，应抱着服务的姿态去服务基层、服务企业，而不应带有"享乐"和追逐"名利"的心态去面对，在行动上必须做到"老实"本分，以平和之心看待和以满腔热情开展工会工作，多做换位思考，始终保持思想上的清醒，通过为职工排忧解难实现自身价值，以贴心、暖心的服务质量去追求更多被职工认可的"名与利"，真正赢得基层职工的信任和欢迎。

案例5.1：取消夏季劳动竞赛，多策并举避开高温，韦家沟煤矿合理安排高温期间的劳动力投放，适当调整露天作业人员的作息时间和劳动强度，严格限制加班加点，让职工不再"战高温"，就是要把以人为本的理念制度化。(《工人日报》2018年8月13日，通讯员程军、程涛)

案例5.2：广东省中山市板芙镇工会开展"与爱同行、让爱回家小候鸟夏令营"。从2015年起开办了板芙镇外来务工人员6岁到12岁的子女为招收对象"小候鸟"夏令营，给孩子们营造一个安全、健康、快乐的暑期，解决职工的后顾之忧，稳定职工队伍，做职工群众信赖的"娘家人"(《工人日报》2018年8月16日，实习生江靖虹，《工人日报》——中工网记者叶小钟，中工网通讯员伍月桥、罗俊斌)

案例5.3：深圳福田工会撬动社会资金2000多万元，解决近10万名职工就餐难，办起8座大食堂，还引入政府公共服务和社会生活服务，将食堂升级为职工服务中心，把职工需要的服务都送到了职工身边。(《工人日报》2018年8月16日，记者刘友婷)

（三）把提高维权能力的重点放在维权的制度、体系和平台建设上

基层工会要坚决履行维护职工合法权益的基本职责，千方百计把党和政府的关怀送到广大劳动群众心坎上，帮助职工群众能够通过正常途径依法表达利益诉求，不断赢得职工群众的信赖和支持。基层工会组织一旦组建完成，就要尽快从建立健全维权的工会工作制度、体系和平台上入手，迅速提高维权能力。通过这些制度、体系和平台，紧紧围绕"企业发展，职工幸福"，用真心、热心、诚心、爱心服务职工，体现工会代表者、维护者的身份，通过推进企业效益最大化，来最大限度地实现和维护职工的根本利益，实现维权的本质要求。

案例6.1：上海闵行区实施"多轮滚动"提质增效三年行动计划，推进非公企业工会协调劳动关系体系建设，力争实现职代会制度动态建制率达到90%以上，集体合同动态建制率达到95%以上，工资集体协商动态建制率达到85%以上的工作目标。(《工人日报》2018年8月22日，记者钱培坚)

案例6.2：现场搭台、现场调解、法理共讲、化解纠纷，浙江衢州市总"工情直通车"开进工业园，人大代表、政协委员及工会干部、职工代表现场观看劳动争议调解，着力构建企业和谐劳动关系。(《工人日报》2018年8

月 21 日，通讯员毛朝阳、姚磊，记者邹倜然）

案例 6.3：山东省总出台维权"十条意见"，全天候立体式回应解决职工诉求，推动职工维权事项"一站式"受理、"一条龙"服务。提出"设立网上维权快速通道，依托微信公众号、手机 App 等更加便捷高效地回应解决职工维权诉求"，"对职工反映的维权问题，工会应在3个工作日内予以回应"。（《工人日报》2018年6月27日2版，记者丛民，通讯员刘晓林）

五、着力加强队伍建设，提升保障水平

（一）基层工会组建后的工作规范

基层工会组建后通过工会组织的活动，有效地组织本区域、本行业或本企业的员工，通过开展岗位练兵、技术攻关、技能比武、节能降耗、合理化建议等活动，特别是开展工资集体协商等活动，积极调整劳动关系，推动反映职工的意愿和需求，畅通职工群众的诉求渠道，实现职工的合法权益，使职工群众享受到改革开放和经济、社会发展的成果。

1. 发挥"善于维权"的作用

基层工会干部不会维权，甚至不敢维权，是工会维权职能难以发挥的瓶颈。改变企业依赖廉价劳工获得竞争力和职工依赖加班提薪的格局，根本上就是要基层工会必须"敢于维权、善于维权"。

2. 发挥"教育摇篮"的作用

工会组建起来了，还要让它转起来，更好地运作下去。把职工"组织起来"，关键在于教育他们，提高他们的素质，以适应现代化发展需要，适应城市化进程的需要，适应社会建设的需要。传统企业有师徒教育，一帮一、一带一、一教一，实践表明它是一种有效的教育方式。但是，现代企业最缺乏的就是这样有效的教育。特别是农民工进入城镇以后，几乎没有教育，所以农民工问题特别多、特别严重，这就迫切需要企业工会在这方面发挥作用。工会不仅是职工之家，更是职工教育摇篮。职工之家发挥工会"教育摇篮"的作用，让广大职工有"家"的感觉，有"家"的认同，感受到工会是家，在工会寻到自己的精神家园。

3. 发挥"社会工作"的作用

基层工会要突破传统的方式方法，通过直接服务与间接服务过程，采用个案社会工作与小组社会工作的技巧，创新工会工作。

4. 发挥"社会信任"的作用

基层工会的首要任务是建设社会信任体系。企业的发展和效益最大化，是实现职工权益的基本前提。工会要积极开展倡导，促使企业出台和制定有利于实现和维护职工权益的政策规定，这也是工会通过与企业和职工双方建立合作伙伴关系的过程；建立企业和职工之间的协调对话机制，通过协调，使企业和职工有更多的机会对话、沟通和理解，不仅架起企业与职工之间的桥梁，更重要的是要使工会成为企业与职工双方依赖的组织。

案例7：张掖市甘州区工会从企业所愿、职工所盼入手，破解基层工会组建后作用发挥难的问题。一是推进工资集体协商。采取企业工会单独签、行业企业两次签、小微企业区域签的形式，基本做到了非公有制企业普遍签订集体合同。单独建会企业单独签，即单独建立工会委员会的企业，在上级工会的指导下，单独签订工资集体合同；行业企业二次签，即行业工会联合会先签订行业性工资集体合同，行业内的企业根据行业性集体合同，组织本企业开展二次集体协商，签订本企业工资集体合同。行业内既不能单独签订又未二次协商的企业，由所属社区工会工作人员和组织员逐户上门，签收行业集体合同"认可书"和"执行书"；小微企业区域签，即街道（乡镇）总工会对区域内不能单独签订和7个行业签订的工资集体合同不能覆盖的小微企业，由街道（乡镇）组织开展区域性工资集体协商，实现对小微企业集体合同全覆盖。截至2016年年底，全区工资集体协商建制率达到90%，覆盖用人单位12954户、职工35048人。二是推进职工职业技能素质提升。区总工会以7个行业工会为依托，分行业开展职工技能培训和技能大赛，近几年针对张掖旅游业发展实际，举办旅游服务行业职工培训班、客房服务员及餐厅服务员技能大赛、厨艺技能大赛等，去年以来共组织区级劳动竞赛8个工种15场次，参与职工2554人次。乡镇（街道）总工会围绕区域内非公经济发展实际，按照每年开展一次劳动竞赛的要求，分别组织7大行业不能涵盖的企业职工，开展街道（乡镇）级岗位练兵、技术比武活动，选树了一批技术能手。2016年以来，各乡镇（街道）共组织开展乡镇（街道）级技能大赛183场次，涉及11个工种，参赛职工21050人次。

（二）着力加强队伍建设，提升保障水平

最根本的是要提高工会干部队伍素质，增强综合能力。基层工会由于其贴近基层的特性，其工作必然是千头万绪、包罗万象的，这就必然要求工会干部要有比较全面的素质，掌握相关的法律法规和业务知识，准确把握党和政府的方针政策，才能得心应手地做通基层工作，解决基层实际问题，也才能保证不说外行话，工作不偏离方向，从而树立工会组织和工会干部在职工队伍中的形象，为更好地开展工作奠定基础。

案例8.1：张掖市甘州区工会从整合资源强化管理入手，破解基层工会无人干事的问题。

选聘管理工会组织员。第一，把好工会组织员入口关。我们在区委区政府的重视支持下，从全区公益性岗位人员中选拔工会组织员。严把入口关，把年龄较小、具有高中及以上文化程度、工作经验丰富的人员列为初选对象，严格按照考察、面试、笔试的程序，筛选确定聘用对象，确保了选聘的人员能靠得住、用得上，建立了一支35人左右、相对稳定的工会组织员队伍。第二，强化学习培训。在组织员试用期内，实行40天的封闭式集中培训，促使组织员尽快掌握工会基础理论、基本业务知识和工作方法。第三，明确职责任务。明确组织员的首要责任是推动建会，同时抓好已建工会规范化建设，发挥了推动建会的主力军作用。第四，加强考核管理。制定了《工会组织员选聘管理办法》《工会组织员管理制度》《工会组织员守则》等规章制度。实行组织员集中办公，集中管理，分组开展工作，将组织员按街道和城市新区划分为6个小组，每个组集体承担包片工作任务。考核激励，按年度制定《工会组织员考核办法》，将考核情况与发放的补贴挂钩，实行绩效管理，最高可达组织员补贴标准的120%；对连续两年考核排名靠后的组织员予以解聘，有效调动了组织员的积极性和主动性。第五，协调转换人员身份。与区人社局协调，工会组织员同时担任劳动保障监察协管员，履行劳动保障监察协管员的职责，通过转换人员身份，为组织员开展各项工作提供了极大的便利条件。

补贴激励非公企业工会主席。制定了非公有制企业工会主席岗位补贴制度，规定了补贴的对象范围、必备条件和补贴标准。把企业工会工作考核结果与发放补贴结合起来，企业工会年度考核"基层工会组织规范化建设""职工之家"建设两项达三星的，发放补贴的100%，达二星的发放80%，达一星的发放60%。自2016年起，先行对符合规定条件的54名非公企业工会主席发放岗位补贴，共4.5万元，调动了他们的工作积极性。

案例8.2：张掖市甘州区工会从考核激励、以奖代补入手，破解基层工会无钱办事的问题。

目标责任书奖补。制定目标责任考评细则，把重点工作任务逐项逐级分解到基层工会，靠实基层工会主体责任。年终对基层工会逐个进行综合考核，按评定等次给予经费奖励，一、二、三等奖分别奖励5000元、4000元、3000元。对没有完成重点目标任务的，不评等次不予奖励，在全区工会系统通报批评，取消各种评先评优资格。

星级职工之家奖补。制定下发《关于加强基层工会组织规范化建设的实施意见》《关于进一步加强社区困难职工帮扶工作站规范化建设的实施意见》等文件，部署开展模范职工之家、星级基层工会和星级社区困难职工帮扶工作站创建活动，设置三个星级，根据评定的星级，给予相应的经费奖励。对创建为省级模范职工之家、模范职工小家的每年分别奖补5000元、4000元；对创建为市级模范职工之家、模范职工小家的每年分别奖补3000元、2000元；对创建为区级一、二、三星级模范职工之家的每年分别奖补1000元、2000元、3000元，模范职工小家的每年分别奖补300元、500元、800元；对创建为一星级的社区困难职工帮扶工作站每年奖补1万元，二星级每年奖补1.5万元，三星级为实报实销。

规范化乡镇（街道）工会奖补。根据省、市总有关精神，制定了《规范化创建实施方案》，2016年起对规范化建设通过省级验收命名的乡镇（街道）每年奖补2万元，通过市级验收命名的每年奖补1.5万元，通过区级验收命名的每年奖补1万元。

实行集中报账管理。各项奖补经费，统一由区总工会管理，各单位计划使用。各单位开展各项活动结束后，提供开展活动的有关图文资料、发票等，集中到区总工会核报账目。截至目前，核实报销基层工会星级职工之家建设和基层工会组织规范化建设奖补资金367.7万元、星级规范化困难职工帮扶工作站奖补资金152.9万元。

围绕强基层、补短板、增活力，促进了基层工会工作水平的提升和作用发挥。优化工会经费支出结构，使工会经费直接用于服务职工群众，保障基层重点工作开展。定额补助乡镇（街道）工会工作经费，初步解决了基层工会无人办事、无钱办事的问题，激发了基层工会组织的活力，夯实了基层工会组织的基础。

[2018年年会参会论文]

新业态下职工入会问题探析

葛 萍[①]

摘 要：随着新旧动能转换和结构优化升级，"互联网+"经济下的新业态不断涌现，在带来大量的就业岗位的同时，作为职工利益的代表者和维护者的工会组织，也面临着如何及时有效地把新业态下的职工组织到工会中来的问题。新业态下职工入会是党政所需、工会所能、职工所急。针对新业态下职工入会存在着"新业态"及"新业态下职工"的含义界定、入会意愿、会员条件、会籍管理等诸多问题，各级工会应加强职工入会相关机制建设，建立完善源头参与机制、分类指导机制、规范化运作机制和服务维权机制。

关键词：新业态；职工；入会；问题；对策

依靠创新推动新旧动能转换和结构优化升级，伴随互联网技术的普及及大数据、云计算、物联网、移动支付等新技术的应用，商业模式不断创新，形成不同于传统行业的新业态。这些新业态的就业者，为新时代创造物质财富的同时，其自身劳动权益维护问题引起社会各界关注，媒体报道有关"网约车""快递骑手""网红""e代驾"等的劳动争议案件不断涌现，对各级工会的有效维权提出挑战。因为维护职工合法权益是工会的基本职责，职工各项权益的基础是组织起来的权利，加入工会是新业态下职工实现各项权利维护的合法途径，也是加强基层工会组织建设工作的重点内容。本文拟从新业态下职工入会的必要性紧迫性、存在的问题及工会的对策进行思考。

---

① 葛萍，江西省总工会干部学校教师。

一、新业态下职工入会的紧迫性和必要性

（一）政治层面（党政所需）：党的群团改革对工会工作提出了新要求

党的十九大报告提出，坚持积极的就业政策和就业优先战略，实现更高质量和更充分的就业。中央大力提倡大众创新、万众创业，把稳定和扩大就业作为宏观调控的主要目标，"就业是最大的民生"达成共识。新业态的大量涌现，一方面增强了经济增长对就业的拉动能力，拓展了就业领域，增加了大量就业岗位。另一方面，由于产业形态、企业形态、用工方式更加多元化，与之相适应的多元化的用工关系法律调整模式还没有建立起来，如何使得新业态大潮流下涌现的大量的、分散的、信息化时代的劳动者组织起来，建立合法、有序、畅通的诉求渠道，表达合理诉求，维护合法权益，是新时代党的群众工作的重要内容，也是工会的政治责任。

工会的工作方针是"组织起来，切实维权"，"组织起来"就是要最大限度地把职工组织到党所领导的工会中来；就是要做好党的群众工作，扩大党的阶级基础；就是要建设一支高素质专业化的工会干部队伍来做好职工群众的工作；就是要组织广大职工提高自身的思想道德素质和科学文化业务素质；就是要团结组织动员广大职工为实现中国梦更好地发挥工人阶级的主力军作用，不断发展工人阶级的先进性，使工人阶级始终站在时代的前列。

因此，研究新业态下职工入会问题，是增强群团组织"三性"，为政府稳定和扩大就业提供"工会方案"的需要。

（二）工会层面（工会所能）：最大限度地把职工组织到工会中来是职责所在

当前我国新业态快速发展，在催生了大量工作岗位的同时，职工各项合法权益难以保障的问题也日渐凸显。针对当前新业态下劳动者的保护问题，学界有大量的理论文章，焦点在于新业态下劳动者的劳动关系如何界定，能不能受《劳动法》的保护，如"网红"是否具有劳动关系的争论就是这一思路的体现。新业态下的劳动者有典型劳动关系的、有非典型劳动关系（劳务关系）的、有民事关系的、加盟关系，也有与平台方存在经济依附关系的，不论属于哪一种关系，都是劳动者，都应该受到保护[①]。而建立多元化用工方式下的多元化劳动法律调整关

---

① 沈建峰.从产业升级与用工法律关系变化谈互联网App平台用工争议［J］.法庭内外,2018（05）.

系不是一朝一夕的事情，还没有建立起针对新业态下劳动者完善的劳动法律体系是现实存在的问题。对中国工会而言，作为劳动者权益的代表者和维护者，中国工会有着完善的组织体系和成熟的工作机制，将新业态下的劳动者组织起来，这一难题对中国工会来说，既是挑战，也是机遇，因为工会有其独特的优势，可以担当这一责任。

1. 完整的组织体系

一是工会有完善的组织网络。我国工会的组建原则是以"地方为主、产业为辅"，有"大三级"（省、市、县）地方工会，还有"小三级"（乡镇街道、社区村、企业）工会，基本做到"横向到边、纵向到底"。二是组织体系庞大。目前全国基层工会组织已经达到282.9万个，会员人数达3.02亿①，各级工会组织建立了专兼挂相结合的工会干部队伍，按照"哪里有职工，哪里就有工会"的要求，新业态职工入会工作将是今后的基础性重点工作。

2. 健全的工作机制

一是建立了利益协调机制。建立了联席会议制度、三方协商机制、平等协商集体合同制度，特别是工资集体协商机制，使工会能够代表新业态下的职工群众广泛参与法律法规的制定、不同层次的社会政策的制定及国家、社会事务的管理，维护劳动者各项权益。二是建立了诉求表达机制。建立了以职代会为法定形式的民主管理制度，使得新业态下的职工诉求有了合法渠道。三是建立了矛盾调处机制。有劳动关系预警、预防及劳动争议调解制度、工会法律援助制度，为工会引导新业态下的职工合理预期自身权益、正确理解法律规定发挥作用，为妥善处理劳动争议，把矛盾解决在基层、化解在萌芽状态提供了制度保障。四是建立了以工会劳动保障制度和劳动法律监督制度为主的权益保障机制，不仅要"春送岗位、夏送清凉、金秋助学、冬送温暖"，而且要解决职工群众最关心、最直接、最现实的利益问题，保证维权的针对性和实效性。

3. 积极的实践探索

一是包括新业态下职工在内的重点群体入会工作有序推进。全总从2018年3

---

① 280多万个基层工会组织活力不断增加［OL］.中工网，（2017-10-18）.

月起开展的以货车司机等八大群体职工入会活动作为"一把手"工程在各地广泛推进,其中的"快递员""网约送餐员"是比较典型的新业态下的就业者。江西省总工会在调研的基础上确定了试点单位,并将"创客"①体的入会工作纳入各级工会的工作任务中,创造性地将"八大群体"扩展为"九大群体"②。全国各级工会开展的这一活动,必将为新业态下职工入会提供一些具有生命力的、鲜活的基层经验。

二是职工企业外"单体入会"模式破解建会难题。比如,上海市总工会总结推广顾村镇非公企业建会经验,出台了《关于在企业体制外组织职工加入工会的试行办法》,主要是针对职工有入会意愿而企业暂时没有条件建会的,通过工业园区工会、楼宇工会或社区工会等作为"蓄水池",吸纳单个职工入会,会员达到一定数量后即可建会。对阻挠或拖延建会的企业,通过推行"两书"③制度责令改正;对拒不改正的,在上海市公共信用信息服务平台曝光。这一做法,推动职工建会从实践创新向制度创新转变,以制度创新推进实践创新在更大范围内拓展。还有宁波北仑区工会小三级建会网络体系等,基层工会的创新模式为职工入会提供典型经验,注入活力。

三是工会自身改革创新同步推进。区域性、行业性工会组织把新业态下平台企业职工的维权问题提升到行业区域工会组织中;"互联网+入会"模式使企业外职工"单体入会"方便快捷;工会干部职业化队伍正在形成,正逐步解决"能维权、敢维权"的问题;随着工会经费的"税务代收",破解了工会经费"收缴难"的问题,为工会奠定了坚实的物质基础。

因此,依据十九大报告"兜底线、织密网、建机制"的要求,整合现有资源,最大限度地将新业态下职工组织起来并提供服务,在服务中维权,为他们实现体面劳动,进而为经济发展、为实现中华民族伟大复兴的中国梦贡献力量,是中国工会的职责所在。

(三)职工层面(职工所急):新业态下职工权益难以保障

新业态在为职工平等就业自由择业提供更多选择的同时,由于新业态的就业

---

① "创客"是指具有创新理念,并将创新创意投入自主创业的人群,主要集中在创业园、孵化园、文化产业园。

② 2018年4月中旬,江西省总工会下发《关于推进我省物流货运司机等群体入会的工作方案》并启动试点工作。

③ "两书"是指《工会组建法律监督整改意见书》和《工会组建法律监督整改意见书》。

者不同于传统就业者的特点，大量新业态就业者游离在工会组织之外，存在权益受损更为隐蔽与维权手段现代便捷的现象。

1. 新业态下劳动者权益实现存在"真空"

主要表现为：一是收入的稳定性难以保障。由于新业态下用工方式多元化，就业者与用人单位没有传统劳动关系中明显的人身依附关系，一般平台根据大数据或定位等技术，按从业次数或业务量来定报酬，没有固定的工资保障。据北京一中院发布的《劳动争议审判白皮书（2010—2018）》显示：2010—2017年审结的21598件劳动争议案件中，涉及经济补偿金的占47.07%，有关工资差额的占36.71%[1]，有关劳动报酬争议的比重很高。二是社会保险覆盖面不够。由于劳动者缴纳社会保险要由用人单位给予确认，如工伤保险是由用人单位交的，劳动者个人不用缴纳，而大多新就业形态劳动者没有同平台企业订立劳动合同，导致社会保险权益难以实现。三是安全健康问题存在隐蔽性的特点。由于新业态下劳动者工作灵活性、碎片化，工作时间、工作场所不固定，超时工作已经成为无意识行为，如快递小哥等室外劳动者的人身安全和身体健康堪忧，心理健康问题、亚健康状态也成为一些高端就业人群不容忽视的问题。

2. 新业态下劳动者话语权缺失

一是新业态下劳动者多为自治性劳动，工作场所的交流渠道窄，社会保障不足，心理上缺乏安全感和归属感。在工作强度、工作压力较大的情况下，如感到有失公平公正，情绪更容易被点爆，非理性维权现象存在，尤其是外来人口较多的省份或者经济发达地区，常会组织同乡会、打工者协会、民间维权组织来表达利益诉求，更有甚者被境外敌对势力资助掌控。[2]二是由于互联网及移动通信的普及，劳动者对有关自己切身利益的热点事件能够快捷地做出反应，发酵快、传播快，如果网络舆情处置滞后，极易使事件失控，如近年来的停工事件，借助新媒体呼唤工友、制定规则、结成同盟已不是个案。因此，组织动员新业态下的劳动者加入工会，引导其合法、合理、合规地表达诉求，畅通劳动者的诉求表达渠道，维护劳动者的话语权，实现体面劳动，保证高质量地就业，是工会当前比较紧迫的任务。

---

[1] 艳红.新业态出现劳动争议怎么办［N］.人民政协报，2018-04-03（12）.
[2] 董保华.劳动领域群体争议的法律规制［J］.法学，2017（07）：41.

二、新业态下职工入会存在的问题

尽管全总和各级地方工会把新业态下职工入会作为落实十九大精神"组织动员广大人民群众坚定不移跟党走"的重要举措纳入当前工作，进行理论探讨和实践创新，在组建工会发展会员方面取得一定的成绩，但也存在一些现实问题。

（一）新业态下职工入会相关概念界定不够清晰

"业态"一词最早出现在美国零售业领域，20世纪80年代随着我国改革开放，"零售业态"一词传入我国，被大量用于零售业的学术分析，1998年国内贸易部颁布《零售业态分类规范意见（试行）》，标志着该词被官方认可。随着我国经济转型升级，涌现出大量新兴产业，政府部门和学术界逐步将"业态"一词应用到服务业，并拓展到制造业、农业、旅游业等领域[①]。随着新技术的运用，为突出新经济下的产业活动存在形式、实现方式同传统产业的不同，"新业态"作为热词得到各界的普遍运用，但是其概念的表述却众说纷纭。

政府方面认为"新业态"是一个发展的概念。比较典型的是近几年《政府工作报告》中的提法有所不同。在李克强总理所做的《2015年政府工作报告》中，表述为"新兴产业和新兴业态"；《2016年政府工作报告》中表述为"新技术新产业新业态"，可以理解为"新业态"和"新产业"是并列的两个概念，"新业态"与"新产业形态"也不能等同。而2017年、2018年政府工作报告中的表述均为"新技术、新业态、新模式"，那么，这里的"新业态"是指"新产业形态+新就业形态"还是另有所指？

国家统计局政策文件中的表述比较明确，如《关于印发〈新产业新业态新商业模式统计分类（2018）〉的通知》，明确将"新业态"与"新产业"并列。

国内学者对"新业态"的研究较为广泛，笔者对相关文献进行梳理，"新业态"所涉及的内容大多按产业行业分，涵盖农业、金融、旅游、文化创意产业、服务业、图书馆业等，多指新产业业态，但产业业态是一个典型的中国特色概念，学界没有公认的定义，也没有专门研究的文献资料。

由于"新业态"的概念不够清晰，"新业态下的职工"也就没有一个明确的

---

① 戴天放.农业业态概念和新业态类型及其形成机制初探[J].农业现代化研究，2014（02）：35.

概念，到底哪些人是新业态下的职工？到底新业态下哪些人有入会资格？这是一个理论问题，也是实践中要解决的问题。

（二）新业态职工入会的积极性与工会组织的积极作为有差距，存在"上重下轻"现象

全总在《推进货车司机等群体入会工作方案》（以下简称《工作方案》）中，将包括新业态下职工入会工作作为"一把手"工程同时布置的，作为"坚持党建带工建"，"围绕中心，服务大局"的政治任务来落实的，确定了试点单位、试点内容、进度安排、责任分工，全会上下一致行动。与各级工会的积极作为相比，职工的入会热情与之不相匹配，有"被入会"的感觉。其原因与工会组织对职工吸引力和凝聚力不够强有关，也与新业态下复杂的用工关系、多元化的管理模式等有关。

（三）新业态下"新劳方"和"新资方"[①]工会的认同感较低

由于中国工会的性质决定了工会是党领导下的职工自愿结合的群众组织，工会是以属地原则建立的，最小的单位是企业工会，符合条件取得社团法人资格的，就是企业内部独立的法人主体，与企业法律地位平等，并相伴共存。在党政赋予工会更多的资源和手段，如经费的税务代收，对工会组织及工会干部的保护等规定下，一些用工单位认为建立了工会，不仅会增加来自组织化的张力，还会增加企业管理成本，[②]建会积极性不高。

而"新劳方"就是在平台上注册并提供服务的劳动者，工作时间较灵活、工作地点较分散，对生活福利的需求较少。据第八次全国职工队伍状况网络调查显示，人们认为工会主办的网站或新媒体无特色、信息量小、不吸引人，工会的传统优势如组织文体活动、关注劳动者的生活福利等吸引力不足，因此人们入会的积极性不高。

（四）新业态下职工组织化程度低

《中国共享经济发展报告（2018）》数据显示，我国2017年在共享经济平台

---

① "新资方""新劳方"的表述来自李臻等.山东省职工队伍状况调查报告[J].山东工会论坛，2018（1）.

② 金世育.电商企业组建工会的新态势与新挑战[J].党政论坛，2018（02）：48-51.

就业人数约为716万人，为其提供服务的就业岗位约为7000万个。滴滴出行作为新业态的典型代表，创造了3066万个灵活就业机会，阿里巴巴创造了3681万个就业岗位。①这些平台就业人员入会率偏低，如2017年我国300万快递业职工，有的企业职工入会率不到5%。②

（五）新业态下职工入会限制性条件难把握

《工会法》《中国工会章程》规定职工入会的法定条件是"以工资收入为主要生活来源或者与用人单位建立劳动关系，包括事实劳动关系的体力劳动者或脑力劳动者"，这一规定明确了入会的条件，但对于新业态下一些不好界定劳动关系的从业者，怎样准确把握入会条件，做到"精准入会"，是工会面临的现实问题。在实践中，一是将平台企业私营企业主发展为工会会员，有些还亲自担任工会主席；二是将社会组织中多重身份者发展为工会会员，如机关事业单位兼职人员，有重复入会现象；三是将自愿者组织中离退人员发展为会员。

（六）新业态下会籍管理更复杂

一是底数不清。各地在开展会员实名制管理工作中，采集会员信息时反映：由于一些新业态企业较为虚拟，有异地经营的、有一企多照的、有停产保照的，有无法查找到企业的。依据税务部门提供的信息只是职工人数，找不到企业就难以落实会员的实际人数。

二是会员统计中存在重复统计及漏报现象。比如，一些劳务输出的职工，在劳务输出地工会组织发展为会员，劳务输入地又统计为用工单位的会员，造成重复统计。还有一些平台企业虽然建了工会，但是聘用离退休人员做管理人员，继而兼职工会工作，而《工会会员会籍管理办法》已经明确了离退休人员不列入会员统计范围。

三是会员组织关系接转不规范。会员组织关系管理原则是"一次入会，动态管理"，会员凭会员证进行接转。但在实践中，一些企业工会没有给会员发放会员证，还有一些新业态工会会员流动性很大，按照中国工会属地管理的要求，会籍在平台企业工会，跳槽或者工作变动时（问卷调查显示，被调查职工平均跳槽

---

① 晓宇，何勤.代际差异视角下平台型灵活就业者的就业选择研究［J］.中国劳动关系学院学报，2018（04）：78.

② 彭文卓.把温暖之"家"建在快递职工身边［N］.工人日报，2018-08-21（001）.

1.87次①），会员和基层工会组织都没有会籍接转工作的意识，而所在基层工会或者不做会员流动的上报，或者将此会员从名单中自动删除，存在工作不规范现象。

四是新业态下的用工范围广，不好界定，难以符合现行工会统计要求。

三、工会在新业态下推动职工入会工作的对策

针对新业态下职工入会存在的诸多问题，各级工会组织应该依法建会、依法管会，建立健全各项机制，创造性地做好职工入会工作。

（一）转变观念，明晰新业态下职工入会相关概念

目前情况下缺乏工会组织来界定"新业态"的条件，当务之急是要明确"新业态下职工"的含义，以满足各级工会组织在实践中的需要。

笔者认为，"新业态"不等同于"新产业形态"，也不是"新就业形态"，而是指新兴经济业态，即新经济形态在产业就业领域的反映，新经济催生新业态。"新业态"是传统产业在互联网条件下延伸而产生出来的、尚未完全转化成独立新形态的产业样态。其特征为：一是分布在新兴产业行业中，如"农业+""旅游+""文化+""金融+"等新业态；二是产业发展动能由资源要素驱动型向跨界融合型、产业协作型转变；三是以共享经济、创意经济、信息经济、智能制造等为重点。

要理解"新业态下的职工"一词，应该从劳动关系的角度对新业态下的就业进行分析，将"新就业形态"从"新技术新业态新模式"中抽离开来。因此，"新业态下的职工"可以理解为"新就业形态"下符合加入中国工会条件的就业者。根据前期研究成果，可以做以下分类：一是正规就业类新业态就业者，表现为标准化的"劳动关系"；二是他雇型灵活就业类新业态就业者，表现为"劳务关系"和"合作关系"；三是自雇型灵活就业类新业态就业者，表现为"民事关系"。②

将表现为"民事关系"的"自雇型灵活就业类新业态就业者"纳入职工范

---

① 数据来源：李臻.山东省职工队伍状况调查报告［J］.山东工会论坛，2018（01）：15-16.
② 葛萍.新就业形态下工会维权探析［J］.山东工会论坛，2017（06）：2-3.

畴，是考虑到在现实操作中，以上三类新就业形态（用工形式）下就业者与互联网新业态平台的用工关系仍存在着界定上的模糊性，在不同地区、不同的劳动争议裁审（劳动争议仲裁、司法审判等）环节界定标准不一，类似的案件会出现不同的裁审结果。

（二）整合资源，建立源头参与机制

全总和各级地方工会应该在宏观层面整合现有资源，加大源头参与力度。

1.参与人大、政协立法执法，为新业态下职工入会工作完善法律依据。一是在立法执法中发出工会的声音，提供工会方案。比如，修改完善《社会保险法》《劳动合同法》等有关劳动者权益保障方面的法律法规时强调对劳动者权益的维护，明确规定工会的职责与权力，增强工会在新业态下维权的法律地位。二是建议修改《工会法》《中国工会章程》中职工入会条件，突破"单位职工""劳动关系"的局限，为新业态下劳动者加入工会提供法律依据。

2.利用三方协商机制，与政府部门和用人单位加强协商沟通，制定出台有利于新业态下职工入会和权益保障的政策。

3.加强调查研究，建立建会入会试点，及时总结经验，树立典型，出台政策，为新业态下职工入会工作提供政策导向。

（三）因地制宜，建立分类指导机制

各级工会在指导布置新业态下职工入会工作时，应该分层管理、分类指导，因地制宜。

第一，对于正规就业类新业态职工的入会问题，应该以"党建带工建""工建促党建""党工共建"为契机，把职工入会问题纳入党建工作目标，关注企业内临时用工人员、劳务派遣工及其他用工方式的职工，及时加入工会组织。

第二，他雇型灵活就业类新业态职工的入会问题，一是以网络平台单位工会组织为"蓄水池"，采取传统建会入会方式，延伸建会触角，将网络平台所提供工作岗位的就业者纳入工会。二是各级工会可根据本地产业发展特点和新业态职工分布实际，抓住主要空白区和重点人群，加强行业工会建设，扩大对中小微新业态下职工有效覆盖，最大限度地把职工组织到工会中来。三是通过工会组织志愿者开展亲情服务、健康关怀、送温暖服务、法律援助等，解决新业态下职工困难、提供帮助，吸引他们入会。

第三，自雇型灵活就业类新就业形态的职工入会问题，一是依托乡镇（街道）、村（社区）工会等，组织新业态就业者入会。二是推行"互联网+"工会普惠性服务，强化普惠吸引，提升其对工会组织的认知，借助微信、手机App及其他网络平台等宣传动员职工入会。

（四）依法管会，建立规范化运作机制

新业态下职工的入会工作，是基层工会建设的重要内容，应该把握好各个环节，建立规范化运作机制。

一是把好提交关。各级工会应该对新业态下职工提交入会申请的途径进行创新，将自上而下依靠党政建会向自下而上依靠职工建会转变，如利用社区网格工会、园区工会、楼宇工会、行业协会（商会）工会等，或通过建立工会工作站，在新业态职工聚居区建立职工入会受理点；可以利用工会维权热线，或是利用手机新媒体及App等建立形式多样的提交渠道，扩大入会蓄水池。

二是把好审核关。尽管新业态下职工入会工作需要基层工会在实践中进行创新，但是也要把握好职工入会的法定条件，做到依法入会。比如，私营企业主、离退休人员、外商投资者和外资代理人依法都不能加入工会，也不能泛化劳动关系，这是工会阶级性的体现；要自愿入会，不能搞"强迫入会"和"花名单入会"，不能仅限新业态下管理平台的职工入会而忽略由其提供的大量零散单个就业人员，这是工会群众性的要求。

三是把好入会关。应该规范职工入会程序，做好职工入会前的宣传动员工作，变"要我入会"为"我要入会"，依《中国工会章程》规定职工填写入会申请书和会员登记表，并且发放会员证，有条件的举办"入会仪式"，增强职工的会员意识。

四是把好会籍管理关。加强会籍管理的信息化建设，做好会员实名制信息录入工作，摸清会员底数，建好会员档案，遵照"一次入会，动态管理"的原则，规范会员组织关系接转手续，并开发省际间会员会籍接转的互联网平台软件，依照《工会会员会籍管理办法》要求，把好会籍管理关。

（五）真抓实干，建立服务维权机制

一是建立以平等协商集体合同为重要内容的劳动关系协调制度。由地方总工会或行业工会出面，从有较强诉求的新业态下职工中选出代表，与互联网平台等

就就业规则、劳动报酬、劳动保护等方面进行集体协商，签订平台集体合同；通过指导职工签订劳动合同等途径，将工会建成职工向往的"和谐之家"。

二是建立完善职工民主管理制度。强化新业态下职工的具体权责，组织平台从业人员参加民主管理，在制定规章制度和决定重大事项过程中行使民主权利，保障该部分从业人员的劳动权益。

三是做实做细工会帮扶服务品牌，深化扶贫帮困、送温暖、金秋助学等活动，增强基层工会帮扶服务能力。推进开发区（工业园区）、乡镇（街道）、村（社区）和大型企业帮扶站点建设。关注由经济结构调整、化解产能过剩进程中困难职工在创业就业、社会保险、生活救助等方面存在的问题，加强专项帮扶。努力为职工提供普惠性服务，开展创业服务，推动职工医疗互助活动健康发展，以帮扶（服务）中心为依托，探索"互联网+"服务，拓展服务功能。

四是完善基层工会维权服务路径。对新业态职工和下岗失业职工，通过街道（社区）工会、楼宇工会提供维权、帮扶等服务，帮助职工解决劳动纠纷。

总之，让获得感和归属感成为职工入会的动力，努力扩大工会组织对新业态下职工的覆盖面，坚决维护职工队伍和工会组织团结统一，中国工会任重道远！

边疆边远地区基层工会干部心理健康状况调查

张 晶[①]

摘 要：习近平总书记曾在2010年年初就指出"应切实关注基层干部的心理健康问题，重视心理科学的应用，创新党建工作方式"。2011年中组部、中纪委、监察部联合下发文件《关于关心干部心理健康，提高干部心理素质的意见》（中纪发〔2011〕40号）对于维护干部心理健康提出了具体的要求。新疆地域辽阔，在边疆边远艰苦地区从事工会工作的干部们，承担着来自各方面的压力，本报告主要是针对这类人群的心理健康状况的调查研究，通过调查结果找出压力形成的原因，拟出相应的缓解压力的措施，预防精神疾病的突发，保障边远基层工会干部心理健康。

关键词：边疆边远地区；基层工会干部；心理健康；压力成因及建议

2016年8月19日在北京召开的全国卫生与健康大会上，习近平总书记强调，要把人民健康放在优先发展的战略地位，要做好心理健康知识和心理疾病的科普工作。同年12月30日卫计委联合22个部委发布了《关于加强心理健康服务的指导意见》（国卫疾控发〔2016〕77号）在文件中明确提出"要把心理健康教育作为各级各类领导干部教育培训的重要内容，要把良好的心理素质作为衡量领导干部综合能力的重要方面，全面提升党员领导干部的心理素质"。

2017年10月18日十九大召开以来，按照十九大报告精神，各个领域都打响了扶贫脱贫的攻坚战，为了积极响应十九大，做好实现第一个百年目标的准备，在紧紧围绕着新疆工作总目标下，各级工会领导干部都感受到了肩上的担子光荣而艰巨，同时，也承担着来自方方面面的压力，尤其是新疆地处祖国边疆，土地

[①] 张晶，女，新疆工会干部学校教师。

辽阔，一些边疆边远地区从事基层工会工作的干部，在工作中更是承受了与其他工种不同的艰辛与压力。

心理亚健康给人的身体和工作、生活带来哪些负面的影响？造成边疆边远地区工会干部心理亚健康的原因是什么？从哪些方面能够改善负面情绪，减缓压力？这就是本调查报告主要阐述的内容。

一、压力对人身心造成的危害

心理亚健康常见的原因就是压力过大。压力过大对人的身心健康具有哪些影响呢？根据世界卫生组织的报告，60%左右的慢性病是由压力过大、应激因素所致。2017年4月，我国《国家卫计委公布我国心理健康大数据》显示，我国心境障碍患病率为4.06%。在这个调查里，心境障碍实际主要包括四大类疾病，其中抑郁障碍为3.59%、焦虑障碍患病率为4.98%。焦虑障碍在这次调查里包括了8~9种疾病，包括特殊恐惧症、强迫障碍、社交恐惧等。而这些心理疾病的形成与应激事件所带来的压力具有相当紧密的关系。

由以上数据可以得知，当精神压力达到一定程度时，人们的身体和心理都会做出一些反应。常见压力下身体上会做出的反应包括失眠多梦、头痛、头晕、心慌心悸、胃痛胃胀、便秘、胸闷气短、脱发早秃、阳痿早泄、月经不调、乳腺增生、高血压、脑梗心梗等。而心理则会产生抑郁障碍、双相情感障碍、躯体疾病所致的心境障碍、物质所致的疾病障碍，如抑郁症、焦虑症、强迫症、创伤性应激障碍、暴食厌食症、躯体转换性障碍等。从上到下，从内到外，不同的人在不同的抗压能力水平下可以产生不同的反应。如果我们能够及时发现这些症状，了解这些症状的成因和对身体的危害程度，内化成一种自我防御机制，从而尽快地进行自我调整，将身心伤害降至最低程度，避免产生躯体疾病和心理疾病。

二、压力形成的原因

笔者于2017—2018年对新疆南疆阿图什市周边地区、喀什地区、和田地区及北疆阿勒泰地区等部分基层工会工作干部职工进行调研之后，归纳出在边疆地区工作的基层工会干部工作压力形成有以下几个方面的原因。

（一）自然原因

新疆地处祖国西北边陲，166万平方公里的土地上生活着2100多万各族人民，虽然资源极为丰富，譬如石油、天然气和煤炭等，但各地区，尤其是边远地区自然环境的特殊性也造成了在当地生活工作的人们的诸多困扰。

南北疆气候差异较大。南疆气候干旱，像和田地区每年4—7月春季与夏季交会时期就会有遮天蔽日的沙尘暴，其他地区还有令棉苗枯萎、令果花凋零的倒春寒，以及干热风、水源劣质等问题。恶劣的自然条件使得南疆农牧业成为典型的弱质产业，从而给该区域从事农村脱贫致富工作的干部职工们带来很大的工作压力。据阿图什市周边地区某工会扶贫干部表述："我们这里受沙漠气候影响，年降雨量低，比较干旱，又因为土地盐碱性很大，影响了种植农作物的产值，为了提高农民农作物的产量，我们也是想了很多办法，而工作和生活在这里的职工、居民因为长期饮用这种碱性水，也造成了脱发、掉发的现象，有些干部居民还得了结石、结节等病症……"

喀什地区莎车县某扶贫书记表述："我们这个地区荒漠化导致土地贫瘠，农作物产量较低，而风沙性气候，使常年在这里工作生活的人容易得呼吸道疾病，因为地区干旱缺水，尽管水质较差，但人们不得不天天饮用，以至于这里的很多人都是大把大把地掉头发，身体经常出现这样那样的问题，在生活上和扶贫工作中带来很大的困扰和难题，为了治理好这个地方，帮助农民脱贫致富，我们这里的每一位工作人员都是倾尽全力，想尽办法……"

北疆，地处新疆最北部，以阿勒泰地区富蕴县可可托海镇为例，这里是全国第二冷极，气温最低的时候接近-60℃。在距离可可托海镇10公里以外的额尔齐斯河上流深山里有一个可可托海水电站，1958年开建，1976年才建成投入使用直到现在。为了此次调研，在阿勒泰地区工会阿主席的协调帮助下，笔者坐着车穿过层层山峦，在山间公路上拐了九曲十八弯后，终于在大山深处看到了这座黄色的小楼，站在楼前看着"可可托海水电站"七个亮红的大字时，笔者感到非常震撼。水电站的工作人员介绍："这里是我国唯一最大最深的地下水电站，最深处可达地下136米，这里的气候非常寒冷，一到冬天，最冷的时候可以达到-57℃，而水电站因为在地下136米，所以所有的工作人员不管春夏秋冬都必须穿着很厚的衣服才能作业，这还不算困难的，我们最怕的就是到了冬天，山里下雪，唯一的山路被封，扫雪的铲车根本就使用不了，积雪就得由我们这里的职工一铁锹一铁锹地清理出来，因为过于寒冷，很多人的手都被冻出了冻疮，要是遇上检修什么的，工具也得从山下，靠着人力一步一步地运上来，所以我们在这里最害怕的就是冬天下雪，只要预报有雪，几天几夜的都睡不着……"

在调研过程中，因为环境的恶劣给生活和工作带来的各种困扰达到了受访干部的90%以上。新疆境内随着不同地区自然气候的恶劣程度不同，给当地工作和生活的工会干部带来的困扰也不同，而由困扰产生的压力，不仅在身体上给他们带来损伤，在心理上也造成了一定的影响。

（二）社会原因

社会因素是指影响我们日常生活的重大社会事件。例如，2003年的流行疾病（"非典"）、2008年的汶川大地震，都在全国范围内造成了很大的影响。而对新疆来说，最具社会影响力的就是破坏民族团结的暴力恐怖事件。自2009年"7·5"事件至今，新疆人民经历了大大小小多次暴恐事件，给各族人民的身心带来了难以弥补的创伤，给社会的稳定也造成了巨大的破坏。为了保护家园，维护祖国统一，新疆人民紧紧围绕长治久安总目标，大批工会干部怀着对国家的热爱，对党的热爱，对家乡的热爱，积极参与一线维稳工作，但由此也产生了一些令他们困扰的问题。且末县某工会干部表述："长年在一线参与维稳工作，因为工作的原因经常早上天没亮出门，晚上天黑透回家，一遇到一级战备状态，连续几个月都住在村上，妻子和父母对我的工作虽然表示理解和支持，从没有埋怨过什么，但是因为没有办法顾及家里，答应女儿的事情总是无法实现，9岁的女儿与我日渐疏远，甚至有一次对我说她的生活中没有爸爸，我现在已经2个月没见到她了，给她打电话，她也不接，我真的是心情郁闷，不知道该怎么去跟她解释……"这样的困扰在这次调研的干部中占到了近30%的比率，还有其他的一些因素，如孩子刚满月就要远行驻村的父亲；家里老人病故，还来不及擦干泪水就要立刻踏上下乡的列车的子女；孩子将要高考却无法陪伴在身边的母亲……每个参与其中的人虽然对工作怀揣着满腔热忱，但同时也承受着家庭责任缺失的巨大压力，而他们的家人也因为要承担双份的家庭责任同样承受着超过正常水平的压力值，所以做好职工及其家人的心理疏导也是工会干部工作中要面临的一大困难，而掌握自我调适的方法和人际沟通技巧是有效工作的重要手段。

（三）职场原因

职工工作环境的舒适度、工作时间是否稳定、工作强度的大小、工资待遇是否合理都是可能使职工产生心理压力的因素，如降薪、降职、裁员、过度加班等很容易使干部职工产生不健康的心理情绪。油田公司工会干部在调研中提出，他们在工会工作中最常遇到的问题就是："很多一线炼油工人都是在人迹罕至、非常边远的沙漠地区或者戈壁滩上作业，通常一口油井，就一个人在岗位坚守，而且一待就是好几个月，才会有下一班人去替换，生活补给人员也是十天半个月过去一次，所以他们最大的问题就是缺少交流，不仅仅是与同事之间，更是与家人之间，我们这里很多家庭，夫妻之间的感情都比较淡漠，除了共同谈论孩子的事情之外，就再无话题。而且长期这样单一寂寞的工作环境，令部分一线工人情绪低落，甚至产生了严重的心理问题，影响到他们的工作和生活。我们在对职工援助计划当中，想为这些企业员工进行一些帮扶工作，但却又不知从何入手，因为工作环境很难改变，但是如何能改变他们的认知和心理状况，令员工恢复活力，是我们目前工会工作中比较棘手的问题。"

工会干部常年面对的都是在形形色色岗位上工作的职工，不仅要调解职工工作上遇到的问题，还要调解职工生活中遇到的问题。工资待遇、工作环境、工作强度等是最容易催生职工抑郁、焦虑、恐慌等不良情绪的因素，不仅影响心理健康，也会带来生理疾病。而调研中68%的工会干部不仅会遇到上述的困境，引发以上的情绪反应，作为劳动关系协调者更是会承受高于一般工作的压力。

（四）家庭原因

家庭因素复杂多变。包括夫妻关系紧张、家属疾病或伤亡、儿女们不听话、经济负担过重、房奴卡奴等都是造成压力的原因。根据调研结果显示，90%的工会干部都有经济方面的压力：还房贷、负担子女上学费用、老人生病医疗费用、超常家用开支等；53%的受访干部都有家庭关系方面的压力：夫妻情感淡漠、亲子关系紧张、无法全力照顾年迈的父母而引起的焦虑等；在北疆，家暴现象出现较少，而在南疆一些边远艰苦地区甚至还有少数的工会干部家庭生活中会出现家暴的现象，具体表现在语言方面（谩骂、侮辱、抱怨）、冷暴力（无视、忽视、漠视对方，长时间的冷战）。除此之外南疆工会干部还有一个问题要面对，就是在下基层工作中，发现很多农村家庭有暴力虐待的现象，面对这方面的调解也总是觉得力不从心。调查中92%的受访干部表示："如果能掌握一些沟通技巧，更好地与家人进行交流，控制好自己的情绪的话，恐怕就不会引发那么多的争执和误解，也可以更好地处理工作当中遇到的难题了。"

以上四方面是造成边疆边远地区工会干部心理压力的主要原因，而其中很多因素，在某些时候是具有不可抗性或者是短时期内无法改变的，譬如自然环境的恶劣、社会大事件的发生等。边疆边远地区因其地域的特殊性，社会发展相对比较落后，新时期信息的传递相比新疆其他城市传播速度慢，不仅是外来的信息接收不全，内在的需求也难以上传。在此次调研过程中，笔者发现，很多边疆边远地区的工会干部在面对重大事件和人际关系交往过程中不知道该如何去调适自我，对心理学知识、心理健康相关内容的掌握更是相当薄弱，而由于遭遇事件、认知观念、不良情绪等方面引发的心理压力，因压力程度的不同、堆积时间长短的不同，对受访工会干部的身心造成的伤害也不同，80%以上的干部表述身体上出现过失眠、疲劳、头痛、消化不良等症状；8%的干部表述得了心脑血管疾病、高血压、结节肿瘤等较大疾病；心理层面90%的干部都感受过低落、抑郁、焦虑、恐惧、愤怒的情绪；而近10%的干部被医疗机构确诊为抑郁症、焦虑症等。

本次调研的目的就是想通过调查报告的数据为工会政府机构、媒体及相关的专业机构提供相应的案例支持和建议；为当地的工会干部提供有关心理健康方面的指导和建议。

三、应对压力的建议

（一）政治引导

地方工会组织加强精神文明的建设，向边远地区工会干部大力宣传国家百年规划和新疆总目标未来发展方向的政策及内容，从政治思想方面增强其为祖国为家乡建设的使命感和荣誉感。加大对该群体心理健康层面的关注度，利用媒体或互联网平台大力宣传心理健康教育、心理疾病的认知与预防、心态调节及身心保健相关的知识。同时，增加类似于健身中心、文化宫等形式的公共文化设施的投资，丰富工会干部业余生活，使他们可以采取积极的方式正确适当地排解压力。

（二）劳动保障

劳动收入、劳动强度、劳动时间是直接影响劳动者工作情绪的重要因素。依据《工会法》《劳动法》《职工带薪年休假条例》等法律法规的规定，保障边远地区工会干部的劳动付出与所获报酬成正比。改善劳动环境，推行带薪休假制度。劳动价值的体现可以有效减少工会干部负面情绪，提高其劳动积极性。

（三）制定减压机制

建议地方各级工会、企事业单位工会借鉴国外企业组织为员工减压设立的员工帮助计划（EAP帮扶计划），在世界500强中，有90%以上的企业都建立了EAP。从工作压力、心理健康、灾难事件应激、职业生涯困扰、婚姻家庭问题、健康生活方式、法律纠纷、减肥和饮食紊乱等方面着手，全方位帮助工会干部解决自身问题，并以宣传学习的形式，让工会干部掌握该机制并运用到工作当中[①]。

（四）自我调适

压力无处不在，如何从高强度的负荷中管理好情绪，改变工作和生活的方式，适应环境，降低自身压力值，从而使自己从中获得成长和提高，是所有边疆边远地区基层工会干部需要考虑的问题。

1.要改善个人认知方式，了解马斯洛五层需求理论；学习掌握合理情绪理论（ABC），即A是指诱发性事件；B是指个体在遇到诱发事件之后相应而生的信念，即他对这一事件的看法、解释和评价；C是指特定情景下，个体的情绪及行为结果[②]，合理的认知会引发积极正向的情绪和行为，反之则会引发不良负面的情绪状态，从而导致情绪障碍的产生。所以树立良好的观念是保持情绪稳定、心态阳光的基本之法。

2.掌握沟通技巧，合理有效的沟通方式会有事半功倍之效。了解掌握沟通漏斗现象；学会适度的自我暴露；树立良好的自我形象；善用语言和非语言的沟通方式。

3.加强学习，提高自身专业技术水平，积极参加技能培训。由于很多压力是本身知识水平不足而导致工作效率降低造成的，通过学习掌握更多的知识丰富自

---

① 郝滨.催眠与心理压力释放[M].合肥：安徽人民出版社，2009：347.
② 〔美〕莱德利.认知行为疗法[M].北京：中国轻工业出版社，2012：301.

我，增强自己的本领以提高工作效率，使得压力得到缓解。

4.健康生活，掌握一些简单的自我放松疏导的方式。比如，呼吸放松训练法[①]、发泄法（倾诉、健身、唱歌等）、音乐调节法（疲劳时听一些舒展优美的音乐、情绪低落时选择摇滚乐、慢摇舞曲可以使人情绪激昂）、颜色调节法、食品保健法[②]。

参考文献

[1]刘宝新.新疆工会工作的开拓与实践[M].北京：中国工人出版社，2015：248.

[2]蒋雨涵.管好你的负面情绪[M].北京：中国商业出版社，2011：355.

[3]美国精神医学学会.精神障碍诊断与统计手册[M].北京：北京大学出版社，2014：357.

[4]黄信景.职业生涯与心理健康指南.北京：中国工人出版社，2010：197.

[5]黄信景.职场人际关系与心理健康.北京：中国工人出版社，2010：150.

---

① 〔美〕马克·威廉姆斯，丹尼·彭曼[M].正念禅修.北京：九州出版社，2017：284
② 中国营养学会编著.食物与健康·科学证据共识[M].北京：人民卫生出版社，2016：516.

透过"工匠精神"看技能型人才培养

——基于职业教育培训视角

何 舰[①]

这个时代,是一个工匠精神强势回归的时代,世界各地均掀起了崇尚工匠精神的浪潮。将工匠卓越的职业素养和敬业精神融入技能型人才培养的全过程,努力提高技能型人才质量,发挥技能型人才作用,展现工匠精神的时代价值,既是实现当代中国由工业大国向工业强国转变的关键所在,又是我国当代产业工人队伍建设改革的主要举措。

一、工匠精神的时代价值

随着现代化生产的日益发达,传统手工业逐渐退出历史舞台,传统手工业的缔造者——工匠,也渐渐淡出人们的视野,人们经常把体现工匠精益求精、执着专注的工作品格称为工匠精神。伴随着经济的飞速发展,有些观点认为,工匠这个群体已不适应现代化生产的发展,工匠精神已经落伍了。笔者认为,此种说法源于对工匠精神的误解,认为工匠精神就是用苦力、使蛮劲、费时间。事实并非如此,工匠精神意味着专业精到、精益求精、执着专注、追求品质的工作品格和工作原则,涵盖追求完美与极致的工作理念,展现着严谨细致的工作态度,体现坚守专注的敬业精神。这种精神代表着一种正面价值,无论在任何时代、地域都应是备受推崇的,在当今社会中,工匠精神已呈现出重要的理论和实践价值。

(一)现代工业制造需要凝聚工匠精神

虽然现代化工业制造取代了传统手工业生产,但工匠精神依旧凝聚着现代工

[①] 何舰,青海省总工会干校教师。

业制造的灵魂,因此,充分发扬工匠精神,并将工匠精神融入现代工业制造,是实现工业制造强国的重要手段。纵观当今世界一些工业制造强国的发展历程,都与该国重视发扬工匠精神密不可分。比如,德国是世界知名的工业强国,不仅制造业发达,而且其产品品质以精密优良享誉世界,出产了保时捷、奔驰、宝马、西门子等不少世界顶级品牌。曾有这样的报道:"所有德国人农场生产出来的鸡蛋都有'身份证',用一串长长的号码告诉消费者它的产地、蛋鸡是圈养还是放养、鸡场及鸡圈的位置,以及鸡产下这枚蛋的日期。"由此可知,在德国,更多的企业主对自己的第一定位是对工作精益求精、注重细节和品质的工匠,其次才是商人。在大多数德国企业主眼中,精湛的技艺、凝聚匠心的工作所带来的成就和意义早已超越经济利益。纵观德国近百年来的现代化发展道路,从宏观看,是一条技术兴国、制造强国的道路;从微观看,支撑这一道路的是"工匠精神"——对技术工艺宗教般的狂热追求远远超越了对利润的角逐。当欧洲一些国家出现经济停滞甚至衰退局面时,德国却依然能保持经济持续增长势头,究其原因,德国人认为他们靠的是执着专注、精益求精的工匠精神。在日本,从江户时期开始,各行各业、各个产业已有着浓厚的追求产品品质完美精良的氛围,他们认为追求产品品质的精良甚至与个人的荣辱息息相关,如果能制造出品质出众的产品,那么,自己会获得极大的满足和成就,也是自己的荣耀。反之,如果由于自己的原因,产出了品质残次的产品,即使该产品畅销不断,他也认为这是自己极大的耻辱和难堪。这种"荣辱法则"的价值观在日本深入人心,他们不仅对产品质量要求严苛,而且在产品质量达到优良的条件下追求更完美精湛的技艺。在很多日本人看来,将简单的事情精心专注做到极致,不仅使人获得成功,而且也诠释着生命的全部意义。正是由于这种工匠精神的支撑,日本的汽车及电子产品著称于世,享誉世界。在电子信息化发展日益强大的今天,"苹果"电子产品已成为最能体现工匠精神的完美呈现。乔布斯——"苹果"电子产品的创始人,他曾被誉为"当代最伟大的工匠",是切切实实工匠精神的坚守者。乔布斯对产品完美的品质追求甚至到了近乎苛刻的程度。由于在"苹果"产品设计制造理念中始终贯穿着技艺精湛、追求细节完美的主旨思想,从而造就了一代精品。有人这样评价:"苹果像一间艺术家的工作室,而乔布斯则是一名熟练的工匠。"

综上所述,现代工业的飞速发展,工业制造强国的日渐形成与追求精益求精、完美与极致的工匠精神密不可分,与追求精湛、优良至善的制造精神密不可分。

（二）工匠精神极大体现生产制造者的自我价值

传统的工匠从事制作活动，并非简单机械的重复性体力劳动，而是一个不断对产品及工艺进行提升完善的过程。工匠可以从工作中不断学习，并且将自己对世界的理解和认识、内在想法等体现在产品之中，同时在劳动过程中不断提高自己的技能。当自我意识通过产品获得了客观的表达，那么，工作就不再是苦差事，而是一种忘我的投入。制造者的生命活动通过在工作过程中自主展开，那么，制造者的工作过程已然成为一种"投入的人生状态"。工作成为制造者生命的另外一种外在表达，自身价值已凝聚在自己创造的作品之中，不需要依赖其他表达自身价值的途径，工作中，生产制造者就能够获得极大的满足感和职业成就感，生产者的自身价值得到最大的体现。现代化的生产极大地满足了人们的物质需求，在获得物质满足之后，人们不再局限于对产品的最低要求，对于现代化产品呈现出的标准化、单一化、缺乏独特性、人情味的特征，人们的挑剔也随之而来，这些标准化、单一化的产品犹如冰冷的石头，缺乏产品应有的个性和所蕴含的温暖和亲切。如果，将工匠精神贯穿于产品的创作过程中，产品与制造者是自然贴近的，从产品的创造构思、设计完成都流露着制造者的思想、修养、价值观、审美观，凝聚着制造者双手劳动的痕迹，那么，产品也是艺术品，它甚至体现着制造者个人的修养品格。制造者的内心和思想已通过产品完美卓越的品质得到体现，使用者可以体验到制造者的专注与坚守，展现着制造者的个性，每个产品都是世上独一无二的，展现的是制造者内心的温暖。

（三）当代中国制造呼吁"工匠精神"的回归

当今世界，工业格局面临着重大调整，发达国家加强了对高精尖产业的研究。德国为了继续保持工业强国的首要位置，提出"工业4.0"计划。面对强劲的国际势头，中国提出"中国制造2025"的战略计划，国家要实现"2025战略"目标，实现中国由工业大国到工业强国的转变，核心是要提升中国制造的质量。如何提升中国制造的质量，目前，是摆在中国人面前的一道难题。我国有"世界工厂"的称号，众所周知，世界上的大部分产品制造来自中国，虽然中国能够生产出世界上大部分产品，但产品质量却不容乐观，让人担忧。在中国，建筑质量、食品药品农产品质量均不容乐观：刚刚建成的新大楼，还没交付使用，墙体就出现裂缝；毒奶粉、地沟油、瘦肉精、假疫苗现象让人触目惊心；中国人奔赴日本疯狂抢购马桶盖等怪象让人震惊；品种繁多的假冒伪劣、粗制滥造的商品充斥着市场,消费者的利益遭到了严重侵害,中国制造的产品丰富多样,琳琅满目,但能够享誉世界的知名品牌却寥寥无几。究其根源,是忽视产品的质量而一味地追求经济利益,经济效益优先,成为生产制造的首要目的,支撑工商业发展的主要内在驱动力变成了追求利益最大化,所有生产、分配、交换、服务的最终目的都是获得最大的经济价值,虽然这些低质量的产品带来了经济效益的增长,但往往是昙花一现。随着时代的发展,人们对产品质量的需求在不断地提高,低质量的产品最终难免被淘汰。

2017年政府工作报告明确提出:"质量之魂,存于匠心。"提升中国制造的质量、打造中国制造的优质品牌效应已迫在眉睫,中国制造需要工匠精神的回归,将工匠精神始终融入工作中,不断精雕细刻,精益求精,才可能赢得大众最终的信赖和支持,才可能实现当代中国工业强国的梦想。工匠精神体现了制造者的职业追求和信念,是一种对职业敬畏、对产品负责的爱岗敬业精神。将工匠精神始终贯穿在工作中,不仅集中体现制造者职业道德和工作的敬业精神,也体现出一个民族锲而不舍、追求卓越的优秀品质,是社会主义核心价值观对"敬业"精神的具体诠释。

职业教育(vocational education)是以就业为导向,让受教育者获得某种职业或生产劳动所需要的职业知识、技能和职业道德的教育。目前,在我国,全日制职业教育系列有职业高中、职业中专、技校等职业教育;非全日制的职业教育有职工的就业前培训、对下岗职工的再就业培训等。职业教育更加侧重于对实践技能和实际工作能力的培养,因此,职业教育培养的不仅是适应社会需要的应用人才,还应该是具有一定文化水平和专业技术的技能人才。

2017年4月14日,中共中央、国务院印发了《新时期产业工人队伍建设改革方案》(以下简称《改革方案》),针对产业工人队伍发展的突出问题做出专门谋划和部署,这在我们党和国家历史上是首次。《改革方案》中将完善现代职业教育制度、改革职业技能培训制度、统筹发展职业学校教育和职业培训作为主要的改革举措。由此可见,大力发展职业教育培训,建设知识型、技能型、创新型劳动者大军已是时代发展的趋势。

培育技能型人才离不开严谨务实、脚踏实地、精益求精的"工匠精神",职业教育应注重对学生"工匠精神"的培育,培育他们精湛的业务技能、为社会默默奉献、淡泊名利、执着专注的职业素养,为成为合格优秀的技能型人才打下坚实的基础。

二、工匠精神的培育与技能型人才培养有效融合

（一）加强专业技能人才培养，是培育"工匠精神"的有效途径

截至 2015 年年底，全国技能劳动者总量为 1.65 亿人，高技能人才占技能劳动者比例为 27.3%，而西方发达国家特别是一些制造业强国，高技能人才的数量占到技能劳动者总数的 40% 以上。完美的理念、先进的设计，只有通过技工的巧手才能实现，否则只能停留在图纸上。中国经济发展进入新常态，在今后较长一段时期内，按我国劳动力市场要求，需要一大批具有"工匠精神"的技术技能型人才。2017 年 10 月 18 日，习近平总书记在党的十九大报告中提出：要大规模开展职业技能培训，建设知识型、技能型、创新型的劳动者大军。

技能型人才不仅是产业工人的重要组成部分，也是强化产业工人队伍建设的有力支撑。技能型人才的培养与职业教育培训密不可分，将"工匠精神"融入技能型人才培养之中，不仅是促进经济转型升级的前提基础，而且也满足了国家、企业、劳动者三方面的需求。同时，也是让技能型人才体现自身价值的客观需要。"工匠精神"不仅是技能形成体系当中应该具有的价值观，而且也体现了传承中华民族优秀文化的软实力。面对国家产业转型升级的严峻挑战，职业院校应承担起培养任务，为现代服务业培养一大批掌握现代服务理念和现代服务技术的高技能人才，为基础产业和艰苦行业培养一大批"下得去、用得上、留得住"的高技能人才。"工匠精神"体现的是精于工、匠于心、品于行的价值观，它与技能型人才培养所要求的对工作追求专业精到，对产品要求品质完美的价值观不谋而合，职业院校一边不断培养学生的"文化底蕴"，提升综合素质和职业素养；另一边不断加强学生的专业技能，提升学生适应社会就业需求的应用能力。大力加强专业技能型人才的培养，让学生在学习中逐渐养成脚踏实地、执着专注、注重细节的优秀品格，为具备工匠精神打下良好的基础，充分实现技能型人才的社会价值和人生价值，使"工匠精神"在职业教育中扎根，让技能型人才成为"工匠精神"的传承者。

（二）加强职业道德教育，是塑造"工匠精神"的支撑保障

"工匠精神"包含职业技能、职业素养、职业理念等多个层次，是一种钻研技能、敬业担当的职业精神。加强职业道德教育，培养新时代工人的职业精神，

这不仅是提高产业工人队伍素质的需要，而且也是职业教育今后教学内容改革的重要组成。在职业教育中，应牢固树立具备职业道德素养才是实现一切专业素养的基础的意识。在我国，古代工匠强调"德才兼备""以德为先"的工匠精神。这样一种"向善"的"道德精神"的指引，一定意义上铸造了中国工匠精益求精的技术精神，创造了举世瞩目的古代技术文明。在职业教育培养的过程中，注重加强职业道德的教育，并将其摆在职业教育的首位，自始至终贯穿于理论与专业技能学习，通过将在校学习的职业道德教育与在工作岗位中具体体现的职业道德表现衔接，增强职业道德培养的针对性，培养积极正确的职业价值观和职业正能量，通过媒体宣传等途径，让职业院校和企业都重视培养学生的职业素养，将职业道德教育融入企业工作环境，提升学生职业道德水平，增强职业认同感。因此，推进职业道德教育是塑造"工匠精神"的坚实基础，通过开展职业道德教育，将"工匠精神"的理念体现在企业的生产和服务过程中，为经济社会发展更好地服务。

（三）完善职业教育体系建设，是延续"工匠精神"的重要载体

我国现代职业教育的主要职能是要完成适应社会转型发展升级所需要的高精尖技能型人才的配备与储备；开展技术技能的积累、传承与科技创新；培养、培训不同层次高素质技能人才。目前，全国共有职业院校1.23万所，每年招生930.78万人，在校生2682万。中职和高职教育分别占我国高中阶段教育和高等教育的"半边天"。德国是世界上职业技术教育最发达的国家，德国不但职业教育历史悠久，而且是世界上第一个将职业技术教育归属于义务教育的国家，培训职业多达350种，并且已形成了一个具备学徒培训、中等职业技能培养和高等职业教育的多层次、多领域、标准化管理的较完善的职业教育体系。相比之下，我国职业教育起步较晚，发展缓慢，大致分为三个层次：职业启蒙教育、职业准入教育和职业继续教育。由于我国职业教育缺乏完整、系统、合理的规划，因此，技能型人才在基本业务知识、职业道德素质、职业行为习惯、职业精神培养等方面的学习缺乏连贯性，给培育"工匠精神"带来难度。很多院校在课程改革、专业设置、教学管理、师资队伍等方面依然无法达到培养高技能型人才需求，导致职业教育对培养技能型人才存在质量不高、经验不足的现象。

2017年9月8日，李克强在天津职业技术师范大学考察现代职业教育发展情况，他对学校老师说：你们未来不是一般的老师，是工匠之师，集老师和师傅于

一身，既传道又授业。加强职业教育师资建设是提高和完善职业教育体系建设的重要途径，拥有实力强大的师资队伍，是职业院校实现高技能型人才培养的基本保障。德国推行"双元制"的职业教育，"双元制"是指两个教育主体，分别是企业和职业学校，即企业为"一元"，职业学校为"一元"，是通过这两个教育主体合作开展职业教育的模式，这种"双元制"教育突出实践技能培训，理论与实践之比为3∶7或2∶8。属于注重实践技能，为未来工作而学习。在企业与学校的合作中，企业占主导地位。学生在企业和学校的一般时间比为3∶2或4∶1，或采取离职进修制的形式。学生的学徒期根据其申报的任职资格，一般在2—3年之间。学生在职业学校学习期间就被企业"订购"成为企业的准员工，在这期间学生可获取幅度为正式工人起点工资的20%—40%。

借鉴德国的成功经验，在我国职业教育中，构建专兼职相结合的"双岗位"教师体系，吸收大量"双岗位"兼职教师从事教学和实践指导，"双岗位"是指教师既是企业的技术能手、业务骨干，又兼任学校的任课指导教师。作为教学过程的主要实施者，"双岗位"教师应具备从事理论教学和实践指导的双重能力，不但能与企业进行有效沟通，而且具备较高的专业理论知识、较强的职业素养，为更有效地培养高技能型人才提供高质量的师资保证。通过培养发展"双岗位"兼职教师，不但能完善职业院校师资队伍的结构，而且从一定程度上也拉近了企业和学校的距离，让职业教育更有特色。"双岗位"师资队伍建设既是培养高技能型人才的理论知识的保障支撑，又体现了职业院校的核心竞争力。学生在企业里学习职业技能，充分提升"怎样做"的实践能力，在职业学校里通过已掌握的实践能力更好地解释"为什么这样做"的问题。将在企业里进行的职业技能和相关工艺知识教育与在职业学校里进行的职业专业理论和普通文化知识结合起来，为成为具有"工匠精神"的高质量技能型人才奠定扎实的理论和实践基础。

参考文献

[1] 汪中求.中国需要工业精神[M].北京：机械工业出版社，2012：101.

[2] 李工真.德意志道路：现代化进程研究[M].武汉：武汉大学出版社，2005：68.

[3] [美]弗洛姆. 健全的社会[M].孙恺祥译，贵阳：贵州人民出版社，1994：71.

［4］张立新.培养大国工匠是时代使命［J］.中国劳动保障报,2016(4):9.

［5］朱雄才.产业转型背景下高技能人才培养的困境与对策［J］.现代教育管理2014(9):104.

［6］薛栋.论中国古代精神的价值意蕴［J］.职教论坛,2013(34):96.

创新工会工作体制机制，增强基层工会活力

高 文[①]

摘 要：十九大报告指出要增强群众工作本领，创新群众工作体制机制和方式方法，而基层工会正是广大群众凝聚力、战斗力的源泉，以夯实基础和创新机制为抓手来增强基层工会活力就显得尤为重要。因此，本文着重研究如何应用管理学的三大定律，以群众工作体制机制和方式方法创新为突破口，扎实做好基层工会工作，切实提高基层工会活力，从而团结动员广大职工群众为实现党的十九大提出的宏伟目标不懈奋斗。

关键词：基层工会；创新；活力

基层工会是工会联系广大职工群众的一线阵地，是宣传工会工作精神、履行工会工作职责的重要窗口。基层工会的工作活力关系到职工群体的效益，同时也关系着一线职工的福利，从一定意义上也影响着职工的工作积极性。因此，创新基层工会的体制机制、激发工会基层组织的活力、提升工会工作服务水平，对完善工会工作体系具有十分重要的现实意义。

随着改革开放的逐步深入，特别是十九大报告指出中国特色社会主义进入新时代，这也给工会工作带来前所未有的机遇与挑战，作为基层工会一定要适应新形势、接受新任务，同时也要求工会干部必须要以敢为人先的创新精神，开拓性地开展工作。

各级工会组织要全面贯彻落实习近平总书记的系列讲话精神，特别是十九大报告中对工会工作的重要要求，解放思想，大胆创新，打破惯性思维模式，根据新形势和新情况，用新的理念规划工会工作全局，努力在基层工会的工作实践中提出新思路，找出新方法，解决新问题，实现新跨越。

---

① 高文，天津市工会管理干部学院工会建设教研室教师。

一、克服"路径依赖",创新体制机制,开拓工作新局面

要开拓基层工会建设的新局面,关键在人,在于我们从事工会工作的一线干部,这就要求工会干部必须打破原有思维模式的桎梏,强化和提高创新意识,克服管理学中所谓的"路径依赖"。"路径依赖"是指初始的体制选择会提供强化现存体制的刺激和惯性。①旧有的工作模式一旦建立和熟悉,惯性的力量会使工作者对旧有模式的选择不断强化,并让他们不愿轻易尝试改变。

"少成若天性,习惯如自然。"路径依赖原理启示我们:甩掉曾经肩负的包袱,要勇于创新。因此,要做一名创新型的工会干部,就要克服"路径依赖",突破旧有的思维理念和工作模式,与时俱进,开拓进取,通过提高创新本领来适应新形势,达到新要求。

回顾工会发展的历史,无论是在工作理念和工作方法的转变上,还是在体制机制的完善和创新上,始终是一个摸索和实践的过程,是一个解放思想、不断进步的过程。我们要努力在创新体制机制上进行大胆尝试,突破实践,最终由工作实践上升为创新的理念,结出创新的硕果。

(一)要创新工会体制机制

要想改变工会的原有面貌,增强群众对工会的认可,就需要在传统的管理模式上动动"手术刀"。需要把工会的重心下沉,规范工会干部的管理权限,同时对工会干部进行动态分级管理,分层考核,增强干事的积极性,使内部事务管理科学化、民主化,真正起到增强基层工会活力的目的。

这方面湖南省常德市石门县总工会值得我们学习,它以探索"一户一产业工人"为突破口,走出了工会体制机制创新的新途径。2016年以来,石门县总工会说服农户参与"一户一产业工人"的培训,经过培训,大多数农民成为产业工人中的一分子,加入工会并享受到了工会的各项服务,既为企业培养了技术工人,又使贫困户通过学会新技能而脱贫致富。同时,石门县总工会也加快了非公有制企业、专业合作社建立基层工会的步伐,通过在农村专业合作社设立工会委员会,使工会点对点的服务模式进一步扩展,从而摸索出一种精准培训、精准帮扶的新方法。

---

① 吴敬琏.路径依赖与中国改革——对诺斯教授演讲的评论[J].改革,1995(3):57-59.

这里我们可以借鉴石门县总工会的宝贵经验，一方面，因地制宜，积极拓展农民工入会领域；另一方面，积极开展新阶层工会组织建设，将工会的覆盖面不断扩大到各级社会组织，为我们工会组织打造一片更为广阔的蓝天。

（二）要创新工作思路和工作理念

思路决定出路，态度决定高度。只有不断摸索新方法，创造新理念，工会工作才能始终处于主动地位。我们要充分认识到，创新是工会事业发展的客观规律，是中国特色社会主义工会建设的必然要求，是新形势下工会工作的不竭动力。习近平总书记在十九大报告中提出"增强群众工作本领，创新群众工作体制机制和方式方法"的明确要求，为我们指明了新时期工会工作的方向，是我们今后工作开展的基本遵循。

因此，基层工会干部要努力增强创新意识，提高创新本领。增强创新意识就是以创新的理念分析形势，以创新的勇气解决问题。而提高创新本领就是用创新精神进行工作实践，不断在创新实践中分析和总结问题，跳出旧模式提出新思路的能力。作为工会干部，要在面对新形势、新任务时保持昂扬的精神状态，增强工会工作的责任感和使命感，不断完善服务理念和创新工作方法。比如，我们可以在劳动竞赛、职工权益维护、困难职工帮扶、贫困助学等活动的基础上，继续探索符合市场规律的特色活动，我们可以以上海顾村的"九化"工作法[①]为榜样，不断推动工会理论和工会体制机制的创新，使工会事业永葆生机和活力。

（三）要创新工作方法

讲工作，我们就要讲方法，它可以使我们的工作事半功倍。工会工作也是一样，我们工会组织最大的优势是什么？那就是组织文体活动。我们可以以此为突破口，以文体活动为平台，为职工群众营造和谐向上的环境，提升职工的团队合作意识，以文化凝心聚力，提升企业效益。一方面，要加大对文体设施的投入，扩大文体设施建设规模，不断完善职工健身器材、娱乐设施和职工书屋等硬件设备；另一方面，要丰富和创新文体活动方式，工会组织要紧紧围绕社会主义核心价值观，在新时期选取新颖的主题来开展各项文体活动，兼顾各阶层、各年龄段的职工需求和兴趣爱好，探索新形式的文化活动，从而使职工群众在活动中增进

---

① 吴振祥.顾村镇总工会"九化"工作法的创新实践[J].工会理论研究，2015（5）：34-38.

友谊，鼓足干劲，增强归属感和自豪感，真正将工会当作"职工之家"，从而更好地激发职工的积极性，对企业和社会做出新贡献。

二、发挥"霍桑效应"，创新工会服务，由"端菜"变为"点菜"

有效地推进工会创新转型，必须坚持以服务为核心。坚持以服务为核心，这是由工会的根本属性和基本职能所决定的。工会是职工群众利益的代表，是党联系职工群众的桥梁和纽带，工会的基本职能是服务和维护职工，工会组织代表职工利益，维护职工权益，尊重职工意愿，服务职工需求，因此工会创新最根本的就是工会服务的创新。而如何才能做好服务，我们可以借鉴管理学上的经典理论——"霍桑效应"。

所谓"霍桑效应"，是20世纪初美国梅奥教授领导的团队在霍桑工厂进行的生产效益关系实验中发现的实验者效应。经过试验，发现参加试验的工人的个体意见被集体重视并被采纳后，工人在集体中的地位发生了变化，感觉自身得到了来自各方面的关注，通过个人与集体的良性互动，使工人们受到了激励，促进了工作效能的提升。"霍桑效应"启示我们，工会组织者应通过积极的意见交流，设身处地地关怀职工，达到情感的彼此沟通、真诚交流，发挥桥梁纽带的实际意义，最终有效地激发集体的活力，发挥出工会的真正价值。

因此，"霍桑效应"启示我们，可以通过"菜单式工作法"等来创新基层工会的服务模式，把"端菜"改为"点菜"，真正变被动服务为主动出击。

（一）让职工群众下"菜单"，根据菜单主动作为

提升基层工会服务水平，必须确立"以满意为目标"的服务宗旨，必须把主动倾听群众心声作为工作的取向，必须把维护职工利益、解决职工困难作为工作的落脚点，必须把群众的满意度作为工会工作的风向标。因此，作为工会干部，要提高我们的服务意识和水平，让职工群众下"菜单"，我们敢"端菜"。

1. 建立以反映职工群众意愿为核心的"民意通道"

要创新工作方法，切实优化服务，首先要拓宽和完善反映职工群众意愿的"民意通道"，充分发挥基层工会的沟通协调职能，将群众最关心的问题迅速传导到上级部门。

一方面，要建立自上而下的"主动倾听频道"。工会干部要把工作重心下移，将视线放在基层一线的职工身上。要经常走进群众中，搭准大家的思想脉搏，了解民情，体会民意，并及时把基层同志的意见和建议收集起来，通过工会组织把信息第一时间反馈给上级管理者，使管理者在进行决策部署时，可以结合群众需求综合研判，把握好政策的执行尺度。我们可以完善领导干部深入基层制度和"领导接待日"制度等，从制度层面多增加与职工群众见面的机会，打响工会组织这张形象牌。

另一方面，要建立自下而上的"职工呼声频道"。这里同样需要我们工会干部深入基层，联系群众，主动采取多种形式，把职工群众的意见和需求收集起来，分析汇总，在今后制订工作计划时能够更为准确地贴近职工群众需求。"民之所望、施政所向"，在工会创新发展的过程中，在完善工会各项制度的实践中，要以职工的想法为出发点和基本遵循，从职工反映强烈的问题着手改进，根据职工诉求不断创新工会管理方法、完善服务内容，将群众的呼声作为重要参考，将群众的心愿作为最终目标。同时还要建立工会工作的考评机制，通过发放问题反馈表、无记名打分等多种方式收集职工的评价意见，回应职工的请求，最终优化工会服务，提升工作水平。

2. 根据"菜单"主动维护好职工权益

作为党联系职工群众的桥梁和纽带，基层工会必须把为困难职工排忧解难、维护职工群众合法权益作为第一要务，把广大职工群众紧密团结在工会组织这块"磁石"的周围，使广大职工群众全心全意跟党走。

一方面要创新完善困难职工帮扶方法。基层工会组织要努力担当好职工"娘家人"的重要角色，急职工之所急、想职工之所想，加大帮扶工作力度，真正做到精准扶贫，温暖人心，凝聚人心，把送温暖工作做到常态化、制度化，而不是"走过场""亮亮相"。

另一方面要切实维护好职工群众的合法权益。作为一线工会可以非常直接地了解掌握职工的情况并及时发现、纠正侵害职工合法权益的行为，使维权工作见到实效。基层工会干部要把职工群众的困难作为第一信号，把职工群众的需求作为第一方向，把职工群众的满意作为第一标准，积极制止侵害权益行为，切实履行工会维权责任，真正把基层工会组织打造成值得信赖的"职工之家"。

（二）提高工会干部的创新本领，提升主动"送菜"的精神

"菜单"已经由群众点好，如何把"菜"做好更是关键。如果没有一名技能高超的厨师掌勺，再精美的食材都不能成为美味佳肴。面对职工群众点出的"菜单"，需要厨师——也就是我们每位工会干部花费苦功，用心炒制，才能烹制出一桌桌让"顾客"满意的大餐。同时，随着时代的发展，各种新技术、新事物频频涌现，"顾客"们的口味也在不断提高，尤其是从事新兴产业的职工群众，他们的需求和愿景都发生了根本性的变化。在这种情况下，需要"厨师"们的技能与时俱进，提升主动"送菜"的精神，不断学习新时代先进的技术，不断提高自身的创新本领，丰富和创新工会的服务方式和手段。

重庆市九龙坡区总工会开发的"幸福工会"App，就为我们基层工会组织如何由"端菜"改为"点菜"提供了宝贵的经验。只需在手机上点击"幸福工会"App，就能帮你完成工会组织所涉及的全部内容。通过App可以实现注册工会会员、了解工会动态、申请困难帮扶、参加文体活动、浏览职工书屋等活动，职工群众对工会的活动建议也可以通过App进行发布，经由工会评估即可拨付经费开展活动建设。"幸福工会"App这种让职工自己选择活动内容的做法，使工会活动由"大桌菜"升级为"自助餐"，使职工群众切实体会到主人翁的优越感，极好地诠释了何谓"菜单式工作法"，很值得其他基层工会借鉴。

"幸福工会"手机App的例子也充分印证了"互联网+"工会的社会效力，"互联网+"工会这种新技术支持下的组织形式，以互联网技术的即时性和互动性，使工会组织的"面孔"变得更加亲和，使工会组织温暖人心、赢得人心的作用发挥得更加充分，使工会组织的吸引力、凝聚力和战斗力得到增强。与此同时，我们也应该意识到"互联网+"只是一个技术手段，只有真正将职工群众放在心里，吸引大家更多参与网络互动，"互联网+"工会才能赢得更多群众的垂青和信赖，从而更好地助推工会工作发展。

总之，从"端菜"到"点菜"，不仅要做到华丽转身，更要做到思想革新和职能的转化；从"点菜"到"炒菜"，工会干部体现的不仅是职责所系，更是见之于行的使命担当。任何革新都会遇到一些波折和挑战，只要我们工会干部秉持为民之心和利民之要，所有困难都将是"小菜一碟"，最终一定能为职工群众做出一道道美味可口的"开胃菜"。

三、利用"鲇鱼效应",引入竞争机制,激发基层工会活力

沙丁鱼生性懒惰,不爱活动,被捕捞上来后大都在路途中死亡,但将鲇鱼装入鱼槽后,沙丁鱼就会紧张起来,加速游动,从而大大提高其成活率。这就是所谓的"鲇鱼效应"。

在团队建设中将拥有过硬本领和积极主动精神的"鲇鱼"引入团队中,以胁迫其他成员继续保持竞争势态,一旦竞争机制由实际应用转化为职工的思维定式和群体意志,则会形成"你追我赶"的激烈竞争局面[①]。

这种强有力的竞争,可以使职工始终保持昂扬的工作斗志,努力提高工作能力,有利于团队获得最佳的人才效益。同样,在工会建设中适当引入竞争机制,合理利用"鲇鱼效应",将使工会干部的能力和素质大幅提高,最大限度地激发基层工会的内在活力。

(一)在基层工会层面发挥"鲇鱼效应",激励基层工会争创一流

加强工会建设,创新工作机制,不仅要自己和自己对标,更要横向与纵向对标、落后与先进对标,要适时推动各个基层工会对照先进找差距、对照优秀找不足,并持续地有突破性地进行改进。积极开展"争创一流工会"活动,定期召开工会建设座谈会,以促进各个基层工会之间广泛学习与交流,并分阶段地选取业绩出色的基层工会为一流工会,鼓励先进,鞭策落后,最终达到各自提升的目的。

(二)在工会干部和职工群众中发挥"鲇鱼效应",激励大家争当标兵

首先,工会组织要为工会干部和职工群众建立创新激励机制。可以通过开展知识竞赛、技能创新、优秀工作法评选等活动发现和树立先进典型,以点带面,整体推进,通过合理引入竞争机制,将竞赛活动的实际效果发挥出来。对涌现出的先进典型要大力宣传,激发工会干部的创新热情,活跃广大职工群众的创新氛围,打造一支敢于创新、乐于创新、善于创新的工会队伍。

江苏省南通市工会通过竞争机制推动万众创新的做法就值得大家借鉴。近年来,南通各级工会以提升职工技术水平和创新能力为目标,以职工创新创业周活动为平台,以创建"劳模创新工作室""工人先锋号"等活动为载体,大力组织

---

① 庄淑月.论"鲇鱼效应"对于企业团队建设的启示意义[J].企业活力,2011(2):94-95.

职工投身创新实践竞赛活动之中。通过开展十大工种职业技能大赛，完善"四位一体"的职工技能发展模式，同时通过开设职工创新论坛、设立职工技术创新成果奖、开展"十佳创新成果"评选活动等形式，探索群众创新发展规律，激发基层工会创新活力。

其次，基层工会要努力争取物质保障，物质保障主要体现在经费保障这一环节。通过经费保障进行激励，争取行政的有力支持，将经费高效地投入工会建设的宣传培训、基础管理等工作，为基层工会开展创新活动提供坚实后盾。同时各行政单位要每年划拨专项资金，对工会建设和创新实践中的优秀单位和个人实施奖励。

此外，要把创新能力的考核与工会干部的工作评议紧密结合，与工会干部的切身利益相挂钩，通过定期举办岗位练兵、推广先进操作法等活动，拓展工会干部的知识领域，营造学知识、争先进的良好风尚。只有这样，才能激发工会干部奋发有为的工作热情和团队精神，促使工会干部由被动地完成工作向主动创新转变。

总之，创新工会工作体制机制，增强基层工会活力，是一项系统工程。我们要大力增强面向基层、服务职工的意识，切实转变工作作风，在创新上持续发力，加速推动工会的理论创新、机制创新、服务创新和方法创新，有效激发工会活力，不断提高基层工会的吸引力、凝聚力和战斗力，在新时代展现新作为，将工会工作推上新水平。

参考文献

[1] 雷恩.管理思想史（第五版）[M].北京：中国人民大学出版社，2009：163-164.

[2] 方振邦.管理思想百年脉络——影响世界管理进程的百名大师[M].北京：中国人民大学出版社，2007：392-393.

[3] 龙玉琼.浅谈基层工会工作创新的要点[J].经营管理者，2011（3）：355-356.

[4] 刘斌志.当代职工心态与需求的变化以及工会社会工作的发展[J].工会理论研究，2007（4）：28-30.

[5] 马全中.社会管理创新的概念分析[J].社会主义研究，2012（5）：92-96.

非公企业工会规范化建设的思考

张 举[①]

摘 要：当前，我国正处于经济大发展和改革急转型的关键时期。非公有制经济竞相发展，作为劳动关系产物的工会是非公经济体制中的重要组成部分，更是协调非公企业、职工、党政关系的有效组织结构，在我国非公经济发展中起到重要作用。但非公企业工会在发展的过程中还存在着一些问题，还不能够适应非公经济发展的需要，因此，要进一步加强非公企业工会规范化建设。

关键词：非公企业；工会规范化建设；思考

我国当前正处于经济大发展和改革急转型的关键时期。市场经济体制在这一特定时期内迅速推进，非公有制经济竞相发展，诸多利益相关方日益多元化，呈现不同价值观和利益需求的多元社会力量彼此角力，劳动关系日益彰显复杂多样的特征。作为劳动关系产物的工会是非公经济体制中的重要组成部分，更是协调非公企业、职工、党政关系的有效组织结构，在我国非公经济发展中起到重要作用。但非公企业工会在发展的过程中还存在着一些问题，还不能够适应非公经济发展的需要，因此，加强非公企业工会规范化建设势在必行。

一、非公企业工会规范化建设的可行性分析

（一）习近平总书记关于工人阶级和工会工作的重要论述和党的群团工作会议为非公企业工会规范化建设指明了方向

党的十八大以来，习近平总书记对工人阶级和工会工作高度重视，多次做出

[①] 张举，安徽省总工会干校教师。

重要论述，鲜明提出了工人运动的时代主题、工会改革的方向和目标、中国特色社会主义制度下的劳动思想、构建和发展和谐劳动关系观点等，系统全面，博大精深，主要体现在以下方面：一是坚持自觉接受党的领导；二是坚持全心全意依靠工人阶级方针；三是把为实现中华民族伟大复兴中国梦而奋斗作为新时期我国工人运动的时代主题；四是坚持走中国特色社会主义工会发展道路；五是大力弘扬劳模精神、劳动精神、工匠精神；六是高举维护职工权益旗帜，竭诚为职工群众服务；七是坚持增强"三性"、去除"四化"改革方向；八是坚持"三个着力"加强基层工会建设；九是把农民工这支工人阶级新生力量最广泛地组织到工会中来；十是加强新形势下工人阶级地位及工运理论研究等方面。习近平关于工人阶级和工会工作一系列重要论述，内涵丰富，思想深刻，逻辑严密，已经形成了习近平新时代中国特色社会主义工运思想，成为习近平新时代中国特色社会主义思想不可或缺的重要组成部分，也为新时代非公企业工会规范化建设指明了前进方向，提供了遵循。

（二）中共中央《关于加强和改进党的群团工作的意见》和党的群团工作会议给非公企业工会规范化建设带来了机遇

2015年1月，中共中央下发了《关于加强和改进党的群团工作的意见》（以下简称《意见》）。《意见》指出："群团组织基层基础薄弱、有效覆盖面不足、吸引力凝聚力不够问题突出，特别是在非公有制经济组织、社会组织和各类新兴群体中的影响力亟待增强"，"各级党委必须高度重视做好新形势下党的群团工作，全面提高水平，切实解决问题，不断开创党的群团工作新局面"。同年7月，党中央首次召开了群团工作会议，这在党的历史上还是第一次，彰显了新形势下党中央对党群工作的高度重视，在党的群团工作发展史上是一件大事，具有全局性、开创性和里程碑意义。在整个国家的治理体系中，把群团工作上升到了一个新的高度，给非公企业工会规范化建设带来了新机遇。新时代，非公企业工会工作只能加强、不能削弱，只能改进提高、不能停滞不前。非公企业工会应该做科学发展的"发动机"、深化改革的"助推器"、关爱职工的"温馨窝"、和谐稳定的"润滑剂"，通过创造性开展工作，不断增强发展活力，真正赢得职工信任。

(三)《中华全国总工会关于新形势下加强基层工会建设的意见》为非公企业工会规范化建设提供了依据

《中华全国总工会关于新形势下加强基层工会建设的意见》(以下简称《意见》)明确提出要按照"巩固、发展、提高"的要求,以职工满意不满意、工会作用发挥充分不充分为标尺,努力把基层工会建设成为职工群众信赖的"职工之家"。《意见》提出了建设"六有"工会的目标要求,一是有依法选举的工会主席,建设心系职工、善于维权、开拓进取的骨干队伍;二是有独立健全的组织机构,完善工会委员会、经费审查委员会、女职工委员会等组织;三是有服务职工的活动载体,满足职工的多样化需求;四是有健全完善的制度机制,实现工会工作的群众化、民主化、制度化、法制化;五是有自主管理的工会经费,真正用于服务职工和工会活动;六是有会员满意的工作绩效,切实让职工群众感受到工会是"职工之家"。"六有"工会是基层工会工作的规范和依据,也是非公企业工会规范化建设的规范和依据。

二、非公企业工会发展的现实境况

就非公企业工会发展的现状来看,非公企业工会的作用尚未得到充分发挥,其组织建设与职能实现依然存在着一些问题。主要表现在以下几方面。

(一)组织机构不健全,非公企业工会的组织基础薄弱

部分非公企业工会组织形同虚设,职工群众对工会抱着漠然的态度,不认同、不参与工会活动,工会工作无法开展。一些农民工对工会缺乏了解,对工会能否维护他们的合法权益持怀疑态度,对工会信任度不高,参与工会活动热情和积极性不高。一些非公企业工会主席认为,"工会主席"这一角色定位是站在企业经营者对立面,不愿意主动在企业中亮出自己的身份,工作责任感不强,积极性不高。这样的直接后果就是使一些非公企业工会组织成为"空壳工会",缺乏影响力、吸引力、凝聚力,工会干部脱离职工群众,工会工作无法开展。

(二)职工认同度不高,非公企业工会的群众基础薄弱

不少非公企业虽然早已组建了工会,但是职工群众不知道有工会,不认识工

会主席，对工会是做什么的往往一问三不知，更不懂得遇到难处应该找工会。因此，有的企业仅在工会成立时发展了一些会员，工会成立后受一些因素制约，职工入会率一直没有提高。当前职工队伍发展呈现新特点，在非公企业，拥有高学历的职工逐步增加，新生代务工者将成为职工队伍的重要组成部分，他们在价值观念、职业发展、行为方式、关注重点、人际交往等方面呈现新特点和新诉求，同时，对薪资、办公环境及福利待遇方面，会提出更高的要求，增加了工会工作的难度和复杂性。

（三）维权机制不健全，非公企业工会的制度基础薄弱

随着企业内部劳动、人事、分配制度发生深刻变化，企业劳动关系呈现复杂多变的趋势，由企业内部带来的群体性劳动争议和突发事件日益增多，呈现出由个人劳动争议向集体劳动争议转变、由具体利益受侵犯造成的劳动争议向因企业改革中利益调整引发的劳动争议转变的新特点。但一些非公企业工会的职工民主参与机制缺失，企业涉及职工工资、福利、安全生产、劳动保护及社会保险等有关切身利益的事项不经过职代会协商，企业单方自主决定；有的非公企业没有建立集体合同制度，职工的劳动经济权益得不到应有的保障；有的非公企业没有建立劳动争议调解委员会，发生劳动争议时工会的维权力度较弱。

（四）干部队伍建设滞后，非公企业工会的工作基础薄弱

一是绝大部分非公企业工会干部都是身兼数职，没有足够的精力和时间从事工会工作。二是大部分非公企业工会干部未经过培训，对《工会法》《劳动法》了解甚少，工会业务还很陌生。三是有的工会干部对工会工作认识不足，甚至认为工会工作是"和稀泥"，存在将企业主与职工之间的矛盾纠纷"抹抹平"的简单片面观念。再加上担心替职工说话，自身岗位与权益得不到保障等，工会工作主动性不够。四是"互联网+"的快速发展，信息化办公平台的迅速推进，也对工会干部的素质和能力提出了更高要求，非公企业工会干部的工作压力也越来越大。

（五）经费管理不到位，非公企业工会的物质基础薄弱

很多非公企业并未能根据法律要求设置工会经费专用账户，未能及时划拨工会经费，导致工会长期无经费可用，而会费的缴纳又十分有限，这样的会费要支撑起一个工会的合理运转并能够积极主动地去维护职工的合法权益实在不太现实。

一部分微小型企业，特别是加入工会联合会的分工会，工会经费短缺，开展活动更是困难重重。由于缺乏经费，工会在各项工作推进中受到了制约和影响。

造成这些现象的原因是多方面的，主要是由于工会的社会影响力不强，降低了工会的吸引力和凝聚力；有些企业经营者对工会的地位作用认识不足，影响了工会工作正常开展；一些职工特别是农民工对工会的性质、作用不了解，加入工会的积极性不强；一些企业工会工作的实际效果不明显，影响了企业工会组织在职工心目中的地位和形象；非公企业工会干部培训工作不到位，一直处于程序化状态，培训内容和形式缺少创新，形式单一、渠道单一，致使非公企业工会干部对工会工作的理解和感受不深刻，难以激发工作的积极性。

"基础不牢、地动山摇"，占企业工会90%以上的非公企业工会活不起来，就谈不上抓好基层、夯实基础，就谈不上为实践中国特色社会主义工会发展道路构筑牢固根基。长此以往，必将损害工会组织形象，危及工会工作健康发展。因此，面对严峻形势，要进一步加强非公企业工会规范化建设。

三、非公企业工会规范化建设的实施路径

（一）工会干部是核心

建设一支高素质的企业工会干部队伍，是加强非公企业工会工作，增强非公企业工会活力的前提。一是要积极落实工会干部的政治经济待遇，积极推行非公企业工会主席民主直选，真正选出职工信赖的工会主席。二是要加大非公工会干部培训力度。加强非公企业工会干部的教育和培训工作，建立工会干部学习制度和教育培训制度，通过上级工会对基层工会干部进行培训、各基层工会组织学习工会业务知识和自学工会业务知识等形式，使工会干部明确"做什么""怎么做"，尽快成为做好工会工作的行家里手。三是要探索建立非公工会干部保护机制。积极落实工会干部待遇，调动广大工会干部的工作积极性。做好工会干部保护工作，解除他们的后顾之忧，使他们在维护职工合法权益时，腰更直、气更壮，促进非公企业工会增强活力。四是可以按照"社会化招聘、派遣式用工、契约化管理"的方式，面向社会公开招聘非公企业工会联合会主席。非公企业工会主席职业化、社会化可以促进工会运行机制和活动方式的转变。职业化的工会主席可以深入企业开展工作，没有机关化、行政化色彩，能够有效地解决小型零散

非公企业工会组织难建立、工作难开展的问题,是一次带有方向性、前瞻性的探索和实践,其成功的经验做法值得研究和推广。

(二)组织建设是基础

首先,在组建工会时就要抓好规范建会。要力求"稳""实",标准起步,规范建会,将非公企业工会在组建时就纳入规范化轨道。要严格按照《工会法》和《工会基层组织选举工作条例》的要求,民主推荐选举工会主席和工会委员会成员,使工会组织具有合法性。职工加入工会,也要履行申请、审批、发放会员证等规定的程序。其次,大力规范已建工会。对已建立工会的非公企业,要严格按照《工会法》《企业工会工作条例》的规定和全总《关于新形势下加强基层工会建设的意见》的要求,开展工会规范化管理和"职工之家"的标准达标创建活动。进一步完善基层工会考核奖惩机制。制定针对非公企业工会的考核办法,强化对非公企业工会考核督查,做到目标明确、检查到位、考核规范、奖罚分明。最后,要在非公企业开展"双亮"活动,即"工会组织亮牌子、工会干部亮身份"。"双亮"活动是从最基本的做起,从最基础的抓起,从最容易的搞起,从"有工会"到"像工会"进而到"是工会",通过"双亮"促工会夯实基础,能够更好地提高非公企业工会规范化建设水平。

(三)活动载体是抓手

非公企业工会要深入开展职工之家建设活动,对非公企业工会建家活动进行分类指导,按照非公企业工会规范化建设的发展程度和水平进行分类,提出不同阶段的工作目标、工作要求和考核标准,指导和帮助企业工会所在类别分别创建符合企业实际的"职工之家",增强操作性和实效性。同时,把职工认可和满意作为建家成效的标准。开展建设职工之家活动,要根据非公企业发展实际,贴近职工所思所想、精神文化需求、生产生活保障等,有针对性地开展工作,把经济技术创新、职工教育培训、学习型组织活动、创建和谐劳动关系、为职工排忧解难做好事实事等工会活动列入建家的内容,以职工群众是否认可和满意作为考核建家成效的重要标准,增强职工入会的内在动力。

(四)制度健全是根本

非公有制企业工会要发挥职能作用,关键是要建立健全维权机制,以协调劳动关系，促进企业健康和谐发展。一是建立健全劳动合同制度。推动劳动合同制度的全面实施，努力做到维权关口前移。完善非公企业劳动争议调解组织，配强劳动争议调解员，发挥企业工会劳动争议调解组织的作用，把劳动关系矛盾解决在基层。二是建立健全以推行工资集体协商为重点内容的集体合同机制。不断扩大集体协商、集体合同的覆盖面，不断寻找企业和职工"互利共赢"最佳平衡点。真正发挥集体协商、集体合同制度在维护非公企业职工劳动经济权益中的"牛鼻子"作用。三是建立健全以职代会为基本形式的职工民主管理机制。一方面，在非公企业要积极尝试建立以职代会为基本形式的企业民主管理形式，落实非公企业职工的知情权、参与权、表达权及监督权，发挥非公企业工会在共谋企业发展、维护职工权益、实现劳资双赢中的重要作用。另一方面，要拓展厂务公开的内容，在非公企业中推行"六公开"，即涉及职工切身利益的法律法规和政策要公开；涉及职工合法权益的重要规章制度要公开；涉及职工养老、失业、医疗、工伤、生育的社会保险缴纳情况要公开；涉及劳动安全保护情况要公开；涉及集体合同及工资集体协商的签订、续签和履行情况要公开；涉及辞退和处分职工的情况和理由要公开。四是建立健全以劳动保护为主的监督监察机制。建立企业工会劳动保护监督检查网络，深入开展"安康杯"竞赛和"强保障、促和谐"活动，改善职工生产生活条件，保障职工的生命健康权益，健全和完善劳动关系三方协调机制，联合劳动保障、安监局等部门，不定期组织开展以规范劳动用工和工资待遇、落实劳动安全措施为重点的执法检查，严肃查处侵害职工合法权益行为，维护社会的稳定。

（五）经费保障是关键

工会经费是工会开展工作、为职工服务的经济保障。非公企业工会应加强经费管理，严格经费审查，加强经费监督，提高理财水平，使工会经费更好地发挥经济保障作用。一是加大经费收缴方面的法律法规、政策的宣传贯彻，督促企业行政按照《工会法》的规定，足额划拨和上缴工会经费。二是对不同行业、不同类型非公企业，采取不同经费收缴方法措施，对规范的或规模大的、职工稳定的企业按2%的比例收缴；对小企业且职工不稳定的采取核定收缴。三是抓好非公企业工会财务规范化建设，以非公企业工会单独设立工会经费账户为依托，以扩面、挖潜、增收为重点，不断提高经费收缴的覆盖面。

（六）职工满意是标准

首先，职工群众满意是工会工作的出发点和落脚点，要把职工群众满意作为工会工作的衡量标准、努力方向和创新来源。其次，职工群众满意是工会工作的衡量标准。工会工作做得好不好，职工群众最有发言权。来自职工群众的评价，既是我们党的政策在贯彻执行中的反馈，也是下一步开展非公企业工作的良好经验。非公企业工会工作涉及职工群众工作生活的方方面面，如果处处能考虑职工群众的具体利益，必然能获得良好的满意度。再次，职工群众满意是工会工作的努力方向。当前非公企业工会工作中存在的许多问题，都是因为工作不到位、工作机制不合理引起的，归根到底是没有把职工群众的满意作为工作的努力方向，不能正视职工群众的合理诉求，与群众的满意存在着很大的差距。当前职工群众中最需要解决的难题、最迫切实现的愿望应是非公企业工会今后的努力方向。最后，职工群众满意是工会工作创新的来源。新形势下，非公企业工会更要以职工需求为导向，尽快实现服务对象从困难职工到全体职工、服务内容从单一到多样、服务手段从传统到数字化新方式的转变，不断完善工会各项职能，让更多职工受益，把非公企业工会建设成为职工信赖、满意的职工之家。

总之，加强非公企业工会规范化建设是一项全局性、综合性的工作，要依靠非公企业工会自身的努力、党政的理解与重视、上级工会的指导和服务，更需要广大职工的大力支持，才能做好非公企业工会规范化工作，不断提升非公企业工会工作水平。

参考文献

[1] 中国劳动关系学院课题组.论习近平新时代中国特色社会主义思想对工会工作的指导作用［EB/OL］.理论中国，（2018-04-13）.

[2] 中共中央.关于加强和改进党的群团工作的意见［Z］.

[3] 中华全国总工会.关于新形势下加强基层工会建设的意见［Z］.

构建非公企业工会主席能力训练体系的探索

陈 超 俞莉红 汤 怡①

摘 要：在市场经济条件下，非公企业工会是工会组织体系的"神经末梢"，是直接联系和服务职工群众的"最前端"，是落实工会各项工作的基础。工会主席作为非公企业工会组织的领导者和组织者，对企业工会具有举足轻重的作用。如何激发非公企业工会的活力，让工作真正落地，已成为当前工会改革中非常重要且迫切的课题。本课题将视角聚焦到非公企业工会主席的实训，希望通过探索构建非公企业工会主席能力训练体系的实践，帮助工会主席明确角色定位，厘清工作理念和思路，提升解决实际问题的能力，进而推动非公企业工会组织解决"不转"和"空转"的问题。

关键字：非公企业；工会主席；核心能力；训练体系

在党的群团工作会议上，习总书记明确指出"工会、共青团、妇联等群团组织要以提高吸引力、凝聚力、战斗力和扩大有效覆盖面为目标"②。上海群团改革方案中也提出，要建立"小机关、强基层、全覆盖"的组织体系，"强基层"更是改革的重点。洪浩主席提出："上海工会改革把'做实基层'作为一大目标，通过各种措施把更多资源向基层倾斜，努力使基层有人办事、有钱办事、有能力办事。"如何把基层工会特别是非公企业工会的活力激发出来，让工会工作真正落地，已成为当前工会组织建设和群团改革非常重要且迫切的课题。

---

① 陈超，上海工会管理职业学院，权益保障教研室主任，讲师。俞莉红，原上海闵行区总工会主席，人大常委会副主任。汤怡，上海闵行区总工会办公室副主任。

② 习近平出席中央党的群团工作会议 [EB/OL].新华网，2015-07-07.

一、探索非公企业工会主席能力训练体系的重要意义

（一）非公企业工会工作的重要性

非公企业工会是工会组织体系的"神经末梢"，同时又是直接联系和服务职工群众的"最前端"，是工会全部工作的基础。要实现打通"最后一公里"、服务职工"零距离"的目标，非公企业工会是关键。据有关资料显示，目前非公企业约占单位总数的90%，其职工数约占职工总数的80%。[①] 所谓"基础不牢，地动山摇"，抓好非公企业工会把服务维权的各项工作落地落实，整个工会组织的基础才能稳固，工会组织的吸引力、凝聚力和战斗力才能落到实处。

（二）工会主席能力不足已成为非公企业工会作用发挥的重要障碍

工会改革的理念和工作要落到实处，让职工真正受益，就需要有一支能发挥作用、敢于挑担、积极作为、在职工群众中具有影响力和感召力的基层工会主席队伍。当前，在上海的非公企业中，活跃着一批优秀的工会主席，他们致力于服务职工需求、维护职工权益、促进劳资和谐，在增进企业凝聚力、促进和谐发展方面，发挥了重要作用。不过，部分企业工会主席还存在一定程度的不适应：对工会主席的使命感、责任感认识不足，对自身角色和职责把握不清，对工会会费和经费的使用缺乏思路。在工作开展中，不善于聆听职工需求，也不善于维护职工的合法权益，不知道怎么与老板沟通，使得企业工会的作用不能有效发挥。因此，企业工会主席需要更新的理念、更高的技能，同时需要端正态度、提升活力，更好地开展工会工作。

（三）现有工会教育培训未能实现对工会主席能力的有效提升

上海市总工会一直都非常重视工会干部教育培训工作。然而传统工会干部教育培训更多的还是通过上级单位调训的方式组织学习，经常是上级工会认为需要学什么，培训课程设置什么，或者是教育培训机构有什么，学员学什么。对于工会干部究竟缺什么、究竟需要学什么，缺乏系统的分析。同时，培训多以理论教学、知识讲授为主，缺少解决问题的能力和技能方面的训练，这就易造成培训与工作分离、知识与能力脱节，培训的针对性和实效性不强，培训后很多工会主席

---

① 刘锟.针对"四化"问题 上海总工会掌掌击中要害向改革要活力[N].解放日报，2017-01-11.

还是不知道怎么做好工会工作。另外，现有培训更多以教师课堂教授为主，学员参与度低，往往是一本本子一支笔，学员只顾记笔记，在培训中学员的积极性没有很好地被调动起来。

鉴于以上分析，课题组将目光聚焦到非公企业工会主席理论与实践相结合的能力培养上，致力于构建具有针对性、系统性、操作性的能力训练体系，以提高基层企业工会主席解决实际工作问题的能力，培育能在实际岗位上有效展开工作的非公企业工会主席队伍。

二、非公企业工会主席核心能力的梳理与分析

为进一步了解非公企业工会主席的培训需求，分析非公企业工会主席核心能力的内容，设计更有针对性和实操性的培训方案，课题组深入闵行区典型街镇（园区），对非公企业工会主席展开调研，采用问卷调查、个案访谈、关键事件分析等方法展开研究。共发放调研问卷170份，并对16位主席进行深入的典型个案访谈，同时，从街镇工会、园区工会等上级工会的角度及工会会员的角度，分别了解了优秀工会主席的作为和表现，在此基础上提炼优秀工会主席的关键能力。

洪浩主席在论述关于企业工会的基本功能和基本任务时指出，现阶段基层工会的主要功能有4项，即反映职工诉求的快速通道、服务职工的有力平台、教育引导职工的坚强阵地、促进劳动关系和谐的重要载体。其基本任务也有4项：第一，发展会员，收好会费；第二，搞好服务，包括职工培训和教育；第三，协商协调，推进劳动关系协调制度建设，协调一些简单的劳资纠纷；第四，汇报沟通，做好劳动关系矛盾纠纷的第一发现人、第一知情人、第一报告人。基层工会的维权职责主要通过这些工作来实现，这在一定程度上为明确基层工会的功能定位和工作职责指明了方向。

（一）非公企业工会主席角色定位的分析

基于上述的需求调研和工作分析，课题组将非公企业工会主席的角色定位梳理为以下4项。

"组织的领导者"。工会是职工自愿结合的群众性社会组织，作为一个群众组织，如何将职工群众凝聚起来，是组织的生命力所在。工会主席是工会委员会的领导者，是负责单位工会委员会日常工作的具体负责人，是基层工会组织的带头

人。工会主席需要积极作为,带领基层工会干部开展工作,引领职工群众参与到工会的各项活动中来。在访谈中,工会主席也提到:"当主席最关键的是有人能跟着你干,单兵作战肯定是不行的,要将工会干部、积极分子、职工群众等都调动起来,形成团队,共同来推进工会工作。"

"劳资关系的协调者"。不少劳资矛盾的发生,往往是因为劳资双方缺少充分的、理性的沟通,基层工会作为职工利益的代言者和维护者,需要切实有效地发挥桥梁和纽带作用,在劳资双方间建立一个交流通道,促进双方充分沟通,协调化解劳资纠纷,增进企业劳动关系的和谐。在培训需求调研中,选择"工会协调劳资纠纷"的比例占到了98.8%,排在首位,可见对其重视程度。

"当家理财人"。工会组织有会员缴纳的会费,有企事业单位行政拨缴的经费,还有其他多种渠道的经费来源。工会经费是工会各项工作开展的基础,管理好工会的财务,用好工会的经费,对于工会组织建设与工会工作创新都有重要作用。工会组织经费独立,在银行建立独立账户,实行集体领导下的"一支笔"审批制度,各项开支由工会主席"一支笔"审批,重大开支由工会委员会集体民主讨论决定。工会主席要切实负责,严格把关,当好工会的家、理好工会的财,做好工会经费的"收""管""用"工作,把有限的经费发挥最大限度的作用。问卷调研中,关于"工会业务方面,您目前最需要培训的是什么?"这一问题,选择"工会财务与经审工作"的比例占到了97.3%,排在第二位,可见这一工作的重要性和迫切性。

工会服务的"产品经理"。基层工会是工会组织的细胞,是工会组织密切联系职工群众、有力服务职工群众的实践者和承载者。而基层工会对职工群众的联系和服务,均需要通过各种项目或活动的方式呈现在职工群众的面前。在这一意义上,工会主席还需要用"产品经理"的理念,分析服务对象的需求,策划有针对性的工会服务"产品",提供给职工群众,并通过职工群众的满意度、感受度等方面的评估,及时调整、丰富工会组织的"产品目录"。

(二)非公企业工会主席核心能力的分析

企业工会主席如何才能实现上述角色定位,有效实现每个角色的目标绩效,这就引出了对其开展工作的核心能力的分析。

梳理关于能力分析的相关文献,有从岗位出发,以基本开展工作为视角的"胜任力"的概念,如闵行区总工会(2011年)从忠诚负责特征、关系协调特征、问题解决特征、成长学习特征4个维度构建了企业工会主席胜任力模型。又从实现工作目标的能力关注"领导力"的概念，如中科院课题组（2006年）提出了领导力"五力模型"，指出领导力是由前瞻力、感召力、影响力、决断力和控制力构成的。

课题组认为胜任力模型更适合于初任主席，可以作为新上岗工会主席培训的依据，而对于有一定工作经验和体会的工会主席，需要的是更进一步的提升，不仅要"会做"，更要关注如何"做好"，因此，本课题组更倾向于从领导力的角度，分析其做好工会主席的核心能力。为更系统地梳理这些能力需求，课题组借鉴中国传统文化"修身、齐家、治国平天下"的成长逻辑，对应工会主席"个人"—"工会"—"企业"三个作用层面进行逐项分析（表1）：

表1　非公企业工会主席核心能力分析

层面	角色	绩效体现	核心能力要求
修身 （个人层面）	组织的领导者	有责任意识、使命意识	自我觉察能力
		有目标规划、会制订计划	制订计划能力
		有团队、有分工、有合作	团队带领能力
齐家 （工会层面）	当家理财人	有"钱"，能收好、用好会费和经费	管钱理财能力
	产品经理	有服务项目，满足职工服务需求	项目策划能力
治国平天下 （企业层面）	劳资关系的协调者	有能力，做好汇报沟通，调停纠纷	沟通协调能力

修身——个人层面：作为组织的领导者，工会主席要能带领工会开展工作，引领会员积极参与。从绩效上说，即要能实现"使众人行"。那么，首先，工会主席需要"有意识"，对自身工会主席的工作和角色有一个良好的认识，并对政治形势和大局有一个良好的把握，同时，能以身作则，甘于奉献，在职工中形成魅力和口碑；其次，工会主席要"有方向"，作为组织的领导者，要将这个组织引领到什么方向、要将组织建设成什么样的组织，工会主席要有明确的思路和目标，要能够构建共同愿景，制订工作计划，条理清晰地开展工作；最后，工会主席还要"有团队"，作为组织的领导者，要能够发动调动，团结力量，在工作团队中有良好的协作理念和合作意识，建立一支有力量的工作队伍，在职工中产生

影响力和号召力。

齐家——企业工会层面：作为企业工会的组织者、领导者，工会主席还要能够有效地推进企业工会组织建设，发挥企业工会的作用。这就需要工会主席首先实现组织"有经费"，弄清钱从哪里来、钱又应该怎么管、怎么花，才能最大限度地发挥工会经费的作用；同时，从组织层面来说，企业工会还要能够不断推出并创新服务职工的实事项目，让职工对工会有感受度、满意度，因而工会主席还要"有项目"，能了解职工期望、分析职工需求、策划服务项目、创新服务的内容和方式。这里，我们将工会主席的调研分析能力、创新能力等都融合在其中了。

治国平天下——企业层面：企业工会在维护职工合法权益的同时，还需考虑如何促进企业发展，从和谐双赢的角度开展工会工作，因而工会主席还需发挥桥梁纽带的作用，实现"有能力"，能够畅通劳资沟通渠道，当好第一发现人、第一报告人、第一沟通人、第一调停人，及时有效化解分歧，并能将无序纷争纳入有序协商的程序中，促进企业和谐发展。

三、非公企业工会主席能力训练体系的实践探索

（一）非公企业工会主席能力训练体系的构建

1. 宗旨原则

本训练体系以需求分析为基础、以解决问题为导向、以主体投入为切入点、以绩效改善为目标，突出针对性、实务性、操作性和系统性。

2. 目标设置

以提升非公企业工会主席实际开展工作的能力为目标，通过培训使工会主席了解自身的角色定位，厘清工作开展的思路和理念，掌握解决实际工作问题的能力，进而提升企业工会组织的活力和作用发挥。

3. 内容设置

对应上述关于非公企业工会主席核心能力的分析，课题组进一步探索设计了对应的课程及其内容（表2）。

表2 非公企业工会主席核心能力训练体系

核心能力要求	训练课程	训练目标	主要内容
自我觉察能力	我是谁	提升工会主席对自我角色、定位、职责的觉察，进而激发其责任感和使命感	训练项目： 1."我从哪里来"：分析当选过程 2."我是谁"：分析角色定位 3."我能做什么"：梳理责任承担 基本知识： 1.工会是什么？ 3.工会主席的使命是什么？ 2.工会的使命是什么？ 4.工会主席是什么？
制订计划能力	工会发展路线图	提升工会主席对企业工会组织的发展规划，引领会员，共启愿景	训练项目： 1.撰写"工会主席承诺书" 2.拟定企业工会五年工作规划 3.分享与点评 基本知识： 1.工会常规工作介绍：开门七件事 2.组织愿景规划技巧
团队带领能力	我的团队	提升工会主席在员工中的组织号召力，训练互相合作，协调分工，带领团队	训练项目： 1.团队建设训练 2.团队合作游戏 基本知识： 1.企业工会"人力资源"分析 2.团队管理、团队激励技巧
管钱理财能力	算账理财	提升工会主席收好、管好、用好经费的能力，清楚"家底"，并能有效使用会费和经费	训练项目： 1."钱从哪里来"：算清家底 2."钱要怎么花"：游戏模拟 基本知识： 1.工会会费和经费的来源 2.工会会费和经费使用的理念、原则

续表

核心能力要求	训练课程	训练目标	主要内容
项目策划能力	服务项目策划	提升工会主席对服务项目（活动）的策划，梳理并分析职工的需求，增强工作针对性	训练项目： 1."需求在哪里"：需求分析 2.服务职工项目的方案设计与评比 基本知识： 1.新形势下职工需求的认识与分析 2.市总工会实事项目的介绍 3.服务项目的设计要点
沟通能力	聆听与沟通	提升工会主席沟通协调能力，有效开展沟通工作，对职工群众进行教育引导，与行政领导进行协商谈判	训练项目： 1.会听会说：与职工谈心谈话模拟 2.会协商：与企业主协商谈判 基本知识： 1.工会教育引导的常用方法 2.典型沟通技巧的介绍 3.重点：谈心、说服、引导和谈判
协调能力	工会在哪里	通过劳资纠纷典型案例的分析与训练，提升工会敢维权的意识，以及会维权、会谈判的能力	训练项目：协调典型纠纷的情境模拟 基本知识： 1.工会维权常规法律法规要点介绍 2.工会维权的常用途径介绍 3.案例分析

4.师资安排

在工会学院师资的基础上，集合了企业（包括非公企业）工会富有工作经验的优秀工会主席、服务工会的社工机构的优秀社工等共同组成师资团队。

5.培训评估

该训练体系从学员和委托单位两个角度进行效果评估，设计《培训评估反馈表》，及时了解学员的培训满意度和改进意见。同时，还以建立微信群的方式，进行培训后的跟踪和了解。

（二）非公企业工会主席能力训练体系的实践与总结

课题组随后进行了"非公企业工会主席训练营"的组织开展，对上述能力训练体系进行了初步的实践尝试。2016年下半年，在闵行区总、相关街镇总工会的配合下，课题组在闵行区6个街镇（园区）招募工作一年以上的非公企业工会主席加入训练营，分批次实施了上述能力训练体系。训练营整体满意度超过98%，赢得了基层工会主席的欢迎和好评。

1. 特色分析

（1）以工作任务为导向，突出针对性，着眼于能力需求

不同于传统工会培训的内容主要是调训单位来确定，该能力训练体系是基于非公企业主席开展工会工作所需的能力而设计的，所有训练内容均是围绕工会工作开展的重点和难点，聚焦了洪浩主席在宝山顾村会议上提到的基层工会的职责任务，提供了实际工作开展所需的务实的手段、思路、技能，故而该训练体系的针对性和有效性显得尤为突出。在培训评估反馈表上，"培训内容对工作开展有针对性和指导性"这一评估项的满意度超过99%。

（2）以行动学习为导向，突出操作性，着眼于实训实操

不同于传统工会培训更多是讲授式的教学方式，本次训练营的设计结合行动学习法开展，所谓行动学习即是在一个专门以学习为目标的背景环境中，以组织面临的重要问题为载体，学习者对实际工作中的问题、任务、项目等进行处理[①]。本次非公企业工会主席能力训练体系所有课程是以训练项目的方式展开的，这些训练项目都是紧扣其工作任务、工作问题而设计的，同时，每一次课结束后，还有课后训练任务，要求其在企业工会工作中去尝试、运用，下一次课再来分享体会和感悟。在这样的训练营中，学员不再只是听课，而是真正地行动起来，实现"做中学""学中做"，通过这些实操项目，快速提升工作效能。

（3）以学员主体为导向，突出参与性，着眼于学员积极性的调动

传统讲授式的培训，主要是授课教师一人在课堂中扮演主角，听课学员的参与非常有限。在本次训练营的课堂中，我们结合"以学员为中心"的教学理念，用贴近工作、生动趣味的项目将每一位学员都吸引到课堂中来，使其广泛参与，

---

① 陈艳.行动式学习在人才培养中的应用——以H公司中层管理能力提升项目为例[J].经济师，2018（05）：238.

主动思考,积极分享。从现场效果来看,没有出现一次学员看手机、睡觉这样的现象。在培训评估反馈表上,"课堂教学内容生动丰富、可听性强"这一评估项的满意度同样也超过99%。

(4)以自我教育为导向,突出互动性,着眼于分享交流

本次训练营开展过程中,除了训练项目中的分享交流,在连续办班的形式中,我们还设计了"工会主席沙龙",借助破冰环节,营造轻松的氛围,推进学员就工会工作的难点、热点问题展开交流和分享,甚至辩论。这些互动环节,学员彼此间分享观点、交流想法,体现了"学员教育学员"的理念,有时候其效果可能比教师的授课更有说服力。同时,在每一个训练营开始时,我们都进行课微信建群,这些微信群逐渐成了这个区域的"工会主席之家",大家在上面分享信息、求助解难,实现了很好的"自转"效应。

(5)以对象生物钟为导向,突出灵活性,着眼于设计的多样化

本次训练营的实施,考虑了非公企业工会主席的特殊性,作为兼职工会主席,业务工作非常繁忙,请假也不容易,因此,训练营的时间在分析培训对象的生物钟后,设计有工作时间、中午、晚上、双休日等多种选择,且训练营的组织也设计有半脱产定期培训和全脱产集中培训两种方式,以适应基层各种不同的需求。

2. 不足与完善

(1)进一步扩大培训实施范围

目前这一训练体系还仅仅只是初步设计,只在部分街镇(园区)总工会下辖的非公企业工会主席中展开实施,下一步要尝试在更多地区的非公企业主席培训中运用,扩大实施范围,进而听取更广泛的意见和建议,在反复实践的基础上,不断调整并完善训练体系的设计。

(2)进一步加强培训效果跟踪

目前训练营只在培训班结束时进行了培训满意度的评估,接下来课题组将探索对培训效果的跟踪和分析,尝试在训后三个月、六个月对受训工会主席进行回访,了解其相关工作能力的提升情况;另外,对培训效果的评估还要进一步延伸到工会组织改善情况,将该工会主席所在的企业工会的组织绩效结合起来考察分析。

(3)进一步探索按需培训

在训练营整体设计上,考虑推出定制方案,即在固定内容体系的基础上,增

加菜单式、模块化的训练项目,允许各单位、地区、行业进行定制化的项目设计,使其更能体现行业(地区)特色。另外,训练营还考虑在报名阶段,增加测评环节,开具"诊断书",使其了解自己的弱项,有针对性地选择训练项目。

(4)进一步丰富培训手段和教学方法

本次训练营我们尝试了一些教学方法和教学理念的革新,但不能仅止于此,下一步课题组将着力于学习、探索更多更新的教学方法,如教练辅导、沙盘推演、探险性学习等,尝试将其运用到训练营中,丰富培训手段,提升培训效果。

四、几点启示

首先,构建非公企业工会主席能力训练体系、推进工会主席的能力培养,是很有意义的探索。不仅仅是基于前文的背景分析,更是在课题组实践的过程中,感受到了基层对于能力训练的迫切需求和重视。我们的训练营有时放在中午休息的时间,许多基层企业工会主席为了延长培训时间,甚至连中饭就餐时间都放弃了;有些街镇我们已经办过一期训练营,信息和口碑传出去后,该街镇主动要求举办第二期、第三期训练营。基层的需求之强烈可见一斑。

其次,本次非公企业工会主席能力训练体系的探索,仅仅提供了一种模板,其教学内容和教学方式都应围绕实效性和针对性,因时、因地、因人做出及时的调整,不同行业、不同地区、不同规模、不同工龄的工会主席其需求都会存在差异。

最后,非公企业工会主席能力训练体系的推广,还需加强相关教育培训制度的完善,需要顶层设计的有力支持。另外,这一能力训练体系构建的思路和做法,还可以进一步泛化到其他工会干部培训中,如国企工会主席、街镇工会主席、青年工会干部等,为各级工会干部的教育培训提供可借鉴的经验。

浅论职工持股和人力资本股份化对工资集体协商的影响

龚 申[①]

摘 要：本文从劳动工资集体协商中暴露的劳资双方所掌握的财务和经营数据不对称，从而导致劳资双方工资协商难以形成公平公正，提出解决劳资协商障碍的一些理论思考，即职工持股和人力资本股份化。分析了职工持股和人力资本股份化在推进过程中，由于股权结构变化，将使劳动工资的集体协商朝公平、公正、双赢的方向迈进。这一结果的出现，正是现代企业进一步深化改革和构建和谐劳动关系的需要。

关键词：协商障碍；职工持股与人力资本股份化；影响

一、工资集体协商的主要障碍

在笔者对劳动工资集体协商的研讨过程中，特别是应用经济学来分析劳动工资集体协商存在的理论障碍，发现存在以下两个问题。

第一，企业经营和企业财务数据的不透明，造成了在劳资双方协商过程中，无法充分交流、无法处于平等地位，协商结果难以公正平等。在大多数的情况下，劳方即便是在某次协商中成功，也不过是一种心理感觉。从经济利益上来说，是否真正得到了应该得的工资，很难判定。问题的症结是，与握有经营权的资方相比，职工集体能够动用的资源（不管是信息或经济资源）少之又少，那么，获得公平协商结果的概率就不大。

第二，在不少企业里，由于工会干部的工资，特别是效益工资，由企业资方

---

① 龚申，四川省总工会干部学校教师。

（行政）核定分发。所以，有些企业以此为手段，打压为员工争取利益和权利的工会干部。造成工会组织实际参与集体协商过程中，处于进退两难的局面。

上述两个问题的存在，是普遍的现象。即便是在上市股份企业，公司对股票市场所公布的经营与财务数据，也存在着很多瑕疵。仅从这些数据来分析，不能完全反映企业的经营状况和盈利能力。如果工会以这些数据为依据，参与劳动工资协商，将不利于达成双赢的结果。

二、破除障碍：职工持股与人力资本股份化

从理论上讲，解决这些问题的关键在于改善员工在集体协商中的平等地位，并构建适应集体协商的平等制度模式。理想的企业制度安排是有利于人力资本和物质资本低成本、高效率的结合。构筑人力资本与物质资本的二元资本结构，是治理公司的有效途径，也是构建和谐劳动关系的关键一步。因此，笔者认为，职工持股和人力资本股份化也许是实现这一目标的有益尝试。

由于我国经济结构的多样性与复杂性，人力资本股份化体制和传统的工资体制相结合、相互并存将是长期存在的现象。反映在入股的形式上，将是多种形式并存：

第一，员工持股可以根据自身经济状况，选择优先股入股或普通股入股。

第二，由于部分员工对风险承受能力极差，允许选择传统的工资模式。

第三，技术型（或技能型）人才的入股，采用人力资本股份化，现金持股和将所持技术（技能）经价值折算之后入股。

第四，对经营型人才，可以选择干股入股和现金持股。

多种形式的入股，对外可以以工会基金形式统一表现为普通股。基金亦可与资方协商，以多种形式入股，满足不同员工对风险和收益不同承受能力的需求，降低人力资本参与分配剩余收益的风险。

在推进方式上，职工持股可能是优先推进的选择。职工持股制度起源于20世纪60年代的美国，它兼顾了公平和增长相辅相成的模式，确保员工都可以获得两种收入：资本收入和劳动收入，从而激发员工的创造性和责任感，共担风险，共享成果。美国律师凯尔索特等人设计的职工持股，是目前比较成功的案例。基本做法是，企业成立职工持股信托基金会，基金会由企业担保贷款认购企业的股票，基金会每年按一定比例，截取职工工资总额的一部分，投入职工持股

信托基金，以偿还贷款，等贷款还清后，该基金会根据职工相应的工资水平，或劳动贡献的大小，把股票分配到每个职工的持股计划账户上。职工离开企业或退休，将股票卖给职工持股信托基金会。据统计，在美国最成功的100家公司中，有46家实行了职工持股计划。

职工持股，改变了股份制企业里的股权结构，使员工享受股东权益成为可能，并受到法律保护。这样，工会在股份制企业里的话语权，由于职工持股而变得举足轻重。确保了在劳资双方工资协商的过程中，用法律手段保障工人的合法权益。它是劳动工资集体协商推进工作中的关键一步。

至于人力资本怎样股份化及计量办法，学术界有很多观点。实际工作也有一些尝试，但不在本文讨论之列。

三、新模式对工资集体协商影响

不管是人力资本股份化还是职工持股，股份制公司的持股结构变化，使劳动者群体变成了持股股东，这一变化，将对劳动工资集体协商和劳资关系产生深远的影响。

（一）财务及经营数据透明化，使劳资协商实现纳什均衡成为可能

劳资双方的集体协商，本质就是博弈。在囚徒的困境博弈案例中，我们发现，法律确定了囚徒抗拒与坦白的判刑标准，囚徒在自己没法控制对方的情况下，就只能做出有利于自己的选择——坦白。同时，由于两个囚徒之间没有完整的信息沟通，所以，他们就不敢下赌最优的结果——共同抗拒。这一理论告诉我们，要获得最优均衡，一是双方要具备完整的信息沟通，二是要有充分的数量化评判标准和互相信任。

我国集体协商的现状是，由于劳方与资方在掌握财务与经营信息不对称和劳方在经济上的弱势地位，容易造成劳方在双方协商过程中，由于过多的猜疑而出现协商障碍。有时候，因为资方拥有信息优势而出现隐蔽性的欺瞒方行为，劳方被蒙在鼓里。一旦劳方知晓详情，劳方这种不满有可能引发已有的协商结果破裂。同时，也可能出现另一种情况，劳资已谈妥，并开始合作，甚至也可能是资方在这一合作过程中已做了一定的让步。但由于拥有财务数据与经营数据的不对称，劳方仍然可能认为资方让步不够，出现错误的猜疑，造成了本来很好的一

个协商结果，因猜疑而破裂。这样的结果出现，是劳方最不愿见到的结果。而这种情况出现的概率是非常大的。因为劳方人员众多，想法各异，难以形成统一思想。加之信息不对称，容易造成每个人的评判结果不一致，而引发劳工群体难以以一个面孔与资方协商。按照上述博弈理论的推演，劳动工资集体协商，一定是双方共同具备充分的信息交流和完整的评判数据及充分的信任。人力资本股份化或职工持股，搭建了信息拥有对称和同为股东之间充分交流的平台。由原来的不透明的博弈，变成了透明的博弈，最后形成的博弈结果是双方在猜疑极少的情况下达成的结果。

（二）"以人为本"向"以资为本"的渗透，是实现职工工资收入结构转变和构建和谐劳动关系的有效途径

人力资本股份化或职工持股，带来企业产权结构的变化，从资本所有者拥有控股权和剩余利润分配权力，变成了人力资本所有者也拥有控制权和剩余利润分配权力。参与股份化的员工，由原来的单纯劳动力供给转变成了企业的股东。其收益形式也发生了变化，由原来的每月领取传统的工资变成了也享受企业经营红利。收入形式的变化，使这部分员工对企业的经营更加重视，职工主人翁地位也得到提高。入股员工的工资集体协商将会变得非常简单，因为除了基本工资以外，其他收入以享受红利的形式体现。与资方一样，高透明度与清晰的分配原则，不会让股东对股份的剩余分配产生歧义。而对于仍然采用传统工资的员工，只要企业有一部分员工实现了人力资本股份化，企业工会代表员工参股并行使委托权力，进入股份制公司董事会。这就意味着企业对工会敞开了共享经济数据和财务数据的一扇大门。有了这些数据，工会在与资方协商未参股员工的工资过程中，协商障碍将大大减少，最后形成的工资将会更加合理、靠谱、双赢。虽然这样形成的工资也许在某个时期比传统的工资更易上下波动，但笔者相信：一个有充分理由和双方都理解的工资模式，一定比一个充满猜疑的工资模式更加容易被大多数员工接受。而且，我们也相信，这一工资模式的出现，将会调动员工参与企业的经营与生产的主动性，享受自己应有的劳动成果。这是劳资双方都愿意看到的结果，也是我国目前构建和谐劳动关系的有益尝试。

固然，我们并不排除这一形式也许会出现新的问题。资方可能采用新的手段来隐蔽经营及财务数据，从而达到隐蔽部分利润的目的。一旦出现这一现象，就已经不是在传统的工资模式下对非股东隐蔽经营与财务数据，而变成了违反股份

公司法，将受到法律的制裁。

（三）工会将可能成为职工持股代言人，保护职工的切身利益才真正落到实处

人力资本股份化或职工持股，在国外，包括美国的职工持股信托基金，不少企业就是采用以工会代表职工持股主体进入董事会，成为董事会成员之一，代表职工行使股东权利。在我国，由于工会组织的强大和我国特有的社会主义制度，工会代表企业职工持股应该是水到渠成。这样，工会组织才是真正地参与了企业的生产经营。工会组织的作用与使命，才能得以真正发挥。那么，作为工会干部的基础工资，它同员工的基础工资一样是受到国家政策、法律保护的。仍然是企业来支付，并计入成本。作为人力资本入股，自然会产生红利，所以工会干部的效益工资自然不是由资方支付而是由分配红利产生。过去，资方对工会的工作无意或有意的约束，主要是通过支付效益奖金或其他费用来达到。而这一模式下的工会组织，不需要资方支付效益工资。那么，资方对工会干部的约束大大减少，工会干部能更大胆地、积极地、有效地为企业职工服务。至此，保护职工切身利益的措施才真正得以落实。

（四）劳动工资集体协商双赢将是劳资双方的共同目标

不久前，全国总工会对劳资双方协商提出了双赢原则。即劳方工资得到增加，资方利益也得到保障。在企业效益不断提高的同时，职工工资也应得到相应的增加。而在企业效益下降甚至亏损时，一味地强调提高工人的工资，并不利于企业发展，最终可能造成企业倒闭、工人失业。股份制的原则要求全体股东共同承担风险，所以，面对企业效益的变化，合理地调整职工工资水平，是劳资双方进行工资集体协商实现双赢的重要原则。笔者在另一篇文章里，从蓄水池的监控机制得以启发，就工资的刚性与企业效益变动的矛盾，提出了一些设想和办法，但不在本文阐述范围内。

实际上，从各国的实践看，职工持股制的推行都取得较明显的经济效益，在促进企业经营改善、刺激生产提高、防止企业倒闭、减少职工失业等方面都起到了积极的作用。美国"国家职工所有制中心"的一项调查表明，实行职工持股计划的公司的销售额，比实行前每年提高1.89%，比没有实行该计划的公司每年多增长1.54%。就业增长比实行前多1.21%。另外，对239个成员公司进行调查，75%的公司认为，实行职工持股计划后，职工的主动性和公司的生产力都大大提

高或有所提高。

总之,通过职工持股,普通职工合法地获得企业部分所有权及相应的经济利益,实现了劳资双方基于共同利益的部分结合。职工不是纯粹的雇工,而是职工兼股东。这不仅在一定程度上缩小了劳动收入与资本收入的差距,而且体现了这一制度所带来的民主化的趋势和工会维护职工合法权益的措施不断完善。这对于稳定社会将起到重要的、不可替代的积极作用。

参考文献

[1]钟坚.西方国家推行职工持股制的经验与启示[J].深圳大学学报(人文社会科学版),1996(4).

[2]孙效良等.美国职工持股计划评介[J].改革,1990(1).

[3]戴敏华.英国的职工参股制[J].经济学动态,1990(3).

[4]方文彬.美国员工股份制的理论与实践探析[J].改革与理论,1995(1).

[5]陶友之.职工持股会:建立现代企业制度中的新课题[J].上海管理科学,1995(4).

[6]赵雯.人力资本股份化探讨[J].同济大学学报(社会科学版),2002(4).

以服务为导向,创新工作模式
——基层工会开展心理服务的方法探析

董亚静　曹云清[①]

摘　要：从社会角度来说,加强社会心理服务体系建设,工会责无旁贷;从工会角度来说,工会应提供心理服务;从企业角度来说,提高职工生产效率获得更高收益,需要心理服务;从职工角度来说,面临巨大心理压力需要心理服务。但是目前基层工会能提供心理服务的很少,即使主动承担心理服务责任的基层工会,在工作中也表现出缺乏专业性、系统性、完整性。鉴于此,笔者提出三点建议:一是组建专业团队提高专业性;二是建立心理档案和普及心理知识实现系统性;三是健全"五位一体"心理服务系统实现完整性。

关键词：工会；心理服务；方法

新时代社会主要矛盾发生变化,人们对美好生活的追求凸显,美好生活除了物质条件富足外,还需要精神世界富足。但是随着经济社会的发展,广大职工普遍承受着巨大的心理压力,而基层工会作为"职工之家",应该让职工感到贴心、细心、暖心,所以更应该关注职工的心理,缓解职工的心理压力,让职工能够安心、放心、开心地工作。要达到这个目的,就需要以服务为导向,转变工作方式,为广大职工提供心理服务。这也是践行习近平新时代中国特色社会主义思想下与时俱进的创新举措。

一、基层工会开展心理服务的必要性

十九大报告明确提出"加强社会心理服务体系建设,培育自尊自信、理性平

[①] 董亚静,曹云清,河北劳动关系职业学院教师。

和、积极向上的社会心态"。工会作为联系企业和职工的桥梁，是由劳动者组成的特殊社会组织，承担着一定的社会职能，尤其是基层工会更是直接为职工群众提供服务的，因此在社会心理服务体系建设中工会心理服务体系建设是必不可少的一个环节。十九大报告还提出"加强社区治理体系建设、推动社会治理重心向基层下移，发挥社会组织作用，实现政府治理和社会调节、居民自治良性互动"，因此，作为与职工直接接触的基层工会，承担此项任务责无旁贷。

工会具有四项基本职能，即参与职能、维护职能、建设职能、教育职能。参与职能是指工会代表和组织职工参与国家和社会事务管理。维护职能是指工会维护职工合法权益。建设职能是指工会代表和维护职工具体利益，最终目的也在于促进经济的发展和生产力的提高。教育职能是指对职工进行思想政治教育和文化技术教育。四项职能落脚点都在维护职工权益上，而培育职工自尊自立的人格，树立职工自信心，培养职工理性平和、积极向上的心态，是对职工权益维护的集中体现，因此工会提供心理服务很必需也很必要。

对于企事业单位来说，效益是重要的衡量标准。尤其21世纪是人才竞争的时代，企事业单位效益的好坏又取决于人本身。但是很多职工往往由于来自社会、家庭和单位的压力，或者其他心理因素，工作效率低甚至工作进程慢，所以职工除具备良好的技能之外，还需要具备良好的素质，尤其是心理素质。而基层工会为职工进行心理服务，能有效缓解职工心理问题，避免心理危机事件发生，从而为企事业单位创造更多的效益。

对于职工来说，由于经济社会变化的频繁和快速，生活节奏快、工作竞争激烈、个人需求过高等因素，导致他们面临着来自经济、社会、家庭、生活、人际交往等各个方面的压力，同时又因为没有合理的疏解渠道，导致压力累积，最终出现心理问题，严重影响其工作和生活。因此作为广大职工"娘家人"的基层工会工作人员，在关注职工权益的同时，也应该更加关注职工的心理状况，为其提供一个专业的、科学的、贴切的又在身边的心理服务站。

二、基层工会开展心理服务的现状

（一）缺乏专业性

作为临床心理学主要组成部分的心理咨询，是一项科学性和专业性很强的工作，同时也是一项复杂、责任重大的助人工作。对于从业人员有较高要求，需要具备扎实的专业知识、熟练的专业技能、健康的心理素质和丰富的知识结构。目前提供心理服务的基层工会工作人员，虽然有不少人参加了国家心理咨询师职业资格的培训和考试，取得了相应的职业资格，但只经过短短几个月的课堂学习，就独立从事此项专业性、科学性、实践性很强的工作，可能面临很多挑战。更何况作为初学者的工会工作者还要身兼两职，时间、精力都难以集中，专业知识和咨询技能的提升都会受到影响，咨询的效果也会受到影响。进而很难在来访者心目中树立起专业、严谨、正式的职业形象，损害到心理咨询工作的专业性和权威性。[①]

（二）缺乏系统性

冰冻三尺非一日之寒，对于职工的心理问题和困扰"解冻"也不是一两次心理咨询、一两场心理活动、一两天心理服务就能实现的，而应该是一个系统的、长期的工程。但是目前在工会中，开展心理服务的方式比较单一、形式比较简单，而且好多流于形式而缺乏实效性。比如说，有些工会虽然设立了心理咨询室、宣泄室，但是大门常闭；再比如说，有些工会平时没活动，等到上级检查时，组织几场心理活动、举办几场心理讲座等。同时还有一些工会选择与企业合作，通过购买服务的方式，采取EAP（职工心理帮扶计划）的形式开展心理服务。这种方式看似相对专业些，但是提供EAP服务的公司派驻的咨询师不能24小时全天候提供服务，而且这些咨询师缺乏对一线职工的了解，很难达到共情等心理咨询的技术要求，再加上心理服务费用高昂，因此EAP也不能很好地解决一线职工的心理困扰和问题，很难为职工提供长期的、系统的心理咨询服务。

（三）缺乏完整性

心理服务体系的建设包括硬件和软件建设两方面。硬件方面包括场地、设施等方面；软件则主要是开展心理服务的基本素质和能力。阳辉、张默在研究中发现，在硬件设施建设方面，所调查的街道、车间等，只要具备办公条件的，都已经设置"心理减压室"等场地，用于进行心理帮扶工作，虽然目前还难以做到专

---

① 周虹琼.关于企业工会开展心理咨询工作的思考［J］.中国劳动关系学院学报，2013（04）：44-46.

室专用,但是都已经根据需要,进行了场地设置①,但是由于宣传不到位,心理咨询师匮乏,这些场地的利用率不高,很多咨询室、减压室形同虚设。同时,在软件方面,各项制度没有建立或者建立得不完善,尤其是对于如何具体评估心理服务效果、调整方式以形成长效机制,目前都还处在进一步的摸索阶段。同时,目前大多数工会都是以问题为导向,关注职工的心理问题,试图去解决问题,但是却忽视了对健康职工的心理服务,以及对心理问题的预防,致使心理服务缺乏完整性。

三、基层工会开展心理服务的方法

(一)组建专业团队提高专业性

心理服务功能的实现,需要一支高素质的队伍。② 心理服务工作本身是一种专业性很强的工作,需要工作人员具备较为扎实的心理学理论和实践的相关知识与技能,而这些恰恰是目前大多数基层工会工作人员所欠缺的。为了提高基层工会人员的心理服务能力,一方面需要对现有人员进行心理学方面的知识和技能培训,另一方面也需要积极引进心理学相关人才尤其是临床心理学、咨询心理学等相关学科的人才充实到基层工会队伍中。同时,还要充分考虑到工会工作的特殊性和工作人员的紧缺性,无法保证所有工作人员都具备心理服务的相关知识和技能,这就需要通过雇用专、兼职心理咨询师或者聘请专家等多种形式来实现,可以与专业的心理咨询机构合作,也可以聘请社会上、高校里资历较深、经验丰富的专职心理咨询师作为顾问,总之充分利用外部资源,建设专兼结合、专业互补、相对稳定的心理服务队伍,以更好地满足职工心理服务的需求。

同时,建立心理服务工作者督导机制。督导制是一种对心理健康服务人员的业务水平、专业素质督促、指导的制度,包括咨询员上岗前的培训、上岗后的指导,是对咨询员的全过程督导。每个咨询员上岗时必须接受常规的督导。督导的目的是确保道德操守的实施,维持专业化的行为,帮助心理健康服务工作者对反移情进行检验,为来访者提供高质量的服务。督导制的建立,有利于接受督导者

---

① 阳辉,张默.扩大视角建立长效的基层工会心理帮扶机制——以北京市工会心理帮扶为例[J].中国劳动关系学院学报,2015(12):28-32.
② 王燕.高校工会的心理服务功能及体系构建[J].山东工会论坛,2017(04):35-56.

个人的成长和专业化发展。对于基层工会开展心理服务的工作者来说,也能保障其专业性。

(二)建立心理档案和普及心理知识体现系统性

在心理咨询师临床应用上,许多心理咨询师借助心理测量量表了解来访者的心理健康状况,基层工会也可以沿用这个模式,与单位人事部门合作,借助专业心理量表,为每位入职职工建立心理档案,以便后期有针对性地开展心理服务工作。具体测评方式,可以购置专业心理测评系统,在系统中选取心理量表,对多人同时施测,并实时检测测评结果。咨询师可以根据测评结果为每名职工建立专属心理档案,并根据测评结果发现心理有问题的职工,随后开展有针对性的、及时的、主动的心理服务。同时,根据心理服务开展的情况,一定时间后再次测量结果,及时更新、完善职工心理档案。但是需要注意的是:第一,心理档案一定要严格保密,指派专业咨询师负责,不经允许,任何人不能擅自查阅。第二,心理测评需要专业人员来实施,施测前主试者要做好充分的准备。第三,心理测评结果只能作为参考,不能作为诊断依据。这是因为心理测量有其局限性,受测者在测量时容易受到环境等因素的影响,从而使测量结果存在误差或者不准确。

心理服务的对象应该是全体职工,包括心理健康的职工和心理存在问题的职工,对于有心理困扰的职工可以采取心理咨询、心理治疗等方式来缓解;但对于心理健康的职工,也需要提供心理服务,具体形式包括两种。一种是提供健康心理咨询服务,比如说提供职业生涯规划、职业选择、婚恋服务等。另一种则是日常的心理健康知识的传播和教育。首先,基层工会需要将职工心理咨询机构的建设资金列入工会年度经费预算,建立心理咨询的机构。其次,以心理咨询室为平台,定期免费为职工开展心理健康知识培训,在职工中普及心理健康知识。最后,创新网络心理培训模式,通过工会职工心理咨询网站、微信公众服务平台建设,以PPT、视频、电影等生动活泼的形式传送心理健康知识,以便职工随时随地在网上进行学习。

(三)健全"五位一体"心理服务系统实现完整性

基层工会需建立健全以培训、咨询、测评、预防和科研"五位一体"的工会心理服务系统。其中以预防为目的,以心理培训建设为支撑,以心理测评网站为平台,以咨询、测评科研为依托。尤其"预防"是心理服务的重中之重,是出发点也是落脚点,是对心理问题的防患于未然,更是对广大职工心理健康的普惠化推广。

建立心理预警机制提高完整性预防,其实质就是预防和处置突发心理危机事件。要建立职工心理危机早期预警机制,基层工会需要严格落实"三清、四访、五到位"工作,即做到对职工心理状况变化早发现、早通报、早评估、早治疗、信息畅通、迅速反应,力争将职工心理危机的发生消除在萌芽状态。同时,以心理咨询室为依托,设立专门的心理救助部门,并对心理服务工作者进行专业培训。通过心理咨询、教育活动等解决职工的心理健康问题。而且要正视职工存在的心理问题,关注职工的心理健康,积极建立一种行之有效的健康辅导工作机制,并加大监督管理的力度。还要充分发挥企业、家庭与民间专业机构等各种心育力量的作用,促进心理干预系统的规范化、制度化、常态化,从而促进职工心理健康重建工作快速、有序、协调、持续发展,促进职工在平凡的工作岗位上创造不平凡的业绩,实现自身的人生价值。

建立心理预警机制的程序是:第一,建立以基层工会主席为组长、单位中层和有关专业人员共同参与的心理危机预警工作领导小组,领导和组织各级工会开展各项心理危机预警工作。第二,确定预警对象。职工心理危机的发生必须满足下列三个条件:其一,生活中出现了导致心理压力的重大或意外的事件;其二,躯体和意识出现不适感受,又未引起周围人的重视而不能得到及时疏解;其三,遭遇依靠自身能力无法应付的困境。上述三种情况同时出现就意味着个体出现了心理危机,我们就应该将其列为预警对象。第三,确定预警类别。根据职工的个性特点、成长经历和生活状况,以及其在面临心理困惑和危机时的表现可以分为一般预警和重点预警。

心理危机预警干预的具体措施和注意事项如下。

第一,加强亲情化思想工作。单位和工会领导干部要心系职工,关爱职工,深入职工群众之中,与职工群众广交朋友,积极开展谈心交心活动,倾听职工的意见和建议,把握职工的思想脉搏,掌握职工的思想动态,通过感情交流了解每一位职工的实际困难,尽可能想办法解决职工需要解决的问题。

第二,有针对性地采取引导与疏导的方法。引导职工在情感爆发时进行适度宣泄和放松,让职工有张有弛,生活乐观开朗,保持良好的心境,减少畏惧感和心理逆反,妥善处理好人际关系,及时抑制消极情绪、情感,及时消除职工间的矛盾和问题,形成企业内部良好的人际关系和宽松的工作环境。

第三,区别对待,对症下药。根据人的需求具有层次性、递进性、多变性的特点,在满足需求的同时一定要从实际出发,从职工最需要、最急迫的事情做起。针对一部分职工在工作压力面前所表现出来的焦躁情绪和抵触心理,准确把握,有的放矢,以情疏导,双向交流,平等对话,融洽情感,主动创造让职工畅所欲言发表意见的条件和氛围。

第四,加强正面引导和感情交流。通过开通职工诉求热线、开展温馨行动等形式,通畅沟通疏导渠道,充分发挥其利益诉求、思想交流、情绪表达等多种功能,真正了解职工的想法,充分理解职工的感受,及时缓解职工的心理压力,切实克服以训代教、以罚代管的简单做法,使管理过程充满人情味,使职工在潜移默化中增强知遇感、信任感和责任感,形成团结友善、融洽和谐的工作环境。

总之,基层工会要建立完善职工心理健康促进机制,形成四个机制。一是要建立职工心理健康评估机制,定期为职工进行心理体检,帮助职工了解自身心理健康状况和改进方向,帮助组织把握职工心理状态;二是要推进心理健康帮扶机制,针对职工的心理困扰,开展热线咨询、网络咨询、现场咨询、团体辅导等多种形式的咨询活动;三是完善心理健康培训机制,针对职工的不同需求,形成针对性的心理健康培训体系,促进职工心理能力的提升;四是要重视把握职工心理危机的关键期。对于重大自然灾害、群体性事件、责任事故、生活事件、岗位变化、长期患病等心理危机易发关键期的职工应给予特殊关注。

三
"互联网+"与工会工作

建设"智慧工会"的必要性和现实可能性研究

单 真[①]

摘 要:"互联网+工会"在过去几年的具体实践中,进行了大胆尝试,取得了较好的效果,也积极推动了工会组织改革的脚步。智慧城市、智慧校园这类信息化与具体行业相结合的优秀成果的不断运用,并受到人们的欢迎,使得所有工会工作者思考"智慧工会"的可能性。"互联网+工会"是"智慧工会"的实践基础,"智慧工会"是"互联网+工会"的优化升级,它使工会组织的改革创新能够产出更多的优秀成果。

关键词:"智慧工会";必要性;现实可能性

2018年4月,全总党组理论学习中心组围绕"现代信息科技革命与中国工会网上工作改革创新"的主题进行专题学习。全总党组书记、副主席、书记处第一书记李玉赋强调要努力打造"网络工会""智慧工会",走好网上群众路线,提升网上服务水平,促进工会组织进一步增强政治性、先进性、群众性,切实担负起工会组织的政治责任。"智慧工会"一词的明确提出,给工会网上工作指明了具体方向。

一、从"互联网+工会"到"智慧工会"

从"互联网+"时代的到来至今,新技术使全民生活信息化的速度明显加强,生活质量明显改善,生活方式明显转变。工会也开始探索主动拥抱"互联网+",顺应工会改革的大势而为,形成了"互联网+工会"创新模式。近年来,

---

① 单真(1986—)女,湖北武汉人,吉林大学2016级思想政治教育专业博士研究生,湖北省工会干部学校讲师。

随着信息化技术水平的不断提升,"互联网+工会"也有望升级,建设更高水平、更智能化的"智慧工会"这一美好愿望也呼之欲出。

(一)回顾:"互联网+工会"的提出和发展

随着2015年"互联网+"元年的开启,"互联网+X"领域的全面铺开,各行各业都在拥抱"互联网+",这股变革在经济领域、社会领域都有不同的表现,碰撞出多彩的火花。"互联网+工会"也成为工会工作一个初步探索的新方法、新途径来服务职工,从上至下产生了较好的效果,也在不断发展、演进、创新。

2015年11月,《全国总工会改革试点方案》提出,要打造全国工会系统服务职工网络载体,推动网上网下互动融合,使职工得到工会更方便、更有效的服务。工会工作引入互联网思维是实现当前工会工作创新的途径之一。"互联网+工会"不能仅仅是喊出一句口号、表达一种姿态,更多的是要找准互联网和工会工作的结合点,形成全新的、以互联网为基础的工会工作形态。

2016年9月27日,全国"互联网+工会"普惠性服务现场推进会在湖北宜昌召开。会上,中华全国总工会党组书记、副主席、书记处第一书记李玉赋提出要求,各级工会组织要切实加强组织领导,把开展"互联网+工会"普惠性服务工作摆在更加重要的位置。同时,李玉赋还要求,拓展服务内容,着力扩大工作覆盖面和服务受众范围,做到哪里有职工,哪里就有工会组织提供的热诚服务,真正实现工会服务职工从特惠到普惠的转变,实现服务对象全覆盖、服务时间全天候。

2017年2月,全总制定了《网上工作纲要(2017—2020年)》,并提出以"一片心、一沓卡、一张网、一个家"为抓手,打造全国工会系统服务职工网络。全总的高度重视让"互联网+工会"迅速推进,各级工会积极探索"两微一端"新媒体建设。打造全国工会系统服务职工网络载体,不仅进一步推动了网上网下互动融合,同时还确保了职工得到工会更方便、更有效的服务。

(二)升级:建设"智慧工会"的美好愿望

为适应新时期新形势下工会服务发展与创新的要求,努力扩大工会组织覆盖面、激发基层工会活力、完善工会信息化和数据库建设、整合社会资源强化工会服务能力,"互联网+工会"走上了更高的平台,渴望升级"智慧",为工会组织信息化、智慧化转型提供有力支持。

1. "智慧工会"服务对象覆盖面更广

"智慧工会"服务的对象不断扩大，尽可能地满足各类群体。一是面向企业及企业职工，为基层工会做好职工入会、企业建会、帮扶和维权、开展活动，为干部职工举办各类培训。二是面向工会引领下的志愿者和部分社会组织，做好志愿者管理工作、公共服务承接工作等。三是面向全体工会工作人员，做好工会组织建设与管理工作、工会经费管理工作及协同办公OA平台。四是面向工会系统的领导群体，协助他们做好工会业务审核监管、工会与职工队伍大数据分析、辅助工会相关决策等。

2. "智慧工会"整体架构更完善健全

一是系统终端多样化。除了传统媒体的网站，还有PC端、移动端，并在其中植入链接，与线下的服务热线和线下服务站相结合，方便职工一键式操作。二是服务层次更加清晰。会员服务更全面，涉及困难帮扶、维权保障、培训就业、工会活动、劳模管理、农民工管理、女职工管理、会员卡管理等方面；组织建设更系统，涉及工会业务管理、班组建设、职工之家建设、会员评家、各层级工会管理、工会经费管理等。随着更多功能的开发，可以使得服务职工的体系建设更完善健全。三是数据平台更"聪明"。在数据采集层面，除了对职工信息进行采集，还设置了将农民工信息录入平台，实现对特殊职工群体的队伍摸排、动态管理，破除农民工流动性大、入会难和权益保障存在盲区的问题。

3. "智慧工会"联系实际更严丝合缝

"智慧工会"要更好地服务职工，就要确保工会服务切实落地。"智慧工会"要整合"线上+线下"的运营思路，整合社会力量，构筑"资源整合平台""惠民服务平台""职工维权平台"和"职工活动平台"，推进工会服务"社会化运作""项目化推动""信息化管理"，与职工实际情况高度契合，真正将服务落实落地，协助基层工会实现信息化、数字化、智慧化转型。

二、新时代建设"智慧工会"的必要性探讨

党的十八大以来，习近平总书记就工人阶级和工会工作做出了一系列重要论述，内涵丰富、思想深刻，系统全面、博大精深，这些论述为"智慧工会"的建

设提供了思想基础和理论支持。同时,党和国家对产业工人队伍建设的新要求,以及互联网技术的发展与成熟都使得建设"智慧工会"十分必要。

(一)习总书记关于工人阶级和工会工作的重要论述为建设"智慧工会"指明了正确方向

1. 关于坚持全心全意依靠工人阶级方针

习近平总书记指出,坚持全心全意依靠工人阶级,要在政治上保证、制度上落实、素质上提高、权益上维护,不能只当口号喊、标签贴,而要贯彻到经济、政治、文化、社会、生态文明建设及党的建设各方面,落实到党和国家制定政策、推进工作全过程,体现到企业生产经营各环节。

工会组织作为党政与职工之间的纽带和桥梁,作为职工合法权益的维护者,是确保职工利益的"娘家人",具有不可替代的重要作用。在新时代中国特色社会主义思想的指导和引领下,要实现工人阶级队伍在实现中华民族伟大复兴的"中国梦"过程中建功立业,就要积极发挥工会组织的服务职工的重要职能。联系当前职工队伍"网民化""信息化"程度高、用网比例大的特点,务必要推进"智慧工会"的建设,抢占网络主阵地,与工人阶级紧密联系在一起。

2. 关于坚持"增三性""去四化"的改革方向

习近平总书记强调,加强和改进新形势下党的群团工作,最重要的是要保持和增强政治性、先进性、群众性。对党的群团工作取得的显著成绩,必须充分肯定,同时必须注重解决存在的问题,特别是要重点解决脱离群众的问题。当前干部群众反映比较突出的问题,主要是一些群团组织不同程度存在机关化、行政化、贵族化、娱乐化现象。

进入全面深化改革阶段和21世纪互联网时代,职工的队伍结构、理想追求等方面发生了巨大变化,传统的组织形式、工作方式、活动形式,已不能适应发展变化了的形势,必须通过改革保持工会组织的先进性,构建工会工作的新模式。因此,在组织建设上,必须适应多元化的形式,以互联网为基础的"智慧工会"模式伸长工会服务职工的手臂,拓宽了工会服务职工的范围,为职工搭建信息化的职工之家。

3.关于坚持着力加强基层基础

习近平总书记强调，要从巩固党执政的阶级基础和群众基础的高度出发，始终坚持正确方向，不断创新工作方法，着力扩大覆盖面、增强代表性，着力强化服务意识、提高维权能力，着力加强队伍建设、提升保障水平，引导广大职工群众坚定跟党走。

"智慧工会"的建设，可以破除多个难题。针对新型就业形式职工群体的特点，"智慧工会"可以最大限度地把职工组织到工会中来；针对基层工会组织建设规范性不强的问题，"智慧工会"的线上管理、督促提醒功能可以很好地推进规范化建设；针对基层工会组织活力不强、吸引力不够的情况，"智慧工会"的技术支持可以设计诸多服务职工的环节，使职工感知工会服务的效应被扩大，趣味性的体验感显著增强。

（二）《产业工人队伍建设改革方案》为建设"智慧工会"造就了合适时机

2017年4月14日，中共中央、国务院印发了《新时期产业工人队伍建设改革方案》。针对产业工人队伍发展的突出问题做出了专门谋划和部署，主要目标是造就一支有理想守信念、懂技术会创新、敢担当讲奉献的宏大的产业工人队伍。党的十九大报告指出，要"建设知识型、技能型、创新型劳动者大军，弘扬劳模精神和工匠精神，营造劳动光荣的社会风尚和精益求精的敬业风气"。

从我国目前产业工人队伍结构特点来看，随着经济社会快速发展同步，其规模不断壮大，分布日益广泛。统计数据表明，在第二产业和第三产业中产业工人的平均年龄为36.3岁，70后占29.5%，80后占30.4%，90后占14.6%。特别是在制造业、信息传输、软件和信息技术服务业中80后占比更大。在很多的行业和岗位上，互联网和电子设备是他们工作中必不可少的工具和设备。广大产业工人对我们工作服务的品质、效率都有着新的期待。他们希望我们在工作中回应他们的诉求、解决他们的困难、维护他们的权益。

推动产业工人队伍建设改革必须适应职工群众的语言和习惯，掌握做职工群众的本领和方法，传统的交流方式和工作方法，与当下产业工人的需求存在一定的距离，需要积极调整、创新和发展。要借助互联网使广大产业工人与工会组织和政府职能部门实现"指尖交流"，让广大产业工人在我们工作的信息化发展中有更多获得感、幸福感、安全感。

同时，快节奏的工作和生活方式，让当代产业工人更能接受和实现的是碎片化的学习方式,通过有线或无线网络,借助智能移动终端在任何时候、任何地点进行浏览、学习,这种"短、平、快"的学习方式是当前信息化时代出现的学习方式。要主动适应信息化要求、强化互联网思维,不断提高对互联网规律的把握能力、对网络舆论的引导能力、对信息化发展的驾驭能力、对网络安全的保障能力,把互联网工作思维、互联网技术手段与产业工人队伍建设改革紧密结合起来,创新改革方式、提高改革效率、降低改革成本、放大改革效应,让广大产业工人更直接、更方便地享受到改革带来的成果。

这就迫使"智慧工会"尽快实现,在产业工人思想政治引领、技能提升、权益维护、建功立业等方面发挥优势,提高工会组织通过互联网组织职工、宣传职工、引导职工、服务职工的本领。

(三)互联网新技术的逐步发展进步为建设"智慧工会"提供了有力保障

从1994年我国正式接入互联网以来,网络已经走进了千家万户,中国是世界上拥有网民最多的国家。

1.建设"智慧工会"的前提,是我国互联网新技术的发展与成熟

根据中国互联网络信息中心第42次《中国互联网络发展统计报告》,截至2018年6月,我国网民规模达8.02亿人,普及率为57.7%;2018年上半年新增网民2968万人,较2017年年末增长3.8%;我国手机网民规模达7.88亿,网民通过手机接入互联网的比例高达98.3%。我国互联网技术的显著增强,表现在两个方面。一是我国互联网基础设施建设不断优化升级,提速降费政策稳步实施,推动移动互联网接入流量显著增长,网络信息服务朝着扩大网络覆盖范围、提升速度、降低费用的方向发展。二是我国政务服务线上化速度明显加快,各级政府积极利用互联网在国家管理和社会治理中的作用,用信息化手段更好地感知社会态势、畅通沟通渠道、辅助决策施政。这些显著的互联网普惠化成果有助于推进"智慧工会"建设的步伐,使网上工会组织提档升级,不断更新,从职工使用体验感受的优化,彰显服务职工的质量不断提升。

2.党和国家也非常重视网信事业

习近平总书记在党的十九大报告中八次提到互联网,并在全国网络安全和信息化工作会议上做重要讲话。他强调,要加强网上正面宣传,旗帜鲜明地坚持正

确政治方向、舆论导向、价值取向，用新时代中国特色社会主义思想和党的十九大精神团结、凝聚亿万网民，深入开展理想信念教育，深化新时代中国特色社会主义和中国梦宣传教育，积极培育和践行社会主义核心价值观，推进网上宣传理念、内容、形式、方法、手段等创新，把握好时效，构建网上网下同心圆，更好地凝聚社会共识，巩固全党全国人民团结奋斗的共同思想基础。

以上这些为建设"智慧工会"提供了有力保障，同时也倒逼工会必须进行改革创新，才能更好地融入职工生活，了解职工所思所想，引领职工听党话、跟党走，积极工作，不断创新，为实现中华民族伟大复兴而努力奋斗。

三、新时代建设"智慧工会"的现实可能性探讨

建设"智慧工会"，除了具备坚实的理论思想基础，通过前期工会的具体实践，以及互联网技术在相关领域的优秀成果，还有庞大的职工队伍群体用户，使得"智慧工会"的建设具备了一定的现实可能性。

（一）党中央高度重视群团工作为"智慧工会"强势定位

习近平总书记在党中央的群团工作会议上强调，加强和改进新形势下党的群团工作，切实保持和增强政治性、先进性、群众性，必须坚决纠正和克服群团组织存在的机关化、行政化、贵族化、娱乐化现象，以自我革新的勇气，下大力气解决脱离群众的问题，把广大人民群众更加紧密地团结在党的周围；要求工会等群团组织要大力开展网上工作，让群众能在网上找到自己的组织、参加组织的活动。中共中央《关于加强和改进党的群团工作的意见》明确提出，要提高网上群众工作水平，实施上网工程，"打造网上网下相互促进、有机融合的群众工作新格局"。克服和防止"四化"、保持和增强"三性"，工会组织必须加强网上群众工作，提高建网管网用网能力，做到群众在哪里，工作的触角就要延伸到哪里；群众的需要在哪里，服务的支架就要搬到哪里，切实承担起引导群众听党话、跟党走的政治任务，巩固党执政的阶级基础和群众基础。有效开展网上工作，这是我们工会的责任。引入互联网思维，建设"智慧工会"，改进工作方式方法，才能展现更大的作为。

（二）智慧城市建设的良好基础为"智慧工会"提供智力支持

智慧城市是基于数字城市、物联网和云计算建立的现实世界与数字世界的融合，以实现对人和物的感知、控制和智能服务。感知是数字城市的功能，控制和智能服务是智慧的高级阶段，智慧城市对经济转型发展、城市职能管理和对大众的智慧服务具有广阔的前景，使得人与自然更加协调。

"智慧工会"建设，就是在继续共同建设智慧城市建设的整体过程，共同享有智慧城市建设带来的丰硕成果，从而研究打造服务职工的崭新通道。这个通道并不是一成不变的，它不断发展创新的前提，正是智慧城市不断演进过程中不断更新的大数据，这些基础数据在智慧城市的共建共享过程中实现价值最大化。

（三）活跃的网民职工队伍为"智慧工会"提供庞大的群体用户

在互联网时代，网络已经影响着工会的工作领域和工作对象，并且这种影响力会逐渐扩大和持续升级。现在的职工逐渐习惯"网上生活"，特别是新生代职工，网络已经在他们的工作和生活中占据了很大比重。互联网已经成为意识形态、舆论领域的主战场，对传统的工作模式带来了颠覆和重构。

工会工作要贴近群众，就要按照职工的兴趣爱好和特点来开展工作，因此很大程度上要向互联网靠拢，建设"智慧工会"，就是借助互联网在职工中构建"朋友圈"，在工作中疏通"连心桥"，做到联系服务群众"全天候"。庞大的网民职工队伍翘首期盼，建设好了"智慧工会"，他们就是最坚定的支持者。工会只有坚决面对挑战，改革创新，更新技术手段，积极响应职工群众对工会的呼声和愿望，满足职工多样化的需求，才能把工作做到职工的心坎上。

（四）部分成功典型的经验为"智慧工会"提供示范引领效应

近年来，各级工会组织主动适应信息化和新媒体发展趋势，着力进行网络基础设施和平台建设，探索出了一些工会工作的创新平台和载体，这些载体以网络为基础，在维护职工权益、服务职工需求方面进行了有效尝试，有力地推动了工会工作水平的进步。

1.宜昌模式

湖北省2011年3月从宜昌试点强力推进城乡一体网格化建设，"人在网中走，

建设"智慧工会"的必要性和现实可能性研究

事在格中办"。自2010年起,"网格化管理"就如一个加速器,推动了宜昌从上到下方方面面的变革。网格管理信息已成为宜昌智慧城市建设的基础资源,网格化管理系统利用空间地理信息技术,对人口基础信息进行空间化处理,在1∶500的电子地图上直观地展示"人、房、物"等各类基础信息和城市部件,推送各职能部门共享利用,为构建"互联网+"服务职工体系提供了有力依托。

宜昌市总工会按照"打造网上网下相互促进、有机融合的群众工作新格局"的要求,主动适应和拥抱"互联网+",打造了以一个平台(宜昌工会职工服务系统平台)、两张网(内网是全市工会系统的办公及数据处理后台,外网是面向职工的诉求需求提交平台)、三大系统(基础信息系统、职工服务系统、劳动争议调处系统)、四个终端(网站、微信、微博、手机客户端)为主要内容的职工服务系统,推出了互联网+困难职工帮扶救助、互联网+劳模服务、互联网+建会管理、互联网+就业服务、互联网+普惠(生活)服务、互联网+职工(农民工)入会、互联网+劳动争议调解、互联网+婚恋服务、互联网+民主管理、互联网+职工健康e家十大服务套餐,为职工提供了更加贴近、更加便捷的线上服务。

2. 烽火工会悠趣平台提升企业职工服务效能

烽火工会"互联网+"职工服务的内涵是"互联网+"职工服务,不仅是平台工具升级,更是管理服务创新,是理念+平台+方法的统一;"互联网+"职工服务理念指导工会平台建设并贯穿服务工作;悠趣平台提供全面的职工服务能力和管理工具,为工会开展工作提供有力支撑;运营方能协助平台用起来,理念能落地。

烽火工会悠趣平台由悠趣手机App、悠趣盒子、运营管理平台组成,它们分别承担着掌上职工服务平台、企业文化向员工家庭的延伸、高效的管理组织分析工具等功能。以下举例分析其服务职工的途径。

优化组织建设,保障工作开展。公司员工加入工会,就注册成为悠趣平台用户,确保了工会会员的覆盖。工会干部利用碎片时间学习,提高认识,统一思想,通过精心设计考题、检验学习成果、分数排行激发积极性。工会工作考核方面,工作完成率、职工参与率、满意度数据,成果可量化,行为分析数据指导实践,帮助工作迭代优化。

夯实民主管理,团结凝聚职工。落实代表大会制度,重大决策前邀请代表献计献策，悠趣App轻松完成，职代会报告同步直播，海内外职工通过悠趣盒子和App广泛参与，推优评先使用悠趣App，履行职工代表职能。企业重大信息及时公开，通过平台主动公开涉及职工切身利益的政策和规章制度，公示重大决策、人事任免、财务支出等企业经营重要信息。监督反馈渠道畅通，在平台设置纪检频道，工会信箱入驻平台，常设基层工会沟通圈，基层工会干部和职工保持互联，线上调研和线下座谈相结合，广开言路。

强化职工队伍建设，开展创新竞赛活动。在平台上提供课程学习、考试复习、资料查阅等，方便职工随时学习、检验，并效仿"知乎"设置"烽火知道论坛"，实现知识分享与传承，让"个人经验组织化、隐性经验显性化"。开展线上海选和线下决赛相结合的技能竞赛，造就技术能手，激发职工学习、创新热情。同时在平台上通过资讯报道、电子期刊、视频内容等形式多样的宣传手段，传递企业价值观，树立行业标兵，铸就风云人物，比、学、赶、帮共同进步。

诸如此类的成功典型的经验在全国范围内蔚然成风，它们是各个基层工会的大胆尝试和锐意创新取得的丰硕成果，为"智慧工会"提供示范引领效应，奠定了良好的基础，使得"智慧工会"的建设充满希望。展望未来，"智慧工会"定会不断升级优化，实现精准化服务和精细化管理，成为职工手机上的工会服务窗口，成为职工依赖和喜爱的掌上职工之家。

参考文献

［1］中共中央关于加强和改进党的群团工作的意见［Z］.中发〔2015〕4号.

［2］国务院关于积极推进"互联网+"行动的指导意见［Z］.国发〔2015〕40号.

［3］蔡志峰等.互联网+工会：移动互联时代的改革创新思维［M］.北京：中国工人出版社，2016.

［4］中华全国总工会关于印发《全国工会网上工作纲要（2017—2020年）》的通知［Z］.总工发〔2017〕3号.

［5］李瑾.e网情深 智慧工会时代的劳动者网络生活［N］.中国工人，2018-06-10.

"互联网+"环境下工会干部培训的教学教法研究

邹瑞琼[①]

摘　要:"互联网+"环境下,新的教学手段的出现,以及跨时空的知识共享,模糊了教与学的边界,让工会干部培训面临着机遇与挑战。培训课堂中纯讲授法已然落后于时代的要求,教师必须引入一些互动性强的教学方法,本文重点推介了讨论式教学法、探究式教学法、开放式教学法与团队式教学法。与此同时,反映教学效果的评价机制也应该不断被修改、完善和拓展。

关键词:互联网+;工会干部;互动式教学;评价机制

一、引　言

截至2016年年底,我国工会会员人数已经超过3.1亿,与此同时,还有大批农民工、劳务派遣工、依托于互联网发展起来的新兴经济行业的从业人员没有加入工会组织,如此庞大的工会组织需要建设一支与之相适应的、强大的、高素质的工会干部队伍为其提供服务,而在工会干部队伍建设中教育培训工作具有基础性、先导性、战略性地位。

然而工会干部培训不同于其他未成年人、成年人的培训,工会干部或者是为明确工作内容及操作流程来学习,或者是带着工作中遇到的问题和困惑来学习,其学习的目的相当明确,学习的态度相当主动。但是也有其非常明显的不足,主要表现在:第一,培训时间上以短期培训为主。工会干部在其所属单位有其必须要完成的工作任务,且大多数工会干部属于兼职工会干部,日常工作任务繁重,工会干部培训只能采取短期培训制,一般培训时间为一周。第二,培训方式上以

---

① 邹瑞琼(1981—),女,汉族,哲学硕士,湖南省总工会干部学校讲师,主要从事工会教学和理论研究。

讲座为主。工会主要业务课程多,如工会基本理论、民主管理、集体协商制度、工会法律知识、工会经费使用、工会组织建设、工会女职工工作等,其专业性、政策性、实操性比较强,而培训时间短,每门业务课只能安排半天时间或更短的时间进行教学,在有限的授课时间里要兼顾这些内容,难度比较高,所以大多采取满堂灌的形式进行讲座教学,以期尽量满足知识点讲授到位,导致形式比较呆板。学员对此种授课方式并不满意,或低头看手机,或小声交谈,更有学员提出建议:成人教育应该区别于未成人教育,要多增加互动及学员之间的交流。因而出现了"教师难教,学员厌学"的现象。第三,培训规模上以大班制为主。以湖南省总工会干部学校的培训为例,以湖南省14个市州集中调训的方式进行,每个市州分配几个名额,一个班规模就在100人以上,大班制授课模式导致互动式教学不太好开展或者开展得不充分。

二、"互联网+"环境下工会干部培训面临的机遇与挑战

在"互联网+"环境下,学习的方式方法、教育的内涵外延都发生了变化。知识爆炸,海量资料,任何知识点都可以通过百度知晓,教学内容互联网化;打破了教学时间、空间的限制,使课程资源得以共享;线上线下互动沟通变得更便利。当前,流行的微课堂、慕课、翻转课堂等教学方式对目前工会干部培训的教学理念与教学方式造成了不小的冲击,这对工会干部教学而言,既是机遇也是挑战。在"互联网+"时代,利用互联网推动工会干部教学改革至少存在以下机遇:第一,有助于将抽象的工会理论知识转换为直观的教学内容。将信息技术手段应用于教学,通过现代技术手段将抽象的教学内容形象化、直观化、美观化、动态化,吸引学员的注意力,激发学员的学习兴趣。第二,有助于解决学时不足的问题。一门工会业务工作要求教师在三小时或者更短的时间内既讲解清楚政策要求,又要讲解清楚操作程序,还要举例说明,难度非常高,往往只能截取教师认为的教学重点进行讲解,学员学习的知识体系不完备。互联网+教育的出现,教师和学员均可充分利用在线课堂等网络资源,抽取自己碎片化时间进行学习,弥补课堂教学中知识传授的不足。第三,有助于解决学员程度不一的问题。工会干部的知识水平、知识背景不一样,从事工会实践工作的时间长短不一样,对工会的认识、对工会业务工作的熟悉程度及遭遇的问题都不一样,让他们站在同一起跑线上接受课堂学习,学员在课后的获得感自然也就千差万别。在"互联

网+"背景下，教师在课前利用互联网发布某门业务课程的学习任务，让学员利用网络上的教学视频进行自主学习，掌握相关知识点，尽量缩短学员之间某门业务课程的差距，从而真正让所有学员学有所获、学有所成。

但"互联网+"时代教师和学员都面临着严峻的挑战。教师面对的挑战：首先，教师须转换自己的角色定位。传统教学方式中教师是主角，学员是听众。知识在互联网上流动后，要求教师转变自己的角色，将学员放置在平等互动的角色上，甚至将学员放在教师的角色上，在讨论中与学员一起完成教学过程。其次，教师须全方位地提升自己的教学能力。相较于传统媒体时期"互联网+"时代对教师的能力要求更高。一是教师知识储备须更大。网络上观点纷呈，导致新观点、新见解、新假设增多，教师需要形成一以贯之的思想体系，否则互动中很容易被学员驳斥，影响其课堂的权威性。二是进一步提升教学技能，传统的"一块黑板+粉笔"的教育方式已然落后于时代潮流，随着PPT、手机、Ipad"黑板"、3D技术、VR技术等教学手段相继进入课堂，必然要求教师学习并运用这些新的技术手段。学员面对的挑战：首先，互联网上各种思潮、观点云集，导致学员存在信息辨别的困境。其次，学员认为一些专业性的概念或政策等知识点直接可以从网上获得，思想上不重视课堂教学，然而在网络上又缺乏系统性学习的耐心和恒心，导致学习效果欠佳。

三、"互联网+"环境下工会干部培训的教学教法探析

互联网环境下学员的学习时间和空间被拓宽了，他们可以自由利用自己的碎片化时间进行自主学习。各工会干部院校和教师需要适应时代特征，学校为学员搭建学习的云平台，教师为学员提供学习的云资源。如此，在课前，学员可以借助云平台上的云资源进行自主学习教学资料、教学要求，从而，在心中形成初步的认知。在课中能够提出自己的疑问与教师在课堂中互动、交流、展开讨论，对教学内容有更深刻的认知。课后，还可以通过网络平台与教师进行互动，也可以借助网络平台向教师传递他们实践工作中遇到的鲜活案例。因而，教师在组织课堂教学中单纯的讲授法已然过时，需要引入互动式的教学方式提升自己的授课水平，吸引学员的主动参与，本文认为组织课堂教学过程中须引入以下几种互动式教学方法。

（一）讨论式教学法

讨论式教学是一种通过讨论法使学生积极主动参与课堂教学，在课堂教学中学生与教师、学生之间产生互动，以此获得新知识，激发学习兴趣，并培养学生主动分析问题的能力、敏锐的思维判断能力及良好的语言表达能力的教学方式。[①]讨论式教学需要营造一种轻松愉悦的讨论氛围，教室桌椅的摆放最好按小组圆桌会议形式陈设。讨论式教学中教师是主导，学生是主体，教师发挥的作用是导演、引导者和评价者的功用。在讨论式教学中，教师将讨论分为小组讨论和全班讨论。以集体协商制度这门课程为例，集体协商制度是一门操作性、实践性很强的课程，要让学员了解什么是集体协商制度，如何与资方进行集体协商，最好的方法就是分组让学员模拟协商的程序、协商的过程。首先，由教师准备好协商企业的各项资料分发给所有学员；其次，将所有学员分为协商员和协商观察员，协商员又分为劳方协商员与资方协商员；再次，分小组讨论协商的重点、难点、切入点，再正式开展协商谈判；最后，协商观察员根据学员正式协商过程中的表现提出改进性意见，教师对各小组的协商过程进行总评。

讨论式教学方式能够最大限度地调动学员的积极性、主动性和创造性，能够加深学员对概念的理解，提高学员各方面的能力，真正将知识点内化于心。

（二）探究式教学法

所谓探究式教学，又称"做中学"、发现法、研究法，是指学生在学习概念和原理时，教师只是给他们一些事例和问题，让学生自己通过阅读、观察、实验、思考、讨论、听讲等途径去主动探究，自行发现并掌握相应的原理和结论的一种方法。[②]在这种教学方式中，教师的作用相当于苏格拉底所说的"助产士"，发挥的是"助产"的作用，而非"代产"的作用。在课堂教学中教师通过一些事例和提问的方式引导学员去主动思考问题，探寻问题的答案。工会干部作为成年人，他们有着自己的生活阅历、知识背景和自学能力。教师提出问题后，他们通过自主查询相关资料，提炼出自己的思想见解，并在相互交流中，思想能够相互碰撞，探索出一些创新的解决问题的思路或方法。

---

① 江安风，吴锴.讨论式教学及其操作过程［J］.四川教育学院学报，2005（12）：18-20.
② 刘佑铭.探究式教学有利于培养学生的独立思考能力——《西方经济学》教学改革初探［J］.教育教学论坛，2014（11）：197-198.

探究式教学应该与网络教学结合起来，相当于目前最为流行的"翻转课堂"模式，把课堂知识点放在工会干部院校的云平台里，让学员在课前自学教师录制的在线教学视频，在课堂中通过教师讲解的事例或提问将这些知识点融会贯通，教师通过提问引导着学员一步步将问题进行深入探索。在探究中，学员自己总结处理问题的方式方法或者对知识点进行总结梳理。

（三）开放式教学法

当前互联网和便捷的交通工具将世界变成"地球村"，教师资源更加开放，教学理念更加开放，教学内容更加开放，教学空间更加开放，教学手段更加开放等。作为一名工会干部学校的教师必须意识到"课堂"并不一定是属于你的"课堂"，"课堂"也并不是获得知识的唯一来源，教学内容也不一定是教师规定的内容。因而，教师必须具有开放式的理念。开放式教育是伴随着现代教育信息技术的发展而产生的一种新型教育模式，它要求教育对象、教育观念、教育资源和教育过程全部开放。①开放式教学要求：一是开放的教学空间。教学空间的开放主要指教学地点、学生空间、教师空间的开放。②开放的教学空间是指学员可以线上与线下的学习相结合，学员和教师可以不受地缘、专业等的影响自由参与到学习的过程之中。二是开放的教学内容。课堂教学内容是开放的、自由的，但有一个相对宽泛的教学主题。教学内容向学员全开放，学员可以通过网络了解到教学大纲、教学课件、教学组织方式等，学员可以根据自己的时间自由选择学习的时间和内容。三是开放的教学过程。课堂是引导学员进行探讨或交流的场所，教学方式可以是游戏、辩论、场景模拟、研讨、参观等，这些方式更能吸引学员积极主动地参与。四是开放的教学手段。教学手段多样化、现代化。手机、Ipad等工具都可以变成教学手段，参与到教与学，以及师生相互评价的过程当中。

（四）团队式教学法

工会工作实践性强，涉及的业务工作知识点繁多、流程复杂，同时，要做好工会工作还涉及心理学及为人处世的生活哲理等。工会干部在工作中会遭遇很多

---

① 乔东亮.以开放式教育推进大学内涵式发展［J］.新视野，2013（6）：87-89.
② 柒江艺.新媒体环境下西方经济学开放式教学研究［J］.凯里学院学报，2017（5）：146-150.

难题，这些难题可能是某项具体业务工作的操作方法，也有可能涉及如何调整自己或者职工的心理压力等，这就需要各工会干部学校整合各个教师的业务知识，发挥各自的学科优势，组建一支优秀的教学团队，实现协同创新。面对学员的困惑或难题，工会干部院校可以组织团队式教学模式，打破师资各自封闭的局面，从每个教师各自的专业素养出发给出各自解决问题的方式方法。此种团队式教学既可以是线上的教学模式，也可以是线下的教学模式。对学员和教师都能起到拓展视野、激活思维的作用。

四、"互联网+"环境下工会干部培训的评价机制探析

工会干部培训的评价主要是完成学员对教师教学效果的评价，目的是促进教师在教育教学中不断改善自己的方式方法，达到良好的教学效果。在互联网环境下工会干部培训的方式方法、内涵外延、教与学的流程等因素都发生了改变，基于与传统评价机制的比较与分析，互联网环境下工会干部培训效果的评价机制也发生了如下变化。

（一）评价范围扩大化

纯课堂的评价方式必须改变，传统评价机制下，学员对教师教学的评价仅指整个课堂教学过程，但是在互联网背景下，教师在课前准备的教学视频、在课后对学员问题的回复及在线交流等内容都应该纳入评价的范围中，这些工作也应该被纳入教师的工作量。

（二）评价内涵多维化

与传统评价机制相比，互联网背景下教师是否运用了新的技术手段和新的教学方法开展教学活动，教学过程是否增进了学员的参与性，教师的课堂组织是否更具创新性等内容应该放置于对教师的评价机制中。

（三）评价方式客观性

传统评价方式是面对面评分，学员多少会打点面子分。互联网环境下，网络投票更能确保学员所做评价的真实性、有效性和可参考性。此外，各学科有不同的评价体系，如有些学科重实践性、有些学科重知识性等，统一的测评指标得出

的评价结果影响其参考价值,各学科的教师都要思考如何不断完善本学科的测评指标。只有不断修改、完善与拓展评价机制,才能真正了解学员学习的兴趣点、兴奋点,才能引导学生更主动地参与教学过程,才能真正发挥评价机制的作用。

创新、优化、致强
——基于上海建交行业劳模创新工作室联盟的调查与思考

上海建设交通工会、上海工会管理职业学院联合课题组①

摘　要：按照党委的要求，上海建设交通工会积极开展劳模创新工作室联盟的创建工作。自2015年起，在全系统劳模创新工作室200多家的基础上，以人才创新、文化创新、项目创新、联盟创新为动力，单一的劳模创新工作室被拓展为劳模创新工作室联盟。为进一步推进上海建交劳模创新工作室联盟的建设工作，课题组挖掘联盟建设的依据、探索已建联盟发挥的功效与不足，以及进一步推进创建联盟的方向与保障等。课题组认为，联盟必将为上海创新驱动转型发展、加快建成具有全球影响力的科技创新中心做出卓越且富有成效的贡献。

关键词：建设交通工会；劳模创新工作室联盟；功效；保障

劳模创新工作室是新时期职工群众的伟大创造。它有效地激发了广大劳模和职工群众的劳动热情和创新创造活力，促进了职工技能的提升，推动了企业的技术进步和产业升级。为进一步发挥劳模创新工作室的示范、引领、辐射作用，尤其是推进劳模创新工作室联盟的创建工作，上海建设交通工会按照党委的要求，以科学发展、跨越发展、和谐发展为目标，积极开展劳模创新工作室联盟的创建工作。自2015年起，在200多家全系统劳模创新工作室的基础上，以人才创新、文化创新、项目创新、联盟创新为动力，将单一的劳模创新工作室建设拓展为劳模创新工作室联盟，先后建立了"绿色建筑和建筑节能""绿色智慧交通""水生态环境""绿化市容环卫""空港社区旅客服务"五个劳模创新工作室联盟，实现

---

① 课题组顾问：上海市建设交通工会主任刘选游。课题组负责人：工会学院培训部副主任朱虹。课题组成员：张静（上海建设交通工会副主任）、樊好（上海市建设交通工会副主任、建设交通团工委书记）、钱蓉（上海市建设交通工会主任科员）、张荣富（工会管理学院副院长）、徐迟（工会学院工会建设教研室主任）、牛雪峰（研究部讲师）。执笔者徐迟。

了跨行业、跨领域、跨所有制的融合与共享的局面。

为进一步推进上海建交劳模创新工作室联盟（下文简称"联盟"）的建设工作，上海建设交通工会特成立课题组于2017年5月启动"上海建交行业劳模创新工作室联盟的调查与思考"课题的调研。课题组致力于挖掘联盟建设的依据、探索已建联盟发挥的功效与不足，以及进一步推进创建联盟的方向与保障等，希望在此课题调研的基础上形成可复制、可推广的经验，为上海建设交通行业的发展增添更多的动力。

一、创建劳模创新工作室联盟的基石与动因

（一）创建联盟，是主动顺应国家"大众创业、万众创新"时代的新要求

习近平总书记在党的十九大报告中指出，创新是引领发展的第一动力，是建设现代化经济体系的战略支撑。党中央将创新摆在国家发展全局的核心位置，深入实施创新驱动发展战略，强化科技创新在全面创新中的引领作用。企业是创新的主体，劳模是创新的中坚和楷模，联盟的出现，既是在组织体系中的一大突破，又是工作室创新成果的叠加，更多地立足于企业、行业发展的难点、重点，共同开展技术创新、技术攻关，提升企业的科技创新能力、产业转型升级能力和产品市场竞争力，为企业的发展提供技术支撑、提升经济效益、社会效益。

（二）创建联盟，是大力加强新时期产业工人队伍建设的新举措

2017年7月6日，全国总工会下发《关于进一步深化劳模和工匠人才创新工作室创建工作的意见》（下文简称《意见》），以落实《新时期产业工人队伍建设改革方案》有关要求，激励广大劳模和工匠人才发挥示范带头作用，引领职工群众积极投身大众创业、万众创新。《意见》指出：到2020年，创新工作室创建工作取得重要进展，要形成以全国示范性创新工作室为引领，以省市级创新工作室为中坚，基层创新工作室蓬勃发展的良好局面。根据《意见》，全总每3年将命名100家示范性创新工作室，并引导有条件的示范性创新工作室加强横向联合，创建跨区域、跨行业、跨企业的创新工作室联盟。

上海建设交通工会推进的联盟创建工作继承了系统内劳模创新工作室的良好

传统，就目前已建立与已运行的联盟数量与质量来说，不仅走在了上海前列，在全国也牢牢占据了领先位置。跨行业、不同性质的联盟不仅已建起来，而且在运作中其优势也得到了充分体现。

（三）创建联盟，是有效推动上海建设交通事业科学发展的新动力

上海市委最新动员部署了《上海市城市总体规划（2017—2035年）》（下文称"上海2035"），要加快推进"五个中心"建设。根据"上海2035"所确定的目标愿景，立足2020年，建成具有全球影响力的科技创新中心基本框架，基本建成国际经济、金融、贸易、航运中心和社会主义现代化国际大都市。要达到以上建设目标，需不断增强城市吸引力、创造力、竞争力，要更加重视城市管理软环境，把提高城市管理精细化水平放在更加突出的位置，像重视城市建设一样重视现阶段的城市管理，用当年搞城市建设的劲头来抓好精细化管理。

上海建设交通系统下属行业、企业遍布上海的各个角落，要在原有发展的基础上进行突破创新，联盟的创建、有效运行是一个相对有效的突破口。联盟能够打破上海建设交通行业内部的行政隶属关系和体制障碍，形成相互协作、共同创新提高的新局面，以此加快融入"五个中心"建设，为我国决胜全面建成小康社会贡献上海力量。

（四）创建联盟，是拓展放大劳模、工匠作用发挥的新路径

劳动者是生产力中最根本、最活跃的因素，劳模、工匠等作为成绩卓著的劳动者，率先将生产力指标提升至领导力层面，发挥了示范引领和辐射效应，在建设事业中促进了劳动生产率的提高。尤其是习近平总书记在党的十九大报告中指出了新时代要"建设知识型、技能型、创新型劳动者大军，弘扬劳模精神和工匠精神，营造劳动光荣的社会风尚和精益求精的敬业风气"，对新时代的劳模、工匠提出了更高的要求。所以，新时代的劳模精神不仅包含技艺的传授，更为重要的是精神内涵的传承，将主人翁的责任感和艰苦创业精神、忘我的劳动热情和无私奉献精神、强烈的开拓意识和求实创新精神、良好的职业道德和爱岗敬业精神等传承给新一代的劳动者，造就"劳动最光荣、劳动最崇高、劳动最伟大、劳动最美丽"的风尚。

由运转良好的劳模创新工作室牵头，以精神可贵、勇于担当的劳模领衔建立联盟，发挥好劳模在创新驱动、转型发展中的"传、帮、带"作用，将劳模

的个人意愿与积极程度、团队的共同努力有机地糅合在一起，促进实现"1+1群+1群"的劳模效应的最大化，这也是进一步推进联盟事业能够取得成功的内在动力。

二、推进劳模创新工作室联盟的创立与实践

（一）基本情况

劳模创新工作室联盟是劳模创新工作室的升级版，它的创建得益于上海建设交通下属工作室的良好基础及上海建设交通工作党委、工会的全力支持与帮助。2015年4月，"绿色建筑和建筑节能"劳模创新工作室联盟（下文简称"绿色建筑和建筑节能联盟"）首开先河。时隔一年，"绿色智慧交通"劳模创新工作室联盟（下文简称"绿色智慧交通联盟"）迎头赶上。从这时候开始，联盟表现出多点开花、发展势头强健向上。同年，中建八局组织了总承包管理、超高层技术、建筑科技、绿色建筑、商务管理5家跨地域的联盟，其中"绿色建筑和建筑节能联盟"占据了重要的一席之地。截至2017年3月，中建八局又成立了安全管理、质量管理、BIM技术、基础设施4个联盟。2017年下半年，绿化市容行业以环卫为专题的创新工作室联盟（下文简称"绿化市容环卫联盟"）、上海水务海洋的"水生态环境劳模创新工作室联盟"（下文简称"水生态环境联盟"）、空港社区的旅客服务劳模创新工作室联盟（下文简称"旅客服务联盟"）相继正式成立。截至2017年年末，房屋应急维修联盟的筹建也在运行中。在未来的几年内，上海建设交通工会将继续推进劳模创新工作室联盟的工作，以已建联盟为典型示范，力争使联盟覆盖面更广、创新率更高、作用发挥更大。

（二）具体做法

1. 跨行业联盟："产业构链"的方式

作为上海建设交通工会重磅推出的试点联盟，绿色建筑和建筑节能联盟与绿色智慧交通联盟都是跨行业联盟，从创建到运行均已超过一年，最初的成立目的是让劳模工作室彼此取长补短、互通有无，其优势就在于以"产业构链"的方式、通过"组合拳"的手段，全局把握行业内的热点，站在技术的最前沿，引领相关的行业发展。

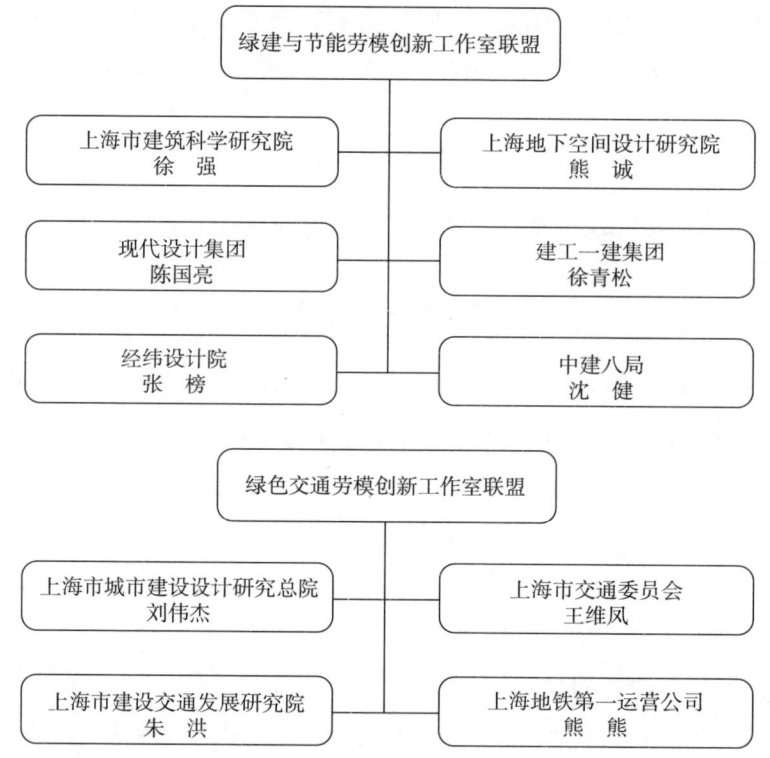

上面两张图表清楚地显示了绿色建筑和建筑节能联盟与绿色智慧交通联盟的组织构成。绿色建筑和建筑节能联盟联合了上海建筑科学研究院、上海地下空间设计研究院、现代设计集团、建工一建集团、中建八局等分属不同行业的咨询、设计、施工单位,在组成联盟之后,将科研咨询、规划设计、建设施工等城市建设产业链整合起来,围绕绿色建筑与建筑节能的规划、设计、施工、验收与运行的全生命周期,进行系统的技术融合与集成,并打破绿色建筑发展中技术、设计、施工各方面存在的技术碎片化和简单堆砌的现象,实现了优势互补、互利共赢。绿色建筑和建筑节能联盟以盟主徐强所任职的上海建科院为主体,上海建工、中建八局联合申报、获得的"十三五"国家重点研发课题是"降低供暖空调用能需求的围护结构和混合通风适宜技术及方案"为抓手,由建科院负责针对具体示范工程提出技术方案,研发出"降低峰值负荷的围护结构节能技术体系",由中建八局对研发的技术体系应用于实际建筑示范工程,于浦东、松江提供工程。该联盟能够做到以示范工程为载体,内部开展合作,解决满足舒适的同时实现建筑全年空调采暖能耗低于20kwh/m²的实际科研难点问题。

绿色智慧交通联盟则涉及了道路、轨道、公交等各交通行业,盟主由上海市城市建设设计研究总院的刘伟杰劳模担任，其工作室主要从事城建规划设计；市交通委员会的王维凤工作室主要负责道路规划设计；市建设交通发展研究院的朱洪领衔交通政策研究工作室主要从事交通方面的前瞻性研究；上海地铁第一运营公司的熊熊"3D服务"创新工作室主要负责管理运营及服务、管理创新性突破。正是由于这4家工作室的劳模均为行业内知名专家、先进模范，平日里在业务上有较多往来，因此搭建联盟时基本没有阻碍。可以说，绿色智慧交通联盟构建起数据分析—规划设计—建设实施—运营管理一条龙的绿色智慧交通产业链。尤为值得肯定的是，该联盟创造性地将专注于服务的熊熊创新劳模工作室吸纳其中，突破了以往技术与服务管理相冲突的思维局限，实现了管理创新。

2. 同行业联盟："强强联手"的方式

相对跨行业联盟而言，同行业联盟属于后起之秀。水务系统的"水生态环境劳模创新工作室联盟"的创建顺应水的流动性、流域性、循环性的特点，以流域区域联手的理念，将分别隶属于上海市水务（海洋）规划设计研究院、太湖流域管理局、城投污水处理公司、防汛信息中心等单位的徐贵泉水安全技术创新工作室、梅青引江济太创新工作室、宣建岚污泥干化焚烧创新工作室、陆佩莉五一巾帼创新工作室和陈升防汛信息技术创新工作室纳入其中。联盟实行成员单位轮值工作制，重点打造学习交流、科技创新、人才培养三个平台，助推水务海洋科技成果转化应用。该联盟组织架构的新颖之意在于，可根据事业发展的需求，随时吸收相关的工作室加入，形成"5+X"的开放式联盟成员结构。

绿化市容行业联盟的成员属于同行业，其创建颇具独特之处。根据绿化市容工会的统计，截至2017年，绿化市容全行业共有16家劳模创新工作室，其中市级4家、区级12家，覆盖绿化、环卫、林业3大行业，成员超过200人。当年9月，由绿化市容局工会牵头，以环卫为专题成立了联盟，盟主陈霖是来自宝山区东晨环卫公司的全国劳模，副盟主是来自松江区市容环境卫生管理中心的姚永妹，采取分组的方式，以李德成、卞忠红等4个劳模创新工作室及技师创新工作室在内组成技术创新组，由陈扣娣、曹锦等4个劳模创新工作室组成服务创新组。在已建联盟中，规模较大的当属该联盟，其涵盖了10家劳模及技师创新工作室，关键点在于彼此有着工作业务相近、领域联系相融、创新目标相合、交流便利、探索思考问题兼容性强的优势。

3. 同区域联盟："服务构链"的方式

2017年年末，由空港社区同创共建专委会借鉴上海建设交通系统的经验和做法，创建了联合空中、地面、地下（地铁）共10家劳模创新工作室组成的空港社区旅客服务劳模创新工作室联盟。该联盟以创新服务为主要目标，涵盖了专注于服务型的10家工作室：上珠劳模工作室、东航温馨地服创新工作室、李文丽空中服务创新工作室、吴尔愉劳模团队创新工作室、吴刚飞机维修管理创新工作室、吴娜"安捷组"劳模创新工作室、鹏飞劳模创新工作室、熊熊"3D服务"创新工作室、潘硕华智慧机场创新工作室、慧慧服务创新工作室。以这10家服务创新工作室为基础，将工作室的先进理念和创新成果应用到服务一线，形成"1+1群+1群"的劳模集群效应和整体合力，为进一步提升旅客服务整体效应注入一针强心剂。

（三）功效分析

上海建设交通工会在进一步推进劳模创新工作室时认识到，劳模及其创新工作室的功效发挥发生了变化，已由过去的道德与技术的楷模，提升为核心价值观和关键创新能力的践行代表；成为人才的孵化器、岗位的创新源、项目的攻关队；成为深化改革与创新发展的不竭动力。作为新生事物的劳模创新工作室联盟如何发挥更大、更好的功效，与劳模创新工作室现有的功能发挥进行良好的对接联系，也是本课题需要讨论的关键。课题组对劳模创新工作室进行了调研问卷结果的统计与整理，抽样选取150家劳模创新工作室发放问卷，回收有效问卷138份。

1. 助推技术创新、提升社会效益

在已有劳模创新工作室的调查结果中显示，劳模创新工作室的创新成果主要体现在"科技创新"（占被调查138家工作室的69.7%），它比"管理创新""服务创新""机制创新"更能体现工作室的定位、内涵及其功能发挥，这一特性在劳模创新工作室联盟的创建过程中更易被继承、吸收、发扬光大。

例如，中建八局新成立的安全管理、质量管理、BIM技术与基础设施4个联盟，都是聚焦于制约转型升级、提质增效的重大技术瓶颈。水生态环境联盟建立的当天，就围绕"中小河道环境综合整治技术应用与成效"举办了技术大讲堂。在合力推进吴淞江行洪工程、上海中心城排水体系提标研究、上海中小河道综合治理等水务海

洋重大项目的研究和规划编制工作时，该联盟更多的是通过技术交流、数据共享、项目合作等形式提质增效。徐贵泉劳模工作室与宣建岚劳模工作室也是在结合全市和郊区城镇排水污泥规划项目编制的基础上，积极推进污泥处理处置技术交流。

绿色建筑和建筑节能联盟与绿色智慧交通联盟通过研究课题，将技术创新落到实处。绿色建筑和建筑节能联盟致力于科技研发带动领域创新和技术突破，研究领域涵盖居住建筑、公共建筑的绿建节能标准制定、方案设计、气候适应型节能技术体系建立、能效测评标识、生态城区评价等环节。联盟承担国家"十三五""十二五"课题、市科委、市建委课题多项，目前在研国家科技部"十三五"研发课题两项："降低供暖空调用能需求的围护结构和混合通风适宜技术及方案""建筑施工重大风险和施工预测预警方法的研究"。2016年6月，盟主徐强绿色建筑与建筑节能创新工作室作为国际建设创新学会CIB理事协团队应邀参加芬兰CIB建筑技术国际交流会，讨论当今世界绿色建筑和建筑节能技术发展动态。2018年将利用联盟在产业链上的优势，集合各家单位开展调研咨询论证，研究上海气候适应型超低能耗建筑技术体系，作为2025能耗达峰的基础。

绿色智慧交通联盟则在技术上选取了交通行业的大数据应用作为突破口，以工程项目为载体，整合资源、汇集人才、攻坚克难、研究解决技术集成应用的"最后一公里问题"。联盟开展了"上海市绿色道路交通系统创新设计研究"课题，学习了国内外绿色智慧交通设计领域的优秀案例、设计规范及导则，提炼了先进的设计理念、设计策略及设计方法；对上海市道路交通设施展开现场踏勘及资料收集，梳理了上海市绿色智慧交通的现状问题；聚焦于人行系统、非机动车系统、公共交通系统，以及人、非、公交所共享的综合设施带、道路绿化及景观等，提炼绿色智慧交通设计元素及相应的设计原则、指标，通过平面图、标准横断面图对相关设计参数做出明确要求，将精细化设计体现于绿色智慧交通设计之中；并形成了上海市绿色智慧交通建设实践案例的汇总。目前，该课题已形成研究成果，并通过专家组验收。其研究成果已在"上海市桃浦科技智慧城武威路"等工程项目中进行试点应用，达到了国内领先水平。

技术创新必然会带来效益产出。中建八局党委副书记、工会主席于金伟曾要求各级工会组织创建劳模创新工作室和劳模创新工作室联盟都要与业务系统联合联动，都要将其融入总承包管理之中。中建八局的超高层联盟曾在广西召开会议，围绕超高层的特点展开商务策划，研讨各项创新课题，通过向总承包管理要效益，让超高层项目盈利，形成创新合理、体现创新价值，放大创新成果的集成和应用，共享研究成果。

已运行两年多的绿色建筑和建筑节能联盟的成果产出已较为显著，除分享绿色建筑带来的节能环保和健康舒适的技术效益和社会效益外，单就经济效益，联盟即已获利6700万元，获创新成果一等奖3项、专利5项。

2.领衔行业规范、制定技术标准

强强联合必有所获。劳模创新工作室联盟的影响力不但体现在行业内部，牢牢占据领先地位，更是拓展至行业外，做到有规模、有作为、有影响。其中，中建八局工会创建的联盟已形成了体系，将行业佼佼者地位体现得淋漓尽致：截至2017年年底，全局共建联盟9个，参加联盟的工作室达到67个，占工作室总数的51.5%，分布在中建八局23个二级公司和局总部9个部门，覆盖了总承包管理、科技进步、安全管理、质量管理、BIM应用、财务资金、海外项目、党建创新等各个方面。

劳模创新工作室联盟的行业领先地位一方面由工作室本身的优势决定，另一方面也是通过联盟的产出，尤其是相关政策的产出进一步确定，这种政策产出产生的重量级成果是劳模创新工作室"单打独斗"所无法实现的。比如，绿色建筑和建筑节能联盟借助联盟成员单位的产业链资源优势，接受上海市住建委的委托，历经1年半、20余次的专项调研、30余次的研究会议，从绿色节能技术、绿色施工、绿色运营、绿色建材及绿色产品等多领域广泛征求意见，最终形成：《上海市绿色建筑"十三五"专项规划》（沪建材〔2016〕776号）、《上海市绿色建筑条例（草案）》（征求意见稿）、《上海市建筑行业转型发展"十三五"规划》（绿建部分）。这些政策的产出既得益于联盟成员在该领域占据的一流专家地位，又在一定程度上更加夯实了联盟成员在行业中的领先地位。

3.勇当政府智库、提升行政能力

劳模创新工作室联盟旨在集聚创新力量、提升创新水平，并在此基础上更进一步拓展创新手段。"勇当政府智库"就是联盟在发挥其原有的工作室作用的基础上，拉大了活动半径，延伸了服务手臂。比如，中建八局平时重视与政府部门的联系互动，在推进联盟建设的过程中，主动邀请地方工会领导参与联盟会议、进行指导，使政府在联盟成立之初就对联盟的智库新角色有所了解。青岛市总工会副主席梁海泉在参加商务管理联盟会议后，点赞"八局铁军，名不虚传"。

联盟在"勇当政府智库"的同时指出,要敢于打破惯性思维,从顶层设计努力,"想政府之所想,帮助政府部门指导把关"。绿色智慧交通联盟立足于自身行业,勇于担当政府交通层面的智库,希望通过向政府献计献策,能够影响到公共管理、城市规划、城市建设等大领域的决策性问题。例如,目前在市民生活出行中占据重要位置却又表现出无序、混乱的共享单车问题,联盟在草拟方案时曾建议用电子围栏来控制停车有序化,最终经过多方讨论、论证,形成了共享单车管理的三点建议:保障公共秩序底线;改革市场准入制度;构筑共治管理体系。这一成果虽暂时未得到政府有关部门的认可,却也表明了联盟为城市发展建言献策的决心与行动。

再如,针对上海马路混乱、助动车往往罔顾红绿灯的情况,该联盟致力于改变现状,在道路设置交叉口的设计上做出创新,整理出一套对现在道路的思考。经过多次联盟内部群策群力、沟通协作,汇集出"上海市绿色交通建议实践方案",向政府提议绿色慢行交通的建议。该项成果已汇报给上海市交通委员会等部门领导,并获得了"大胆尝试、勇于创新,力推绿色、生态、宜人的交通体系建设"的有力指示,有助于下一阶段进入示范项目立项并推进实施。

4. 创新服务理念、对接精准服务

打造服务创新、建设服务品牌、对接精准服务是劳模创新工作室联盟的最新拓展,空港社区旅客服务联盟以此为坐标,以提升旅客对空港社区服务的认同度、满意度为努力方向。空港社区作为一个极具服务型特点的社区,旅客服务链环节众多,联盟希望通过创新服务理念的形式更好地串联起各项服务环节,服务好南来北往的旅客,增强旅客的获得感和归属感。并在此基础上,以顾客体验为标准,希望能将特惠服务拓展为普惠服务,打造独具特色的知名服务品牌,提升整个机场区域的服务水平,将上海空港社区建设成为更具担当、更为和谐、更有温度的社区,为上海航空枢纽建设、为打响上海"四大品牌"、为打造全球卓越城市窗口形象增光添彩。

(四)制约劳模创新工作室联盟发展的问题分析

1. 组织形态模糊

目前联盟的组织构成形式是自主型、松散型的结合,其行为都是劳模工作室成员的自发、自觉行为,是兼有官方身份,却又同时从事民间运作的混合体。为区别于协会、学会的固定、明确身份，联盟只能自定义为创新资源的主体，但却无资质进行项目、课题的申报，还必须依托企业或工作室这样的行政实体，故联盟的行为极为被动，从而削弱了联盟活动的积极性。

譬如绿色建筑和建筑节能联盟建立了内部轮值制度，各工作室负责统筹设计相关活动，如上海经纬院承办"上海市建交委劳模创新工作室联盟迎七一座谈会暨《匠·新》系列专题片发布会"、中建八局组织开展主题为"绿色施工助推节能降耗、BIM技术引领精益建造"联盟互访活动、CIB建筑技术新动态交流会、参观欧普照明吴江工厂学习交流会等。值得肯定的是，这些活动主题紧紧围绕联盟运作，对于拓展联盟日常活动渠道、提升联盟活跃程度、提升联盟的社会知晓度都大有裨益。但目前联盟真正自己牵头拉旗的活动并不多，长此以往，活动的内容如要进一步助力于未来联盟的发展则难以确保。

基于目前绝大部分的联盟成员都固定，但未来延伸出的，像水生态环境联盟这样"5+X"型非固定性、开放式的联盟组织形式，会对现有联盟的组织管理、运作模式提出相对的挑战，任重道远。

2.需求目标不一

已建联盟在取得了显著成效的同时，也应注意到联盟实际运行中所体现出来的需求目标、功能定位与创建时的设想会有出入。比如，绿色智慧交通联盟将熊熊"3D服务"劳模创新工作室纳入联盟，这本是一种创新，将服务类的工作室与技术类的工作室相融合，更多的是希望该工作室在交通规划设计前期提供建设性意见，体现出设计中的人文关怀。但在实际运作中，由于熊熊工作室与联盟其他成员的行业性质差异较大，前期设想并不能很好地投入实际运用，故熊熊工作室的作用发挥尚在摸索阶段，这一现象充分说明在创建联盟时需做前期界定，对工作室彼此间的融合度需要进行可行性分析，做目标性探索。正如绿色智慧交通联盟盟主刘伟杰所言，联盟应适当控制规模，但可扩展交叉行业、产业链走向，规模控制在10家以内，否则会产生"形式大于内容"的弊端。

3.机制建立缺失

目前联盟的创建机制与运行机制都未健全，这些问题的存在都对进一步推进联盟创建及联盟的良好运作产生影响。就创建机制而言，作为非官方组织的联盟，很少有工作室能够自行发现创建需求、提出创建要求、整合创建内容。

运行机制方面，联盟缺少固定的人员、资金、时间等。目前的联盟运营，无可供驱动的固定人员，靠的是非普通劳动者的劳模精神在支撑，依靠劳模的积极心态在工作室工作以外安排联盟事务。无论是绿色建筑、建筑节能联盟还是绿色智慧交通联盟，已取得的相当成效很大部分得益于"盟主"在相关行业的深厚威望、技术专长，以及较强的个人组织、活动能力。他们既能够带领松散的联盟组织发挥各成员工作室的最大效能，申请到共同合作、技术创新的课题，又能够凝心聚力将所有联盟成员集中，使处于不同产业链位置的工作室能够相互沟通、了解。但是一旦有能力的"盟主"卸任，联盟的发展前途则变得无法预期。绿色智慧交通的继任盟主朱洪曾直言，如无上任盟主出色的活动能力与思维水平，联盟未来之路颇具挑战。

联盟要想获得收益，必须要有前期的投入。但是在上级部门或联盟自身的资金与时间投入上都不能够完全保证的前提下，很多联盟的运转类似于"公益工程"，是"一帮热心人在做自己愿意做的事"。尤其是联盟所涵盖的单位成员又往往有数家，很难同时凑齐开展固定讨论或活动，全体成员出席更成为难事，故联盟的集中往往呈现出临时性。

对已创建的联盟来说，尽管已取得相对显著的成效，但在继续推进联盟做大做强的同时，目前呈现出运行机制中的"肠梗阻"——成果转化渠道尚不畅通、缺乏稳定的项目、课题支持，能够承担的课题、进行的技术创新或政策产出，都属于"见缝插针""见机行事"型，更由于政策的产出基于联盟完全的自发行为，如未获得政府的支持从而使得前期工作"打水漂"，长此以往联盟则很难得到长效性的良好运转。比如，绿色智慧交通联盟曾提及，所希望的"有所作为"都是通过个人渠道知晓政府所关注的热点、急需采纳的重点，在此基础上研究后向政府呈报，对政府及相关管理部门进行说服工作，希望其采纳联盟的政策产出，但由于缺少向有关委办局建言献策的正规渠道，致使很多政策产出未被政府纳入采购服务序列，如已形成的"共享单车管理问题建议"等。

三、致强劳模创新工作室联盟的前景与保障

（一）联盟致强的可行性

为进一步推进劳模创新工作室联盟的创建，摸排上海建设交通系统中的劳模

创新工作室是否有联盟的意愿,课题组抽样选取了部分已建立劳模创新工作室的单位进行调研,在有效回收的76份问卷中,超过9成的工作室均有创建联盟的意愿,不愿意联盟的工作室占比仅为8%,出于"技术创新工作已在工作室中自动形成,组织形式过多会流于形式""工作室技术创新具有特殊性,与其他工作室在业余领域交集较少""工作室的工作内容、工作模式、管理观念都大不相同,行业间经营范围区隔较大,合作不易"等方面的考虑,故暂不创建联盟。这些问题说明进一步推进联盟创建的误区尚存在,致强联盟创建的优势尚未完全普及。

1. 潜在优势

(1) 共享科研资源

科研资源的共享,是众多希望加入联盟的劳模创新工作室的利益期盼所致。在有限的时间和空间条件下,希望通过联盟共享研究技术、研究方法、联合攻关等互助活动,便于共同提高,避免重复投入,浪费人才、资金。例如,上海市建筑科学研究院的刘格春、成晟"工程咨询及既有建筑改造项目管理"劳模创新工作室指出,目前上海市在大力推广BIM技术,由于工程咨询和项目管理都需要尽可能依托BIM技术,而BIM技术的发展也要依托于项目,所以联盟倾向于与同样重视BIM技术的工作室结成联盟,可共享技术经验、科研成果。

(2) 分享技术经验

劳模创新工作室联盟是联盟成员学习交流、研讨互动、成果分享的平台,共享的形式能够取长补短,整合资源,达到资源优势最大效能发挥,各个专业优势都能有效实现1+1＞2的共赢局面。科研攻关中最大的问题莫过于遇到各种各样的棘手难题,很多情况下,仅靠单个工作室或劳模个人,难以突破瓶颈,通过联盟可以搭建交流沟通的平台,搭建起创新、创效、创利新平台,实现"他山之石,可以攻玉"的效果,更有效地推进劳模创新工作室的工作。例如,中交第三航务工程勘察设计院"浦伟庆海岸及海洋工程设计研究创新工作室"提出,由于本工作室以研究设计为主,工作室的科研成果需要实际工程的检验,希望与中交集团在沪单位施工企业的工作室联盟,能够将设计研究的成果落实到现场实施,通过施工来检验,就施工过程中出现的具体问题,与施工企业工作室共同拟定攻关题目,联合攻关解决。

(3) 整合跨域资源

在已有的同区域联盟增强服务创新能力的基础上,开拓跨区域的劳模创新工作室联盟，形成共同进行服务的新模式也是推进联盟创新的路径之一。例如，邮政系统叶其懂"三心"服务工作室提出希望与地铁系统熊熊"3D服务"工作室联盟，通过互动研讨、分享先进服务经验，水生态环境联盟提出，跳出上海水域流域的范围，以环太湖流域的生态保护、环境治理、水利开发为课题研究，加强内部协调，整合资源，主动融入长三角区域协同发展战略。

（4）拓展社会资源

创建劳模创新工作室联盟能够有效开拓工作室的研究视野和社会资源，实现"共建、共享、共赢、共发展"，有利于形成本行业的优势，更有利于形成用劳模精神感召人、用骨干力量带动人、用组织支持凝聚人的氛围。例如，马卫星工作室与其他相关行业9家工作室建立联盟，其中不仅包括劳模创新工作室，也包括五一巾帼创新工作室。

2.创建渠道

（1）岗位相连

同集团的子公司、同企业内部的分部门间的劳模创新工作室的合作，工作室之间的技术资源、人员构成等要素相对熟悉，更容易"遥相呼应"。例如，中铁上海局华海公司"袁建劳模创新工作室"提出愿意与同公司城市轨道技术研发中心"赵文君专家工作室"联盟，一方面可以利用研发中心现有的技术资源，通过测量专业技术理论，改进目前现场轨道施工作业的精度和测量工艺；另一方面，也可以有机会参与本工作室以外的研发课题，有效解决单一工作室的局限性，提升创新能力和水平，进一步推动工作室的不断深化发展。

（2）职业相关

工作性质有相似、工作内容有交集、研究方向有重叠、攻关内容有联系、创新目标有相合，这些职业相关的因素更容易使工作室产生"结盟"的意愿。在调查中，尤其从事项目管理、风险管理研究的工作室明确表明有"结盟"愿望。例如，中建八局"薛铁项目管理创新工作室"提出希望了解其他工程管理创新工作室的动态，通过沟通、交流活动及时调整本工作室的创新活动；中建八局"谢圣美风险管控创新工作室"提出，由于建筑投资集团风险控制的核心和落脚点在项目管理上，项目的风险管理是企业风险管理的主要工作之一，从项目的时间、质量和成本目标来看，风险管理与项目管理的目标是一致的，即通过风险管理来降低项目进度、质量和成本方面的风险，实现项目管理目标。通过与项目管理劳模创新工作室结盟互助,可以有效结合工程项目管理的实践,推进工程建设项目的风险辨识、风险评价模型及风险对策研究,不断完善风险管控体系。

(3)业务相通

业务相通的模式,既适用于不同行业,又适用于相关业务上有合作的劳模创新工作室。例如,中建八局赵鹏飞财务管理创新工作室提出,希望能与审计、商务、合约等财务领域的工作室组成联盟,加强交流,提高自身业务水平,带领工作室不断开创新局面,更好地为企业服务。

上下游合作单位的联盟优势已在绿色建筑和建筑节能、绿色智慧交通联盟中充分体现,但推进创建此类联盟的"呼声"依然很强,如上海申通地铁"刘加华振动噪声控制创新工作室"提出,想寻找维保工务部门结成联盟,来寻找研究课题的方向。因为该工作室缺少一线工作经验,需要调研一线现场轨道结构情况,包括设计上的道岔积水、断轨等设计问题。就绿色建筑和建筑节能联盟而言,也对自身的联盟有着改进的看法,提出,目前的产业链是工程研发—工程咨询—工程设计—工程施工,希望更进一步拉长产业链,能够延伸到运营阶段,将包括物业管理、社区管理的工作室吸纳进联盟。

(二)联盟致强的方向性

1.服务于国家的发展

党的十九大站在新的历史起点上,为党和国家事业发展描绘了宏伟蓝图,吹响了建设社会主义现代化强国的时代号角。《中国制造2025》提出了实现中国制造向中国创造转变、中国速度向中国质量转变、中国产品向中国品牌转变,完成中国制造由大变强的任务、重点领域和重大工程。这就要求各级工会组织在进一步推进联盟的创建时要紧紧围绕实施创新驱动的发展战略和《中国制造2025》,大力弘扬劳模精神、劳动精神、工匠精神,以提高广大职工的职业道德、创新能力和技术技能素质为核心,广泛开展技术创新、管理创新、服务创新、制度创新,最大限度实现创新工作室示范引领、集智创新、协同攻关、传承技能、培育精神等功能,团结和动员广大职工积极投身群众性创新实践,加快形成人人敢创新、人人会创新、人人善创新的良好局面,打造一支规模宏大、技能精湛、素质优良、结构合理的技术工人队伍,为实现中华民族伟大复兴的中国梦做出新的更大贡献。

2. 服务于行业的发展

"上海2035"以习近平新时代中国特色社会主义思想为指导，全面贯彻党的十九大精神，全面对接"两个阶段"战略安排，全面落实创新、协调、绿色、开放、共享的发展理念，明确了上海至2035年并远景展望至2050年的总体目标、发展模式、空间格局、发展任务和主要举措，为上海未来发展描绘了美好蓝图。

上海建设交通事业的科学发展，在坚定落实中央城市工作会议和市第十一次党代表大会精神的基础上，按照中央对上海继续当好新时代全国改革开放排头兵、创新发展先行者的要求，主动服务"一带一路"建设、长江经济带发展等国家战略，努力把上海建设成为卓越的全球城市，令人向往的创新之城、人文之城、生态之城，具有世界影响力的社会主义现代化国际大都市。

实现以上宏伟蓝图，未来联盟的创建要站在全局和战略的高度，增强全局意识，树立大局观念，必须服务于行业的发展，围绕上海建设交通事业的长远发展目标，策划开展课题研究、实现成果转化、勇当智库，积极发挥联盟的创新潜能，进一步提高联盟的创新攻关能力、创新成果管理能力。例如，建筑行业的联盟要能够抓住当前建筑节能发展的难点和痛点问题，开展技术研究和体系探索，提高建筑节能技术的精细化程度，保障绿建节能行业健康快速发展；交通行业的联盟要能够着眼于解决交通等大城市发展面临的普遍难题，进一步优化道路交通系统的规划与设计，让公共服务便捷可及，为上海更加人性化、低碳化、合理化的交通愿景提供支撑，使人民获得感得到提升。

3. 服务于企业的发展

作为开放性的非营利组织，劳模创新工作室联盟与企业的关系是互惠互利、共生共荣。一方面，联盟的建立能够打破现有行政隶属关系和体制障碍，数个优质工作室的智慧碰撞能够发挥出联盟的集聚效应，更好地放大工作室作为企业智囊团的核心作用。联盟作为企业改革创新的先行者，既开阔了企业的创新发展视野，也拓展了企业的社会服务手臂，在产生出巨大经济效益的同时，更能承担起强大的社会责任。

另一方面，身处中国特色社会主义新时代，尤其是在行业竞争激烈的上海，企业要做大做强必须有明确的品牌意识，形塑良好的企业文化，形成响亮的企业品牌。联盟的良好运转，也是将企业的劳模创新工作室、劳模品牌的影响力进一步扩大。

党的十九大报告提出："创新是引领发展的第一动力，是建设现代化经济体系的战略支撑。"企业要想发展，必须要创新，这也就要求联盟的运作更加规范，创新创效成绩更加突出，品牌影响力更加显著，同时在创新的过程中，要充分发挥职工的首创精神，所以联盟兼具为企业发展培养专家学者、创新人才的使命，要更好地发挥劳模"一带一群"的扩散效应，更多地集中于中青年劳动者、技术骨干、操作能手个人素质的提升，这既是促成联盟可持续发展的必然条件，也是企业稳定发展、技术跃进的必然要求。未来，联盟培养创新人才的任务艰巨，既面临着单个中青年劳动者、学术研究人员的成长，又包括强化联盟内成员的团队建设，还要培育技术创新团队。为此，联盟更需注重人才梯队建设，厘清内部结构，培养新人，明确团队的人才选拔、配给方式，做好团队成员的优劣势分析，制定绩效考核实施方案，将人才分为高级技术专家、专家、高级技术人才、技术人才、技工等，按照梯队的不同，其负责攻关创新、技术传承及目标考核的任务不同，增强联盟成长的动力，把联盟建成一个聚才、育才、用才的"聚宝盆"。

（三）联盟致强的保障性

1.党委领导、工会搭台、多方推进

创建劳模创新工作室联盟必须坚持党委领导，这是联盟创建及其有效运行的基本保证。联盟扩大了党与工会工作的覆盖面，可以尽可能地吸引优秀一线职工与职工楷模团结在党与工会的周围。联盟可以是不同性质企业间的强强联合，但必须坚定地听党话、跟党走，自觉肩负起联系职工、吸引职工、团结职工的任务，组织带领职工为实现"两个一百年"奋斗目标和中华民族伟大复兴中国梦而矢志奋斗。

企业行政的支持与配合是联盟创建的必要条件之一。企业行政的主导也是劳模创新工作室创建的方法之一，相同的方式也可以推广到联盟。联盟的日常运行需要占用一定的工作时间，尤其是在联盟"智库"路径的探索中，更需要行政方在背后的推力。行政主管部门应将联盟的创建工作纳入企业创新工作的总体规划中，尽可能为联盟提供项目支持，对新创建的联盟，从场地保障、人员配备、资金投入、设备设施、活动时间等方面给予大力支持，对既有联盟，从立项、项目中期、项目结束需要帮助时给予必要的援助。

创建联盟，工会的支持不可或缺，需要"工会搭台，工作室唱戏"，工会在帮助工作室结成联盟的过程中，要发挥"娘家人"的助力作用，积极争取党政的重视和支持，主动加强与有关部门沟通协调，创造有利于联盟推进深化发展的条件和环境；把创建工作与企业创新发展相结合，与高技能人才振兴计划、大国工匠培养支持计划和技能劳动者激励计划相衔接。同时，还要考虑到各工作室之间的供求关系，使工作室之间能够供需对接，即便跨地域、跨行业的工作室也能够寻找到联盟的可能性。工会可注重联盟外工作室之间的联谊平台，推进不同领域、不同性质的工作室的广泛交流与探讨。另外，工会需加强推进联盟的日常管理制度建设，形成规范性联盟章程；工会需搭建工作室之间、联盟之间的交流、合作的平台，促进联盟有效运转；工会需重视将联盟创新成果及时、多方有效发布，帮助联盟进行宣传与推广；工会需尽可能提供培训、研修机会，帮助工作室及联盟成员的素质得到有力提升；工会需统筹有序推进创建工作，突出问题导向，加强分类指导，提升创建工作的整体水平。

创建联盟，更需要参与联盟的工作室的认可与努力。工作室是单一、独立的小组织，联盟是将零散小组织聚合发力的大平台。创建联盟应是若干工作室共同合力的结果，创建初期的重要工作应由工作室成员共同推进，这就要求工作室成员首先应认可自己的联盟成员身份，再考虑自己是工作室的成员，这是保证联盟优质创建的基本前提保障。

2. 项目联动、分层分级、运行有序

联盟开展工作的载体必须要有项目、课题的支持。绿色建筑和建筑节能联盟的盟主徐强直言，"我们比较幸运，能够拿到有经费的课题"。而要确保有项目、课题，避免出现"巧妇无米"的局面，联盟自身需要坚持"走出去"战略，谨防关起门搞研究。要有意识拓展项目、课题资源，既可通过上级工会申请项目支持，依靠上级工会畅通项目课题申请渠道；也可借助上级工会组织经验交流、技术研讨；又可自身发力，积极申报国家、省市等各级科研攻关课题项目，合理利用企业资源，兼顾企业的横向课题；更应努力寻找与其他技术企业、科研机构联系、交流的有效渠道，针对联盟产出的新技术、新产品展开更广泛的交流学习，加强项目课题的创新成果总结、联盟运行经验的总结，及时研究解决工作中遇到的困难和问题，确保创建工作落地见效。

3. 整合资源、内外宣传、运行高效

在运行机制层面，创建联盟后要普遍落实"三个整合"：第一，整合工会工作资源,将联盟的创建与岗位练兵、技能比武、劳动竞赛等经济工作有机结合、科学对接,丰富联盟的活动形式和工作方法。

第二,整合利用传统媒体和现代媒体资源,坚持加大对外宣传力度,运用现场会、观摩会、学习交流会等方式,及时总结、推广联盟创建的经验和做法;运用"两微一端"等新媒体,开展分众化、互动式宣传,报道联盟在服务社会发展、科技创新、提高生产效率等方面做出的贡献,扩大联盟的知名度与社会影响力,激励广大职工积极践行新发展理念,为建设创新型国家贡献聪明才智。

第三,整合内部汇报资源,组建专家咨询委员会和专业技术委员会,为联盟提供政策咨询、技术指导、创新支持、知识产权保护等专业服务,组织开展创新成果鉴定、成果展示、成果评选工作,举办技术推广、经验交流等活动,积极向政府相关部门推荐优秀创新成果,促进创新项目孵化和成果转化。建立《劳模工作室联盟创新成果专报》和联盟网络工作页面,将所有的成果以摘要的形式呈送有关上级,印发给相关部门、科研机构、大型企业,同时在网上发布,吸引这些主体为联盟提供资金、政策、服务上的支持。

4.健全制度、提升优化、激励前行

制度层面的建设是目前已建联盟最为缺乏的,但这却是联盟运行步入正轨最有力的保障。目前的联盟均是在上海建设交通工会的倡议、帮助下"一呼百应",缺乏准入制度的限定,从而造成了联盟构成的多样化、发挥功能效果的不一致。

第一,必须明确准入制度,联盟形成创建规范标准,联盟成员认同"搭建一个平台、树立一个标杆、打造一个品牌、营造一种文化"的联盟基本定位。

第二,参照《市建设交通工会"劳模创新工作室"管理办法》,形成联盟管理办法,建立日常台账,规范创建工作、创新成果、成员发展等基本内容;建立评估制度,由联盟组织专门人员对自身建设及运行情况定期进行自检,上级工会组织进行年度评估;建立联络互通的工作机制,从根源上要求参与工作室之间互通有无、互促互进;建立课题申请评审制度,确保课题申请后与结果应用化之间能够形成闭环;建立经费管理制度,明确经费种类、比例、报销规则、经费使用期限。

第三,健全动态考核与激励制度,以最大限度调动联盟成员的创新积极性。联盟内部的项目课题需明确主要攻关项目与次级攻关项目、总课题与分课题的职责分属,对联盟涌现的创新成果、突出成员给予嘉奖,增强联盟工作室与个人成员的获得感，物质奖励与精神激励相结合，集中优势技术力量，紧密合作，形成合力，精准攻坚。

总的来说，上海建设交通工会的劳模创新工作室联盟是将既有的社会机构进行再次整合的创新模式，倡导创建联盟具有前瞻思维、跨界思维、整体意识、全局意识，联盟从试点先行到广泛推广具有实用性。

2017年，联盟除在上海继续"生根发芽"外，在其他省市也开始试点。河北省石家庄常山纺织公司杨普劳模创新工作室、葛文军劳模创新工作室与江苏省常州黑牡丹邓建军劳模创新工作室开启了新的劳模创新工作室合作模式。结成联盟的优势已为上级工会所挖掘，在全国总工会"到2020年，各级创新工作室创建总数将超过10万家"的规划布置下，探索劳模创新工作室联盟的创建、推广也是大势所趋，势在必行。

上海建设交通工会的联盟在全国处于优先创建序列，虽是新生事物，却是伴随着国家经济结构调整、企业创新发展、工会勇于改革而出现的新生事物，是未来数年全国劳模创新工作室发展的新方向与必然趋势；也是上海建设交通工会落实党的十九大对工会工作的新使命、新要求，统筹推进"五位一体"总体布局和协调推进"四个全面"战略布局，推进上海"五个中心"建设的重要举措。

因此，上海建设交通工会的劳模创新工作室联盟既要成为工作室升级版的新突破，又要打造新品牌，力求实现高覆盖率、新创新率，实现时代的新跨越。正如习近平主席在2018年新年贺词中指出"我们伟大的发展成就由人民创造，应该由人民共享"，劳模创新工作室联盟必将为上海创新驱动转型发展、加快建成具有全球影响力的科技创新中心做出卓越且富有成效的贡献。

浅谈"互联网+"语境下工会工作的创新发展

朱 红[①]

摘 要：互联网发展变革对各个行业提出硬性要求，工会组织要顺应时代发展潮流，把握职工需求，运用互联网资源和技术，实现"互联网+"语境下的工会工作创新发展。

关键词："互联网+"；服务职工创新发展

迅猛发展的互联网已成为推动现代社会发展的重要基础和必备条件，"互联网+"是运用互联网技术催生以互联网为基础的新兴业态和新的经济效益，促使传统产业转型升级和发展水平提升。"互联网+"的重点是"变革"和"创新"，而这种变革和创新的对象就是各个行业运用互联网资源和技术走出一个创新驱动发展的新道路。互联网发展变革已对各行业领域提出硬性要求，如果不主动及时完成自我革新和结构重塑、调整思路和发展方向，将被社会和市场抛弃。新时代，工会组织面对职工队伍的社会结构和需求结构受到互联网快速发展的影响，工会工作的方式迎来前所未有的挑战和考验，要积极推进"互联网+"工会工作，顺应时代发展潮流，把准职工需求脉搏，做好服务职工群众工作，成为职工群众的知心人、贴心人、娘家人。网络时代面临的最大挑战就是该如何紧跟趋势、把握机遇、主动融入，充分发挥工会组织的职能和优势，借鉴互联网企业运维模式，打造工会"互联网+"工作体系，通过实施普惠化、网上维权、大病医疗互助等一系列非商业性、公益性服务，在"互联网+"语境下，提高工会组织在职工中的吸引力、凝聚力，让广大职工切实感受到党和政府的关怀，最大限度地把大家凝聚在党的周围，组织引导广大职工听党话、跟党走，创新工会工作发展新模式。

[①] 朱红，青海省总工会干部学校教师。

一、创新思想教育新方法，实现职工思想交流在线化

充分发挥网络优势，工会工作围着职工的需求转，跟着职工的需求跑，深入基层了解职工的兴趣爱好、思想动态、愿望诉求，为职工定制精彩纷呈的网上工会活动，有针对性地开展职工思想政治工作，做到让职工"点菜"，请专家"下厨"，提高网上工会服务供给质量，不断提高网上工会活动的知晓度和参与率。要积极占领网上阵地，认真清除网络障碍，充分整合网站资源，充分利用网络上丰富、有益、健康的资讯，以及先进的思想政治工作经验充实工作内容，拓展工会职工思想政治工作主阵地，从传统的"面对面"说教到"键对键"交流，形成新的思想交流模式，将职工思想政治工作融入网络，把正确的人生观、价值观、世界观渗透其中，增强感染力和影响力。发挥网络信息声色俱全、图文并茂、情景交融的优点，充分把握网络传输信息快捷、互动的特点，让思想政治工作搭上网络快车，开展网上讨论、网上提合理化建议、电子信箱交流等活动，从而更好地贴近职工、倾听诉求，让职工思想政治工作的方式方法动起来、活起来，让内容充实生动起来，进一步增强工会职工思想政治工作的互动性，推动思想政治工作从平面变为立体、从静态变为动态，从而进一步增强思想政治工作的吸引力，提高工会组织对广大职工的凝聚力。

二、创新职工民主表达方式，实现民主管理信息公开化

充分发挥办公自动化优势，强化企业民主管理信息化载体，进一步实现职工民主政治权利。一是研发网上公开系统。建立企业信息公开网站，开辟网上公开专栏，使重要事项在第一时间公开，方便职工查询，接受职工监督。对企业重大事项运用网络声像兼备、图文并茂的优势，吸引广大职工的注意力，提高重大事项公开的实际效果，并用手机短信、微信等方式发送时效性强的重要信息。二是开展网上参政议政。发挥网络开放、匿名的优势，推进以职代会为基本形式的民主管理制度建设。要坚持把职代会作为实现职工民主政治权利主要载体，推进职代会制度建设，积极探索网上职工代表大会提案、网上厂务公开等工作，紧紧围绕企业中心工作，探索提升职工参与度的工会活动形式，密切联系职工的实际需要，在互联网平台上开展"征求企业发展改革意见""职工意见箱"，开通网络"民主管理议事论坛"，开展职工需求"调查统计"，为职工理性表达利益诉求

畅通渠道，降低职工民主参与的门槛，使职工群众更广泛、更有效地参与企业管理，积极建言献策，不断提高参政议政的能力和水平。通过网络邀请职工对企业重要工作、生产经营重大决策、物资采购和工程建设招投标重要项目、职代会提案的落实情况及关系职工切身利益的重大事项参加评议，同时提出改进工作的意见和建议；工会派专职人员对职工反映的意见和建议进行梳理汇总、及时反馈给分管部门与主管领导，实施部门联动，限期处置回复，零距离服务职工群众，既保证了职工的源头参与，较好地落实了职工的知情权、参与权、表达权和监督权，又为领导班子决策提供了重要的参考和补充，使职工的合理化建议成为直接影响企业改革发展的主流，催生民主管理的新活力。

三、开辟职工学习新平台，实现职工学习便捷化

学习需求是很多职工的刚性需求，组织职工进行自主学习接受岗位知识再教育也是工会的重要工作之一，更是职工提升工作水平和工作能力的重要途径。在"互联网+"语境下，工会更应当充分利用互联网的巨大资源和方便特性，积极为职工搭建学习平台，给职工提供更方便的知识获取途径，把职工学习的过程变得更加简单、有趣，从而提升职工的自主学习意愿，助推员工成才。工会要充分运用互联网技术搭建文化配送服务平台。一是开通网上职工技能培训。按照职工多元化、多形式的学习需求，推出"职工素质提升""技能学习""心理疏导""职业生涯规划"等培训模块，最大限度地符合职工需求，促进职工岗位成才。建立健全线上、线下的沟通反馈定制，不断完善服务内容和服务项目，努力形成工会配送、按需定制、自主选择、分类服务的良好格局。二是举办网上培训班。对有岗位培训需求的职工，可结合工作岗位的实际，有针对性地开展各类岗位在线培训，以实用性为原则，推动职工教育培训工作的转型升级。三是筹建职工电子书屋。建立职工电子书屋，为职工提供永久免费阅读服务，其内容丰富、针对性强，能为广大职工提供便捷、时尚、个性化的阅读学习方式，为提高职工素质、建设企业文化、职工文化提供了新的平台阵地。四是开展网上竞赛活动。为激励职工的创优求胜意识和工作责任感，在部门与部门之间、岗位与岗位之间、专业与专业之间，通过网上知识竞答、在线纠错改错、系统自动评分等形式，开展多层次的小型竞赛活动，选出各个项目的优胜者，将他们的成绩在网上公布，其他职工随时可以挑战，如挑战成功就晋级成为新明星，由工会给予奖

励，营造不进则退的学习、竞赛氛围。

四、创新诉求表达渠道，实现职工服务个性化

工会组织要更好地服务于职工，就要追随职工的需要，与时俱进，随势而变，不断创新"互联网+"工会服务职工的新模式新方法，让职工在网上找到工会组织、参加工会活动、表达利益诉求。加强网络工作的平台建设，通过整合工会系统网站、微信、App客户端等网络平台，主动了解职工所思所想、所忧所盼，从而有针对性地开展工作，同时开设网上意见箱，及时收集、整理、汇总职工提交的意见和建议，并安排专人解答回复，及时发现问题解决问题，扁平化的服务于职工。开通网上维权热线，设立"法律咨询""专家指点"等栏目，为职工维权诉求开辟便捷窗口，当职工权益受到侵害时，通过这些服务平台，引导职工走依法依规的理性维权道路。为职工提供网上心理咨询服务，现实中，有的职工在涉及工作和生活中个人难于对人表白的难事和困惑时，可以通过网上的"心灵对话室""零距离"等服务平台，随时随地轻击鼠标即可畅所欲言。工会要精心选派懂沟通技巧、理论水平和业务素质强的工会干部，一对一给有需求的职工进行心灵交流与疏导，帮助职工解除心理障碍、理顺情绪、排解压力，为职工搭建一个温暖的心灵驿站。使"互联网+"工会工作平台增强工会工作效能，更好地服务于职工，让广大职工在互联网时代感受到工会更贴心的服务，提高获得感。

五、创新宣传舆情阵地，实现教育引导互动化

舆论对职工思想的影响越来越直接、广泛和深刻，同时职工也是舆论的主体。工会组织要充分利用网络阵地和信息手段，加强舆情引导。一方面要认真倾听并反映职工的心声，另一方面要牢牢掌握新媒体时代工会工作的主动权、主导权，通过新媒体做到下情上传，及时了解掌握职工的思想动态和关注的热点问题。通过互联网加强和改进职工思想政治引领工作，强化互联网教育服务功能，积极开展"网聚职工正能量，争做中国好网民"主题活动，弘扬劳模精神、劳动精神、工匠精神，开展网上正面信息宣传传播，唱响主旋律、传递正能量。构建覆盖各级工会系统的舆情信息汇集网络，通过舆情信息分析研究，不断将舆情应

对的"关口"前移;健全应对网络舆情工作制度,建立信息发布制度,在主流媒体和重要门户网站,及时公布重点工作信息;建立舆情监控、引导制度,掌握和分析研判网约工等职工群体舆论动向,及时回应公众疑问,发出工会声音。积极加强队伍建设,杜绝信息洼地。舆论引导能力是工会组织力和动员力的具体体现。加强对工会干部,特别是基层工会干部和职工群众的培训,培养思想政治素质过硬、适应时代要求的工会干部,让他们能够熟练使用各种新媒体手段开展工作。按照网络舆情工作的特点和要求,重点培育工会"意见领袖",壮大工会网络宣传评论员队伍,用贴近职工群众的网络语言传递主流声音,创造文明和谐的网络空间。

六、创新工作方式方法,实现自身建设网络化

在大数据时代,工会组织必须通过全力探寻互联网语境下崭新的工作方式来加强自身建设。一是通过建设相关信息系统和数据库,建立以组织引导和服务职工为主要职能,以互联网信息技术为辅助的工作新模式,实现工会服务职工保障基础信息全面精准掌控,科学精准优化配置使用各类资源,最大限度发挥工会在保障职工权益资源配置和运用中的主导作用,通过完善线下配套服务机制,有力提升工会工作的社会效益。二是通过提供普惠化、大病医疗互助、职工咨询服务、法律援助、职业介绍、技能培训、职工电子书屋等线上线下服务,让广大职工享受更多更大的实惠,共享改革发展成果,让大家主动贴近工会、信赖工会、依靠工会,全面提升工会工作的社会影响。三是通过建立劳模管理、困难帮扶、经济技术、民主管理等工会业务信息系统,实现部门业务工作网络化智能化。建立协同办公平台,集成公文流转、工作督查、通知发布、信息报送等行政功能,扩大使用范围,通过互联网信息技术手段,建立包含各市州、产业、直属工会的虚拟局域网工作环境,有效提高工作效率,降低行政成本。

参考文献

[1]蔡志峰,张晓莹,张剑,孙玥.互联网+工会[M].北京:中国工人出版社,2016:143.

四
中国特色和谐劳动关系构建

基于劳动争议视角探究边疆地区劳动关系新问题
——以新疆近十年劳动争议案件为例

赵绒菊①

摘　要：新疆地区的特殊性导致其劳动争议类型及处理机制的本地特色性。通过对新疆地区劳动争议数据的收集整理和典型案例的调研，分析新疆劳动争议十年来的特征变化和发展趋势，发现劳动关系的潜在冲突和复杂性增加，劳动关系分化成为常态，劳动者分层化问题凸显。经济发展新常态下构建和谐的劳动关系，需要深刻认识劳动关系的新特点、趋势和治理短板，科学遵循劳动关系规制的一般规律，加强政府职能部门在争议调解仲裁中的效能建设，强化劳动关系协调机制，着力促进和谐劳动关系协调平衡化、公平化、稳定化、法制化。

关键词：劳动关系；劳动争议；现状；问题和挑战；应对策略

一、新疆近十年劳动关系状况分析

随着改革开放的不断深入，一带一路的实施，国家加大力度支持民族地区、边疆地区发展，强化举措推进西部大开发形成新格局，新疆作为我国的西部门户，肩负着西部经济发展引擎的重责，特别是国家"一带一路"倡议的实施，将新疆定位为"丝绸之路经济带核心区"，为新疆的经济发展注入了新动力。近年来，新疆在社会稳定和长治久安的总目标指引下，市场经济不断深化改革，经济总量不断提升。2007—2016年十年间新疆全区生产总值从3.52千亿元增长到9.64千亿元，年平均增长率为10.6%，人均生产总值从16999元/人增长至40564元/人。

在这种跨越式的经济发展带动下，新疆在实现城镇化、工业化和信息化的道

---

① 赵绒菊，新疆维吾尔自治区工会干部学校教师。

路上不断前进，市场经济开放程度不断提高，特别是随着中央新疆工作座谈会的召开，在国家支持西部大开发、倡导构建"丝绸之路经济带"核心区等形势下，不论是跨疆人口迁移还是疆内人口流动，都呈现出新特点。一是流动人口来源的多样性。改革开放以来，特别是实施西部大开发战略以来，中央给予新疆优厚的政策、资金、人才资源倾斜，吸引内地人口入疆建设，这部分跨省流动人口几乎囊括了中国所有的省市区，他们在新疆从事着各行各业，同时新疆内部区域的发展不平衡及产业结构升级等也造成了疆内劳动力资源的频繁流动。二是流动人口素质的差异化对比强烈。新疆引进的高端人才与为了生计频繁流动的务工人员形成两个极端，随着国家教育水平的提高和政策的倾斜，很多受到良好教育的毕业生和学者来到新疆工作；同时，遵循人口流动一般从发展较落后的地区向经济发达地区流动的规律，新疆大部分务工人员的教育程度较低，一般只受过小学、初中教育，文化素质相对较低。三是大部分流动人口的收入水平和社会保障较低，新疆目前的流动人员主要分布在建筑行业、制造行业和服务行业等，如搬运工人、建筑工人、餐饮、酒店、物流等需要高体力的行业，而且用工形式多样，存在大量不规范的现象。新疆流动人口数量的增加和流动频率的加快，一方面为新疆市场注入源源不断的劳动力资源，为经济社会发展做出了重要贡献；一方面也为新疆的市场管理带来严峻的挑战。人口流动是为了获得更好的工作机会和更满意的经济收入，这些流动人口在市场中建立的劳资关系，与新疆本土的劳资关系混合起来，形成了新疆劳动力的多元化，在新疆这样一个多种民族聚居、多种文化并融的环境下，共同促使新疆的劳动关系更加多样化、复杂化、特殊化，随着时代新形势的发展，呈现出新特点、新变化和新趋势。

（一）新疆劳动争议的特点

1.2007—2016年新疆劳均劳动争议率和产均劳动争议率总体高于全国平均水平

2007—2016年新疆的劳均劳动争议率每年都高于全国平均水平，平均差为4.5件/万人，也就是新疆相比于全国平均水平，每万人多受理4.5件劳动争议案件，而且全国劳均劳动争议率在2008年达到顶峰15.19件/万人后，连续4年呈下降趋势，2012—2016年逐年略有上升。总体来看，新疆的劳均劳动争议率和产均劳动争议率较全国水平波动较大，但差距在缩小，并且新疆的二者高峰值均出现在2009年，比全国晚一年，说明新疆对2008年实施的《劳动合同法》《劳动争议调解仲裁法》等政策法规的反应相对滞后；同时从维权成本看，新疆人均GDP每年都低于全国人均GDP。例如，2016年新疆人均GDP为40564元/人，而全国人均GDP为53980元/人，因此，对于新疆来说，劳动维权的成本更高。

2. 新疆劳动争议总量整体呈阶段式起伏上升趋势

新疆2007—2016年十年来劳动争议案件受理数量基本上可以分为三个波动式上升阶段，2008年达到顶峰615件，与总体劳动争议案件数量的前期增长趋势基本一致，2009年骤降至128件，之后一直处于起伏较小的波动状态。

2007年新疆劳动争议案件受理数为4712件，2007—2009年新疆劳动争议案件受理数量逐年增加，2009年受理数量达到第一个高峰8835件，是2007年的1.9倍。这一时期劳动争议数量翻倍增长，主要是由于我国2008年1月1日起实施《劳动合同法》，劳动者的法律维权意识不断增强，使得占劳动争议较大比例的劳动合同争议数量大幅度增加，同时2008年5月1日《中华人民共和国劳动争议调解仲裁法》正式实施，进一步规范了劳动争议的处理程序，完善了调解仲裁的具体规定，为劳动争议当事人保护合法权益提供了渠道。

2010—2012年新疆劳动争议案件受理数量又呈现出一个上升阶段，从6637件增长至11034件，2009年金融危机对新疆经济也产生一定冲击，市场不景气造成就业困难，使得劳动双方暂时"抑制"劳动矛盾的爆发，导致2010年劳动争议案件大幅减少。随着经济的好转，新疆市场逐渐活跃，同时新疆2010年研究制定了《新疆维吾尔自治区劳动保障争议仲裁办案规则》《新疆维吾尔自治区劳动保障争议当事人选择仲裁员办法》《新疆维吾尔自治区劳动保障争议仲裁费用缓减免办法》《新疆维吾尔自治区劳动保障争议仲裁书记员工作职责》等文件，2011年新疆增加建立劳动监察机构和专职劳动监察员，积极开展执法监察，督促用人单位依法用工，维护劳动者合法权益。同时加强劳动争议仲裁组织机构的建设，并根据《中华人民共和国劳动争议调解仲裁法》《劳动人事争议仲裁办案规则》有关规定，结合新疆地区的实际，制定《新疆维吾尔自治区劳动人事争议仲裁办案规则实施细则》。这一系列行为使得新疆在处理劳动争议案件方面的机制不断完善，劳动关系双方当事人保护自身合法权益的信心和需求增加，将积压或隐性的有可能导致更大劳动矛盾的劳动争议激发出来，因此劳动争议案件在2012年达到第二个高峰11034件。

2013—2015年，新疆劳动争议受理数量从9632件增长至11982件，2016年略有下降。随着新疆加大对企业工资集体协商制度的覆盖，组织开展农民工工资追讨、用人单位遵守劳动用工和社会保险法律法规情况等专项检查工作，工会积极开展企业劳动争议预防调解工作，2013年新疆劳动争议案件数量有所下降；随着新疆兵团的城镇化、新型工业化、农业现代化深入发展，使得第二、第三产业特别是非公有制企业的从业人员大量增加，劳动争议也呈现多发态势。2014年，新疆兵团成立首家劳动人事争议仲裁院，实现了劳动人事争议仲裁工作办案职能与行政职能的分离，这一举措增强了劳动争议当事人的信心，同年8月，《新疆维吾尔自治区职工劳动权益保障条例》正式实施，因此2014—2015年劳动争议受理案件又出现小幅度增长，但2016年劳动争议案件数量又有所下降。

3.劳动争议原因主要集中在劳动报酬、社会保险和解除、终止劳动合同三个方面

劳动报酬、社会保险和解除、终止劳动合同三者在总体劳动争议受理案件中的占比，除2009年、2010年占比分别为65%和72%，其他各年占比均在80%以上，尤其是2008年，由于《劳动合同法》的实施，劳动者主张权利的意识不断加强，而且当事人的诉求呈现单主体多元化，如劳动合同相关案件，当事人会提出社会保险补缴、工伤赔偿、双倍工资补偿、加班费追讨等多种诉求，因此这一年劳动报酬、社会保险和解除、终止劳动合同案件呈现重叠状态，在总体劳动争议案件中的占比高于100%。近几年，除2009年、2010年的占比较低外，三者的占比基本在80%左右，并略有下降。

这充分说明，利益争议将继续增多，但权利争议依然是主要类型。劳动争议事项相对集中，以增加工资、追偿经济补偿金和改善劳动条件为诉求的利益争议逐渐增多；但总体来说，权利争议仍然是劳动关系矛盾的主体，未来一定时间内，劳动关系矛盾的这一格局不会发生重大变化。涉及劳动关系当事人基本权利和权益的劳动报酬、社会保险和解除、终止劳动合同这三类矛盾一直是诱发劳动争议的主要原因，同时，劳动争议事项逐步呈现多元化、复合化特征。

劳动报酬、社会保险和解除、终止劳动合同三者诱发的劳动争议案件占比相当，分别占比三分之一左右，社会保险类略高于劳动报酬类，尤其是2011年7月实施的《社会保险法》进一步规范了社会保险关系，维护公民参加社会保险和享受社会保险待遇的合法权益，并明确了用人单位依法缴纳社会保险的义务，因此2011年和2012年的社会保险类劳动争议数量大幅度增加，占比达到40%以上；

除2008年因《劳动合同法》的实施，使得解除、终止劳动合同类的劳动争议案件占比陡增至37%，之后基本维持在10%左右。近年来，在欠薪问题、超时加班等问题继续受到关注的同时，随着第一代农民工开始进入退休年龄段，社会保险特别是历史欠缴问题将会成为新的热点。虽然利益争议目前还不是劳动争议的主要类型，但其数量的增加也对构建利益争议处理机制提出了迫切的要求。

4. 劳动争议仲裁中仲裁裁决占比最高，仲裁调解次之，二者之和占比95%以上

仲裁裁决处理方式的占比基本维持在50%左右，是所有仲裁处理方式中占比最高的，且2014—2016年呈上升趋势，2016年达到55%；其次是仲裁调解，占比基本维持在40%左右，近两年略有下降。这说明随着劳动争议案件的日益复杂化，处理难度越来越大，调解率和撤案率有所下降，主要原因：一是部分劳动者的维权期望过高，在事实和法律依据不充分的情况下提出了过多、过高的要求，使部分劳动者的大部分诉求无法通过调解得到支持；二是虽然2016年年末新疆的区、地州市级劳动人事争议仲裁院建院率实现了全覆盖，但是专业仲裁员队伍还比较薄弱，仲裁员的调解水平有待提高，仲裁调解的作用没有充分发挥，导致大量的劳动争议案没能及时消化在萌芽状态，矛盾积累尖锐后，希望通过劳动仲裁裁决获取更多的利益支持。

5. 劳动者申诉案件占比大，仲裁结案率高，而且劳动者胜诉比例高

2007—2014年新疆地区由劳动者申诉的劳动争议案件占比一直都维持在90%，但2015年和2016年这一比例有较大幅度下降。这一方面是因为随着社会经济的发展和市场管理的规范，劳动者的维权意识增强，逐渐改变其在劳动关系中的弱势地位，在发生劳动纠纷后，试图通过更快捷的方式积极维护自身的合法权益，努力扭转其在劳动关系中的弱势地位，另一方面是新疆的劳动争议案件申诉主体呈现多样化，由单一的劳动者为申诉主体向公司、个体工商户、事业单位人员等多主体转变。

2007—2016年劳动者一方胜诉的占比一直很高，平均在50%以上，相比之下，用人单位胜诉的年均占比不足10%，这意味着半数用人单位因为未履行支付劳动报酬、未与劳动者签订劳动合同、未给劳动者参加社会保险等，被判决败诉，也反映出在新疆的劳动争议受理案件中，雇主是主要责任方，大多数劳动者属于权利被侵犯的弱势一方；同时，双方胜诉的占比也较高，有个别年份甚至超过劳动者胜诉占比,尤其是2013年,比例高达63%。这说明新疆一方面增强了对劳动者权益的保护,另一方面在处理劳动争议案件时,准确识别和区分正常维权与恶意诉讼,合理保护各方当事人的正当权益,注重平衡劳资双方的利益,更加彰显公平公正。

6. 劳动争议当事人法院起诉率高,法院审理的劳动争议案件数量占比较大

我国劳动争议案件处理程序有其特殊性,在诉讼前必须要向劳动争议仲裁委员会申请仲裁,对仲裁裁决不服的可以向人民法院提起诉讼。新疆全区法院审理的劳动争议案件占全部劳动争议的比例一直维持在半数左右,特别是2015年,占比高达78%,这意味着除终局裁决及调解、撤诉方式结案的案件外,基本上全部进入一审法院,劳动争议案件的高起诉率反映出当事人对劳动仲裁的认同率仍不高,同时也说明一裁终局力度不够,精准裁决比例较低,导致很多劳动争议案件在依法调解或裁决后留有"后遗症",迫使劳动争议当事人向法院提起诉讼,力争更合理的审判结果。另外,经过劳动仲裁程序,面对用人单位对于调解或仲裁决定的拖延执行,部分劳动者希望通过上诉给用人单位施加压力,而部分用人单位则希望通过上诉来拖延应承担的责任。

从数量上看,2013—2015年新疆法院审理的劳动争议案件数量逐年增加:2013年全疆法院共受理劳动争议案件5222件,其中新收4739件,审结4455件,新收案件同比上升11%,结案率85%。2014年全区法院共受理各类劳动争议案件5819件,其中新收5372件,审结5089件,新收案件同比上升13%,结案率87%。2015年全区法院受理劳动争议案件9333件,其中新收8367件,审结8355件,新收案件同比上升57.5%,结案率89%。可见,新疆法院新收劳动争议案件的增长率近两年上升明显;同时,随着近两年新疆各级法院通过各种方式正确理解和实践与劳动关系相关的法律法规、司法解释、政策规章等,统一司法尺度,不断提升业务能力,促使劳动争议案件的结案率一直维持在80%,尤其是2015年,结案率达到了90%。①

(二)新疆地区劳动争议产生的原因

新疆劳动争议呈现出以上特点,是多种因素共同作用的结果。

---

① 以上数据来自2008—2016年《中国劳动统计年鉴》、2017年《中国统计年鉴》、2017年《新疆统计年鉴》、新疆人力资源和社会保障厅数据、新疆法院数据。

1. 劳动关系复杂化

市场经济发展和经济体制改革使得非公有制企业比例不断提高，截至2016年年底新疆地区非公有制企业法人单位145609户，占全部企业法人单位总量的96.19%。不同于公有制企业劳动关系的整体走向是逐步市场化，非公有制劳动关系起初便进入市场化，组织方式和用工形式更加多元，劳务派遣用工、非全日制工、临时工等灵活用工形式大量出现，在工作地点、工作时间、工资分配等劳动关系内容方面不同于传统业态，劳动关系稳定性较差。用人单位作为劳动关系中的主导者，追求经济利益最大化，往往未按照劳动法律法规的规定，未履行与劳动者签订劳动合同、为劳动者参加社会保险、为劳动者补缴社会保险费等义务；用人单位各项规章制度不够完善，有些内部制度甚至违反法律规定，或虽然依法制定了规章制度但未进行公示或告知劳动者，以致劳动者在不知情的情况下"违反规定"而被用人单位扣罚工资或者开除等，这些都导致劳动争议事件的多发。

2. 劳动者队伍构成复杂

不仅是简单代际更替，由劳动力流动形成的平行交替范围更广、频率更高，劳动者队伍内部分层化凸显，城镇职工与农民工、国有企业中的老职工与新员工、第一代农民工与新生代农民工、管理职员与一线员工，不同类别、不同阶层的劳动者之间权利义务状况和利益诉求具有明显的差异性。劳动者相对于用人单位处于从属地位，加之劳动者缺乏法律意识，决定了劳动争议案件中劳动者成为弱势一方，如劳动者在签订劳动合同时未尽足够注意义务，忽略了其中一些内容，以及劳动者在空白劳动合同上签名，或未保留劳动合同原件，放任用人单位填写合同内容等，为劳动纠纷埋下隐患，但随着劳动者维权意识逐渐提高，共享发展成果的要求更加强烈，劳动者学会拿起法律武器保护自己，但同时也出现了非理性维权和恶意维权的现象。

3. 工会对于劳动争议的预防和调解力度不够

工会具有代表劳动者与用人单位协调利益分配的职能，但是当前工会组织的职能并没有充分发挥，大部分还停留在频繁搞些娱乐活动、表面化的技能比赛等，而且很多活动并非劳动者自愿参与，劳动者满意度不高，工会在与企业进行工资集体协商或者调解劳资矛盾方面作用有限，没有最大程度为劳动者争取利益，导致劳动者对工会的信任度不高，而且工会专职工作人员比例较低，专业化水平不高，不能及时预防和化解劳动矛盾，导致大量的劳动争议案没能及时消化在萌芽状态，矛盾积累尖锐后，上升为劳动争议纠纷，同时大多数的非公有制企业没有建立工会，劳动者只能通过劳动仲裁或者诉讼进行解决。

4.劳动关系相关的法规、政策标准不够统一

与劳动关系相关的法律法规、司法解释、政策规章不断出台，但由于这些法律依据的滞后性及不系统性，致使实践中不断出现的新情况新问题无统一的执法标准。劳动争议涉及《劳动法》《劳动合同法》《社会保险法》及相关司法解释，又有行政法规、部门规章等一系列规范性文件，对同一问题，不同时期甚至是不同时期的不同部门可能又有不同的规定，致使执行标准不够统一，相关条款的定义专业化和不系统化，使得劳动关系当事人在理解和执行上产生误解或者滞后，因而导致不同的权利人片面运用文件主张其权益，而《劳动争议调解仲裁法》规定取消仲裁、诉讼费用，使得劳动争议当事人的维权成本降低，为获得更高的利益判决，导致劳动争议从调解到仲裁，最后提起诉讼。

5.劳动保障监察力度还有待提高

按照《劳动合同法》的要求，劳动监察部门应积极开展执法监察，督促用人单位依法用工，维护劳动者合法权益，但目前新疆的监察机构覆盖率和专职劳动监察员比例还都不高，从机构到人员，都无法满足工作需要，加之劳动监察部门的行政执法权力相对软弱，惩处强制性有限，因此难以有效监测预警、预防、化解企业的违法用工等损害劳动者权益问题，对部分私营企业、个体工商户和偏远地区用人单位的用工情况更是缺乏有效督察和监管。

二、边疆地区劳动关系面临的问题和挑战

国家经济结构不断优化升级，边疆地区也在跟着全国的步伐缓慢前进，企业同样面临着淘汰落后产能和消化过剩产能的任务，由此导致的企业关、停、并、转会引发工人的就业安置、收入分配、社保等问题，都是诱发劳资大规模冲突的导火索，但在削减部分工作岗位的同时催生出全新的就业机会，产生新的劳动关系，创新转型的劳动关系面临新的困境。

（一）劳动关系的潜在冲突和复杂性增加

在经济发展新常态下，我国工业化与城镇化发展速度不同步、区域不平衡。一是劳动收入占比下降可能引发新的劳动关系冲突。劳动收入与资本收入的比例关系是劳动关系的一个主要体现，劳动收入占比不断下降，会不可避免地导致劳动关系趋紧。新常态下经济增速放缓有可能使劳动收入占比下降，从而出现因收入分配状况恶化导致新的劳动关系冲突。二是就业质量下降可能引发新的劳动关系冲突。就业质量与就业压力密切相关，虽然近年来随着经济增速放缓，城镇登记失业率没有明显增长，但就业压力仍很大。经济增速放缓，企业面临更大的市场压力或因升级改造、创新驱动带来的紧迫压力，这往往导致就业质量受损，如延长加班时间却不支付劳动者合理的加班工资等。三是劳动者权益保障不足导致劳动争议和劳资纠纷增加。许多企业由于竞争压力大、资源紧张，会降低劳动者应有的权益，甚至劳动者的底线权益都缺少保障，如工资拖欠、社会保险未缴纳或缴纳不到位、职业病患者增多、工伤事故发生率增高等。未来一段时期内，随着经济增速放缓，企业生存发展压力增加，但劳动者诉求日益多元化，这势必会加剧劳动争议和劳资纠纷。同时，劳动关系治理主体的多元化，在一定程度上会使劳动关系更加复杂多变，但同时也将为劳动关系的和谐构建创造更多机会。现阶段，我国劳动关系治理的主体主要包括政府、工会和企业三方，三者主要通过协商机制维护劳资双方的利益，促进和谐劳动关系的建立。在推进国家治理体系和治理能力现代化建设进程中，劳动关系的治理主体无疑会更加多元化。

（二）劳动关系分化和劳动者分层化的问题将更加凸显

劳动关系分化与新常态下经济发展驱动因素密切相关，不同地区、不同行业、不同规模、不同所有制的企业及不同职业群体等所面临的劳动关系通常是有差别的。在经济新常态下，劳动关系的分化将会受到经济发展新特征的影响，呈现出新的分化特点。一是由经济发展驱动因素引发的劳动关系分化。在创新驱动发展的大背景下，创新创业能力强、创新效果好的企业无疑会占据更为有利的竞争地位，它们相对拥有更为宽松的环境和更多的资源以改善其劳动关系，使之更为和谐。二是由产业差异导致的劳动关系分化。在国家推进产业结构转型升级的大背景下，在国家鼓励发展的新兴战略性产业领域内，能够抓住有利时机，或利用信息技术、智能化技术等高新技术对传统产业改造较好的企业，相对可能构建更为和谐的劳动关系。三是劳动者自身的分化导致的劳动关系分化更加突出。劳动者分层化问题贯穿于劳动关系的发展历史，早期工业化表现为手工业工人与普通工人，从20世纪初开始变成白领阶层与蓝领阶层，股份公司普及后，职业经理人涌现，增加了劳动者与经营者，目前更多体现为正规劳动者与灵活就业人员。在我国现阶段，劳动者分层化引发的问题将集中在两个方面：一方面是灵活就业人员越来越多。由于相关法律尚不够完善，灵活就业人员的权益保障问题将日渐突出。另一方面是成长于改革开放后的新生代农民工已经成为农民工主体力量。据全国总工会调查，在20世纪80年代、90年代出生的新生代农民工已经占农民工总数的70%以上，他们更加追求体面劳动、发展机会和市民化，但实际生活、工作状况并不理想，工资收入水平较低，职业选择迷茫，学习培训的需求难以实现。随着第二代农民工进入成家、生育阶段，农民工的诉求将更加强烈。在创新驱动发展的经济新常态下，智力资本高、创新能力强的劳动者由于其可替代性低，在劳动关系中处于相对有利的地位，也面临更为宽松和谐的劳动关系，而智力资本相对较低、创新能力较弱的劳动者由于其可替代性高，则在劳动关系中处于弱势，将会面临比较紧张的劳动关系。

三、经济发展新常态下边疆地区和谐劳动关系应对策略

（一）加强政府职能部门在争议调解仲裁中的效能建设

在劳动关系领域政府如何定位，直接决定着社会价值和社会资源在劳资之间的分配，决定着劳动关系双方力量的对比及劳动关系的运行机制。政府是社会公共利益的保护者、法律的制定者，在处理劳动关系问题上担负重要责任和发挥关键作用。我国正处在社会转型期，劳动关系已经发生深刻的变化，迫切要求政府及时找准自身在劳动关系中的角色定位，进一步发挥更大的作用，总结、借鉴中外政府及兄弟省市在调整劳动关系方面的理论和成功经验，建立健全我国的劳动关系法律制度，加强政府的执法和监督力度，支持组建强有力的工会等，以维护劳动者的合法权益。

1.建立多层次的劳动关系三方面协调机制

由政府、企业、工会三方代表，就涉及劳动关系方面的重大政策、重大问题

进行经常性的沟通和协商，协商各方面的利益关系。同时要配套建立好基层劳动争议调解处理机制。指导非公有制企业组建劳动争议调解机构，加强非公有制企业劳动保障执法宣传，通过日常巡查座谈，向非公有制企业管理人员宣传劳动保障法律法规，检查和规范企业劳动用工规章制度，告知劳动用工风险，促使企业劳动争议调解意识逐步增强，使非公有制企业建立争议调解组织。

2.加强劳动保障监察力度，夯实劳动合同管理的基础

根据《劳动合同法》《社会保险法》《就业促进法》等法律法规规定，建立劳动用工备案制度：将用人单位情况、用人单位招用劳动者情况、劳动合同签订情况、工作收入分配情况、参加社会保险情况在人社部门进行备案，劳动保障监察部门将劳动用工备案列入执法检查内容，以劳动用工登记备案为基础，实现劳动监察"网络化、网格化"；就业登记、社会保险征缴和支付、劳动信息服务等业务加强协调联动，实现资源共享来加强劳动用工管理，规范劳动用工秩序，维护用人单位和劳动者合法权益。劳动用工备案制度是社会主义市场经济条件下政府劳动保障行政部门履行社会管理和市场监管职能，加强对用人单位劳动用工宏观管理的重要措施，是规范劳动用工秩序、全面实施劳动合同制度、维护劳动者和用人单位双方合法权益的重要手段。

3.发挥劳动争议案件终局裁决的高效作用

近年来，随着法律制度的优化完善、法治机制的不断健全，劳动者的维权同以往相比不再繁难，且维权成本逐渐降低，很多劳动者的合法权益在受到用工单位的侵害时，更愿意通过法律来保障自己的权利，劳动争议案件量也呈增长趋势。劳动争议仲裁终局裁决制度能够将涉及简单、小额的劳动争议及涉及劳动标准的相关争议终结在仲裁程序，从而简化程序、节约司法资源、减少劳动者的诉累，提高劳动仲裁案件的处理效率，降低劳动者的维权成本，与此同时，也能够防止用人单位恶意拖延时间，进一步推动劳动争议尽快解决，更为高效的维护劳动者的合法权益。

（二）强化劳动关系协调机制

经济发展新常态下构建和谐的劳动关系，需要深刻认识劳动关系的特点、趋势和治理短板，科学遵循劳动关系规制的一般规律。

1. 着力促进和谐劳动关系协调平衡化

实现劳动关系和谐需要平衡劳动关系主体权益。一是使企业与劳动者在构建劳动关系中处于平等地位，对处理劳动关系相关事宜拥有平等决策权。二是通过法律与制度规定企业与劳动者的权利，尤其是在集体谈判和集体争议中的行为权利，促进劳动关系利益冲突调整力量的平衡。三是在处理调节劳动关系因素的过程中，本着主体平等、协商合作的原则，坚持调解优先，引导当事人通过协商、调解方式和平解决争议，并给予必要的法律释明及风险提示，解决冲突和争端，实现劳动关系的过程平衡。

2. 着力促进和谐劳动关系协调公平化

劳动关系在协调中突出表现为政府与社会共治，这也是现代社会治理的典型模式。马克思指出："分工从最初起就包含着劳动条件、劳动工具和材料的分配，因而也包含着积累起来的资本在各个私有者之间的劈分，从而也包含着资本和劳动之间的分裂以及所有制本身的各种不同的形式。分工愈发达，积累愈增加，这种分裂也就愈剧烈。"现阶段，我们要着力提高集体合同制度和职工民主管理制度的实效，尤其要将其覆盖面由体制内劳动者群体扩展到全体劳动者群体，兼顾集体劳动关系协调机制与企业社会责任运动机制的培育和发展，实现各种社会协调机制的职能联动和优势互补；要着力发掘多元社会力量，加强体制内社会力量与体制外社会力量的合作，增强多元社会力量协调劳动关系的整体功能。

3. 着力促进和谐劳动关系协调稳定化

目前，我国劳动关系不稳定的主要原因之一仍然在于劳动合同制度不完善。因此，我们应进一步强化劳动合同制度优化稳定劳动关系的功能，发挥解雇保护制度的职业安定作用，加强修改劳动合同期限监管，完善非正规用工劳动合同制度等，多措并举，建立稳定的劳动关系。尤其是在当前新产业、新业态加重灵活用工需求的新形势下，既要坚持主流用工和劳动关系稳定的整体趋势，也要对劳务派遣等用工形式从严规制。

4. 着力促进和谐劳动关系协调法治化

相对于构建和谐劳动关系和全面推进依法治国的要求，法治化仍是和谐劳动关系协调机制的"短板"。我们要着力促进和谐劳动关系协调法治化，把完善劳动者底线权益保障作为劳动法治建设的重点；加快细化完善劳动基准立法，坚持从严执行劳动基准，推进劳动法治建设，为各方力量参与立法、执法、司法和监督畅通渠道；建立健全国家劳动标准制度，完善和落实劳动保障监察体制；加大执法力度，强化违法行为预警防控机制，让劳动保障监察执法与刑事司法等多部门联动，建立综合治理机制；畅通举报投诉渠道，提高监察执法的效率，及时查处侵害劳动者权益的违法行为。在劳资冲突处理方面，推进劳动争议"大调解"机制建设和效能提升劳动者权益的有效、合理方式。

总之，构建和谐劳动关系，促进社会公平正义是实现社会稳定，构建和谐社会的重要基础。经济发展进入新常态，给新时期劳动关系和谐稳定带来巨大挑战和压力，也对政府、工会、企业及社会力量协调劳动关系的能力提出了严峻的考验。研究新业态下的劳动关系，既要解决当前的突出问题，更要着眼于长效机制建设；构建中国特色和谐劳动关系体制机制，必须统筹考虑局部利益和整体利益、企业利益和社会利益、职工利益和企业利益、当前利益和长远利益的关系，在统筹兼顾的同时，实行分类指导和协调。在体制机制建设方面坚持"依法构建、共建共享、标本兼治、分步推进"的原则；在协调劳动关系中，应坚持"诚信守法、平等协商、合作共创、互利共赢"的原则，尽力平衡各方利益诉求。政府、工会、企业、劳动者在经历劳动关系复杂多变、矛盾多发的阵痛后，也会逐步适应这种新常态，各自找准自己的定位，发挥应有的作用，共同推进社会主义和谐劳动关系的构建，进而推进社会主义和谐社会的构建。

参考文献

[1]中华人民共和国劳动合同法[S].2007-6-29.

[2]中共中央国务院关于构建和谐劳动关系的意见[Z].2015.

[3]胡磊.构建和谐劳动关系的中国探索及其内在逻辑[J].理论月刊2013（2）：151-155.

[4]徐燕.员工和组织双向视角的和谐劳动关系构建策略[J].对外经贸，2013（7）：90-93.

[5]陈晨.经济发展新常态下构建和谐劳动关系研究[J].郑州大学学报（哲学社会科学版），2015（11）：38-41.

[6]罗燕，林秋兰.集体劳动争议的实证分析[J].中国劳动关系学院学报.2011（2）.

吉林省劳动者职业技能培训现状及需求研究[①]

王丽娜[②]

摘　要：当前吉林省经济处于产业结构升级的转型期，结构性矛盾突出。劳动者人力资本存量是经济向技术密集型、集约型发展的关键因素。研究表明，职业技术培训作为人力资本投入的重要形式之一，有利于提升劳动者就业质量、提高生产效率、增加经济收入、促进就业水平。开展职业培训、提高劳动者的职业技能和素质，是缓解劳动力市场结构性短缺、促进就业的有效手段，也是打破制约吉林经济发展"瓶颈"的关键。本文通过对吉林省职业技能培训现状和劳动者职业技能培训需求进行调查，为进一步构建吉林省职业技能培训模式提供基础。

关键词：职业技能培训；培训需求；劳动

根据调查和相关行业人力资源需求数据显示，吉林省普遍存在技术人才供应不足、高技能人才短缺、产业升级所需的技术工人短缺的情况，同时存在较多失业职工，农村新成长劳动力和部分专业大学毕业生就业困难。目前，市场对有知识、有技能的人才需求旺盛，这些劳动力往往供不应求。不平衡劳动供求关系，制约我省经济发展。一方面它从深层次影响到我省经济的可持续发展，另一方面就业问题也会影响到社会的和谐与发展。要解决这一问题，关键是要加强职业技能培训，提高就业水平。

[①] 吉林省教育科学"十三五"规划一般规划课题阶段成果，课题名称"基于工会职能的吉林省职业技能培训与工匠精神培养研究"，批准号GH171085。
[②] 王丽娜（1982—），女，吉林长春人，硕士，吉林省工会干部学校教师，主要研究方向为劳动经济。

一、技能培训的理论概述

（一）概念界定

职业是劳动者在社会中所从事的作为主要生活来源的工作，是获得生存条件和满足发展需要的基本手段，其目标是把受训者培养成具有一定文化知识和技术技能素质的劳动者。职业培训分就业技能培训、岗位技能提升培训和创业培训。从培训对象上来看，就业技能培训主要针对新成长劳动力、初次就业人员、就业转失业人员；岗位技能提升培训主要针对企业在职职工；创业培训主要针对有创业要求和培训愿望、具备一定创业条件的城乡各类劳动者及处于创业初期的创业者。从培训内容上看，就业技能培训侧重于初次就业技能，岗位技能提升培训侧重于提高技能，创业培训侧重于创业能力。这三类培训基本涵盖了劳动者职业生涯的各个阶段，也可以满足劳动者提高职业素质和就业能力的要求，从总体上构成了我国劳动者终身职业培训体系。职业培训具有针对性和实用性、多样性和灵活性、技术性和技能性等特点。①

本文中出现的职业培训意愿指的是劳动者主观上参加职业培训的想法或者意愿。在概念上，职业培训意愿与职业培训行为有很大的差别，职业培训行为是指培训对象参加过职业培训的事实。本文以劳动者参加职业培训的可能性来衡量其是否有相关的培训意愿，题干为"您是否愿意（或再次）参加培训"及"您不愿意参加某培训可能的原因是"。

（二）国外研究现状

1.德国

德国目前已经建立起了比较完善的"双元制"职业培训模式。该模式由德国联邦政府、州政府与地方政府三级政府组织与实施，同时由政府与企业共同承担培训经费，并建立相应的培训机构或学校。德国的"双元制"职业培训模式主要包括七个特点：企业与职业学校双学习地点、学生与学徒双重身份、实训与理论教师兼备、《职业培训条例》与《理论教学大纲》双指导文件、实训与理论教材兼备、实训技能与专业知识双考核、企业与国家补贴双经费渠道。"双元制"职业培训模式有五个优点：培训机构按照企业需求设置培训目标与内容、参加培

---

① 王晓初，信长星.就业促进与职业能力建设［M］.北京：中国劳动社会保障出版社，2012：25.

人员可以直接面向企业、培训课程安排科学有效、培训内容与实践相结合、培训方法与方式多样（Marius R.B.，2012）。

2. 美国

美国的职业培训模式为"合作职业教育"，即企业与培训机构合作进行培训。类似德国"双元制"培训模式，参加培训的人员学习与企业实践是相结合的，这使培训人员在培训结业后能更好地就业。美国的"合作职业教育"主要包括三种模式：培训与就业对口模式、以雇主为基础的培训模式、收办学校模式（Paul O.Skill，1995）。

3. 澳大利亚

澳大利亚是典型的"以能力本位"为代表的职业技能培训模式。这种模式主要以满足社会及企业的要求为目标，针对不同的专业岗位需求开设相应的培训课程，可以使学员快速掌握某一专业岗位所需的知识技术。这种模式的特点非常明显，即目标明确，具有非常强的针对性，可以使培训人员具备快速上岗的能力（Peter S.，2005）。

4. 韩国

韩国针对农民职业技能培训出台了两部相关法律，《职业培训法》与《农村振兴法》，明确了农民职业技能培训的相关主体、培训层次、培训内容等。培训主体为政府主导下的相关科研、教育或其他专业培训机构，如农业协会、农业大学和农村振业厅等。培训层次从低到高包括三个层级，首先是"4-H"培训，即围绕头脑（Head）、操作（Hand）、身体（Health）、心理（Heart）设置的基础素质培训；其次是农渔民后继者培训，主要针对青年农民展开的文化知识培训，最高一级是专业农民培训，主要开展农业高端技术、管理类的培训。韩国的农民职业技能培训方式多样灵活，时间有长有短，集中学习与实践相结合进行培训，培训经费主要由政府与企业承担（Joshua D.，2005）。

5. 日本

日本政府目前也建立了一套完善的职业技能培训体系。通过立法明确了以政府为主导、社会各类培训机构为辅的培训主体，培训经费主要来源于政府投入与社会捐助。其培训内容分为初级、中级与高级三个层次，针对不同需求的人员开设不同的培训课程，以需求为主导促进培训质量与培训效率（Tomoko H.，2012）。

从以上五个国家的职业技能培训体系的建设情况，可以发现它们都具备如下四个特点：首先是各国均出台相应的法律政策为其职业技能培训体系的建设提供法律保障，如德国的《职业教育法》、美国的《摩雷尔法》、澳大利亚的《社会职业教育法》、韩国的《农渔民后继者育成基金法》、日本的《社会教育法》等；其次是具有多层次与多元化的培训体系。随着社会经济的发展，以及职业技能培训体系的不断发展与完善，各个国家目前均形成了政府为主、社会培训机构为辅的培训机制，政府负责制订目标、组织实施与统筹安排，同时设置了相应的部门进行专门协调，社会各类培训机构积极参与，形成"低—中—高"三级培训体系。另外是形成了职业技能培训体系的规范化管理。对于培训机构的教师录用、培训内容的建设、培训经费的使用等均设置了明确的监督机制，以确保职业技能培训的质量。最后是职业技能培训方式的多样性。在培训内容和培训方式的设置上，均呈现出多样性与灵活性相结合的特点。

（三）国内研究现状

国内学者对职业技能培训的研究主要集中在农民工这一主体，可分为培训的必要性、培训模式、培训现状、存在问题、政策建议等几个方面。

1.必要性研究

对于职业技能培训体系建设与完善的必要性，国内学者都普遍赞同。刘建民等认为农民工职业技能培训是新农村建设、社会环境、农民工群体变化的客观需要（刘建民等，2011）。康和平等认为农民工参加创业培训可以提高其个人素质、缓解社会就业问题、促进社会教育资源利用公平（康和平等，2011）。邓姣认为通过农民工职业技能培训在提升农民工个人素质的同时可以有效缓解"三农"问题，同时可以为企业输送更加有用的人才（邓姣，2010）。李翔认为农民工职业技能培训是社会发展、经济结构转型的客观需要，可以促进农民工更好地向非农化转变（李翔，2009）。

2.培训模式研究

潘玉琴等提出了政府主导型、培训机构型、校企合作型、专业讲座型、企业培训型等五类职业技能培训模式（潘玉琴等，2011）。凌子山等提出，应树立科学的培训理念——"一个中心+两个基本点"。"一个中心"是指以就业为中心，"两个基本点"是指满足社会需求与用人单位需求，并建立合理的培训方式，即短——短培训期，平——知识与实践技能的平衡掌握，快——培训效果转化快，集——集中式培训（凌子山等，2010）。耿金龙等对输入地培训模式与输出地培训模式的优势进行了比较（耿金龙，2010）。

3.培训现状研究

根据《全国农民工监测调查报告》显示，全国农民工中，10.7%的农民工接受过农业技术培训；25.6%的农民工接受过非农职业技能培训；69.2%的农民工没有参加过任何培训。黄瑞玲等通过对江苏省常州市农民工进行问卷调查发现，70.9%的样本农民工未参加过职业技能培训，78.5%的样本农民工有参加职业技能培训的意愿（黄瑞玲等，2011）。陈天柱等通过对四川、云南、西藏的农民工进行问卷调查发现，农民工对职业技能培训的参与意愿有了明显的提高，但目前大多数农民工未参加过职业技能培训（陈天柱，2011）。赵树凯等通过对浙江、河北、天津、河南的农民工进行问卷调查发现，72%的农民工未参加过任何形式的培训，且满意度非常低（赵树凯，2011）。谭寒等通过对天津地区的农民工进行调查发现，超过33%的样本农民工未参加过职业技能培训（谭寒等，2010）。陈旭峰对山东省农民工进行问卷调查发现，目前农民工对职业技能培训的认识有了一定的改观，参与意愿也有了显著的提高（陈旭峰等，2011）。

4.培训存在问题研究

康和平等认为农民工职业技能培训中存在的主要问题是农民工缺乏参与培训的意愿、培训体系建设不完善等（康和平等，2011）。刘建民等认为目前农民工职业技能培训主体职责设置不清晰、沟通不畅导致培训工作推进缓慢（刘建民等，2011）。刘寿堂认为粗放、低效是当前农民工职业技能培训体系存在的主要问题（刘寿堂，2011）。张国锋认为存在的问题主要包括培训市场混乱、培训内容与市场需求脱节、政府关注度不够等（张国锋，2011）。唐踔认为缺乏合理规划、管理体制混乱等是我国农民工职业技能培训体系中存在的最主要问题，政府也并未投入足够的资源去完善我国农民工职业技能培训体系，同时培训市场本身也存在较大的问题（唐踔，2010）。

5.培训政策建议研究

何勇等认为政府在农民工职业技能培训体系建设中应发挥主导性作用,引导社会培训机构、企业等发挥各自的作用,同时大力宣传,吸引农民工参加培训,并建立形式多样的培训方式、多层次的培训内容,此外针对农民工要建立有效的保障体系(何勇等,2011)。周德军等认为政府、企业、培训机构应该承担自己的责任,共同促进改善农民工的职业技能培训体系(周德军等,2010)。张国锋等认为政府应加大支持力度,统一规划,并严格监督(张国锋等,2011)。谭寒等认为政府应加大对培训市场的经费投入力度,以此来完善培训体系(谭寒等,2010)。唐踔提出应推动农民工职业技能培训的法制化建设,明确政府的责任,充分发挥培训教育资源的作用(唐踔,2010)。沈央尔提出应推动城乡二元结构的改革,并加快建立完善就业准入制度(沈央尔,2010)。谷有利认为输入地培训与输出地培训应两手抓,以满足农民工需求为指导构建具有针对性的培训体系(谷有利,2010)。刘建民等认为在完善农民工职业技能培训体系时应以人为本,注重培训内容的多层次、培训方式的多样化等(刘建民,2011)。

二、吉林省职业技能培训现状调查与分析

在对相关理论和国内外文献进行梳理的基础上,从农民工职业技能培训的供给、需求两个角度出发,对吉林省劳动者职业技能培训发展现状进行研究。

(一)劳动者参与职业技能培训调查问卷的设计

本次研究所需要的样本调查数据,来源于笔者对吉林省内劳动者所做的调查问卷。本研究的问卷大体分为三个部分。

第一部分主要是受访者基本资料,包括性别、年龄、文化程度、婚姻状况、户籍所在地、户口性质、家庭情况、健康情况、工作情况、职业类型、技能情况、收入情况等。

第二部分是关于劳动者的培训情况调查,包括是否参加过职业技能培训及培训次数、获取培训信息的渠道、培训主体、培训费用承担方式、培训时长、培训满意度、工作设想等,共15道选择题。

第三部分是关于劳动者的培训需求调查,包括提高业务水平方式、对培训的主观评价、培训意愿、培训需求、培训内容、培训方式、培训费用、培训时长、

培训原因、培训主体、单位和家人是否支持等25道选择题，以及"对职业技能培训的建议意见"一道主观题。

本研究样本来源于大型企业、事业单位、社区街道辖区内企业和商户，调查问卷的发放主要以现场发放形式展开，在发放问卷时对调查对象进行甄别，让符合条件的对象进行填写。本次调查共发放问卷750份，回收有效问卷696份，有效回收率为92.8%。

（二）职业技能培训调查对象的基本情况

1. 性别构成

从性别来看，在接受调查的样本中，男性劳动者327人占47%，女性劳动者369人占53%。

2. 年龄分布

调查数据显示，受调查对象年龄在31~40岁的劳动者最多，占调查总数的41.9%；21~30岁受访者占比25.8%；其次是41~50岁的劳动者，所占比例为23.7%；占比最少的是20岁以下的劳动者。

3. 学历构成

从学历方面来看，大专学历人数居多，占总调查人数的31.4%，本科学历占29.8%，高中或中专学历占被调查总数的18.8%，初中或技校占12.2%，研究生及以上和小学及以下学历的劳动者所占比重较小，分别为6.9%、0.7%。

4. 婚姻状况

受访者中已婚的524人，占比75.2%；未婚的141人，占比20.2%；离异及丧偶各占3.8%、0.5%。

5. 户口性质

从户口性质来看，在接受调查的样本中，农业户口的215人占47%，非农业户口的481人占53%。

6. 工作年限

从工作年限来看，受访者中工作10年以上的共379人，占比54.5%；工作3~7年的124人、7~10年的97人，占比分别为17.8%、13.9%。

7. 获得工作的途径（多选）

受访者中获得工作最主要的途径是通过熟人或亲戚朋友介绍，共273人，占39.2%；通过互联网获得工作的有179人，占25.7%；通过学校获得的126人，在劳动力市场获得的103人。除调查问题所列7种途径外，其他选项主要为分配及自主创业，分别为23人和66人。

8. 获得技能途径（多选）

从获得技能途径来看，受访者中有282人是通过学校教育，270人通过参加培训，241人向工友同事学习，202人自学，占比分别为41.2%、39.4%、35.2%、29.5%。其他原因主要包括不需要技能及经验积累。

9. 职业资格状况

受访者中无职业资格人员共239人，占比34.9%；初级、中级、高级职业资格人员为142人、146人、66人，占比分别为20.7%、21.3%、9.6%。

10. 获得职业资格证书、技能证书的途径

已获得职业资格证书人中，有138人自己参加社会考试取得，146人参加单位组织的技能培训考试取得，109人在学校取得证书，63人通过其他培训机构组织的培训取得。

11. 工作情况

受访者中现有工作的有611人，其中每周工作31~40小时的共154人，占比25.2%。每周工作41~50小时的有159人，51~60小时的有104人，超过60小时的达到122人，占比分别为26.0%、17.0%、20.0%，即有63.0%的受访者延长工作时间工作。

从事卫生、社会保障和社会福利业的人员有108人，批发、零售、销售行业的有87人，建筑房地产业的有74人，服务业60人，占比分别为17.7%、14.2%、

12.1%、9.8%。从单位性质来看，机关事业单位166人，占比27.2%；民营企业162人，占比为26.5%；个体企业152人，占比为24.9%；国有企业84人，占比为13.7%。从职业类型来看，单位负责人、管理人员共161人，占比26.4%；专业技术人员172人，占比28.2%；办事人员和有关人员116人，占比19.0%；销售人员71人，占比11.6%；商业服务业人员有35人，占比为5.7%。从就业身份来看，463人为有正式合同的职工，占比为75.8%；没有正式合同的劳动者有110人，占比为18.0%；38人是企业所有者、老板，占比为6.2%。

12. 自评情况

受访者中有305人认为其所从事的职业需要有较高的技能，占比为49.9%；260人认为只需一般的技能，占比为42.6%；认为其所从事的职业不需要多少技能的有46人，占比为7.5%。从是否能够胜任现有工作来看，受访者中有407人认为完全能胜任现在的工作，占比为66.6%；192人认为基本能胜任，占比为31.4%。在健康方面，认为个人健康情况非常好的有136人，占比为19.5%；较好的有270人，占比为38.8%；认为健康情况一般的有246人，占比为35.3%。从对现有工作的满意程度来看，受访者中有263人满意，占比为43.3%；165人非常满意，占比为27.0%；一般满意的有153人，占比为25.0%。

13. 收入情况

受访者中，个人月平均收入在3001—5000元的有252人，占比为41.2%；2001—3000元的有131人，占比为21.4%；5001—8000元的有87人，占比为14.2%；1000—2000元的有66人，占比为10.8%。从家庭年收入情况来看，20000万以下、20001—30000元、30001—50000元、50001—80000元、80001—100000元、100001—150000元，以及年收入在150000元以上的家庭分别有91个、66个、135个、144个、108个、81个及71个，占比分别为2.1%、10.8%、21.4%、41.2%、14.2%、5.7%及4.4%。

（三）吉林省劳动者职业技能培训现状

1. 培训次数

696位受访者中有226位没有参加过培训，占比为32.5%。有470人参加过培训，占比为67.5%。其中参加过1次培训的有66人，2次的有77人，3次的有83

人，4次的有20人，5次及以上的有224人，占参加过培训总人数的比例分别为14.0%、16.4%、17.7%、4.3%、47.7%。

2. 获取培训信息渠道

在获取培训信息的渠道方面，企业单位通知的居多，共226人，占比为48.1%；从培训机构获取信息的130人，占比为27.7%；政府或组织机构通知的共120人，占比为25.5%；从互联网上获取培训信息的有93人，占比为19.8%。

3. 培训主体

培训主体方面，企业、用人单位培训的有202人，占比为43%；社会组织、行业机构培训的有100人，占比为21.3%；培训机构组织的有98人，占比为20.9%；政府组织培训的有61人，占比为13.0%。

4. 培训付款方式

培训费用完全由企业、用人单位承担的有227人，占比为48.3%；完全由个人承担的共84人，占比为17.9%；完全由政府承担的有65人，占比为13.8%；完全由社会组织或行业机构承担的有26人，占比为5.5%；企业与个人共同承担的有34人，占比为7.2%。

5. 培训时长

从培训时长来看，培训4~7天的有118人，占比为25.1%；培训2~3天的共86人，占比为18.3%；培训时长为8~15天的有63人，占比为13.4%；培训16~30天的共59人，占比为12.6%。

6. 培训目的

从培训目的来看，为了自我提升的有331人，占比为70.4%；单位要求或工作需要的有230人，占比为48.9%；为了提高收入的有116人，占比为24.7%；为了学技术自主创业及更好地找工作或换工作的分别为52人、50人，占比为11.1%、10.6%；为了扩大社交圈的有31人，占比为6.6%。

培训后达到预期目标的为419人，占比为89.1%。

7. 培训满意度

从培训整体满意程度来看，比较满意的有213人，占比为45.32%；一般满意的有131人，占比27.87%；非常满意的有61人，占比为12.98%；非常不满意和不满意的分别为50人和15人，占比为10.64%、3.19%。

从培训内容来看，认为培训内容比较符合自己需要的有198人，占比为42.13%；一般符合的有118人，占比为25.11%；完全符合的有88人，占比为18.72%。

从培训费用合理程度来看（以个人承担的金额考虑，若免费则选择合理），认为培训费用合理的359人，占比76.38%；认为费用比较高的有77人，占比为16.38%。

8. 职业资格认证情况

有国家职业资格认证的有232人，占比为49.4%；无职业资格认证的有233人，占比为49.6%。认为在求职过程中资格证书发挥作用很大的有184人，占比为39.15%；认为发挥作用一般的有170人，占比为36.17%；认为资格证书在求职过程中发挥作用大的有84人，占比为17.87%。

9. 没有接受培训的原因

受访者没有接受培训的原因有"没有时间参加"（115人，占比为40.4%）；"培训机会少还没轮到我"（78人，占比为27.4%）；"费用太高"（64人，占比为22.5%）；"不知道哪儿有培训"（64人，占比为22.5%）；"没钱参加"（46人，占比为16.1%）；"认为没什么用"（32人，占比为11.2%）；"没有我要学的东西"（27人，占比为9.5%）；"培训知识不实用"（25人，占比为8.8%）；没有接受培训的其他原因是认为不需要。

10. 未来的工作设想

未来的工作设想方面，有289名受访者希望职位晋升，占比为41.52%；有160人希望保持现状，占比为22.99%；有137名受访者想自己创业，占比为19.68%；有52人希望换个行业，占比为7.47%；有46人希望换个职业工种，占比为6.61%。

三、吉林省劳动者职业技能培训需求情况

本部分是关于劳动者培训需求的调查，包括提高业务水平的方式、对培训的主观评价、培训意愿、培训需求、培训内容、培训方式、培训费用、培训时长、培训原因、培训主体、单位和家人是否支持等25道选择题，以及"对职业技能培训的建议意见"1道主观题。由受访者根据实际情况和切实需求做出回答。

（一）劳动者对职业技能培训需求整体情况

1.提高业务水平的方式

问卷以多项选择的形式调查受访者情况，有584人表示通过在工作中积累经验的方式提高业务水平，占比为83.9%；有308人以自己看书及相关资料的方式提高业务水平，占比为44.3%；上网学习的有258人，占比为37.1%；请教他人的有259人，占比为37.2%；以不定期参加培训的方式提高业务水平的有231人，占比为33.2%。

2.对培训的态度

问卷以"您是否同意下列观点"的方式，通过3个问题调查受访者对培训的态度，包括"参加职业培训很重要""我依赖职业培训""我喜欢参与职业培训"，调查结果如表1所示。同意的占比分别为73.8%、60.5%、65.7%。持中立态度的比例分别为19.3%、28.9%、25.6%。

表1 培训态度调查结果汇总表

序号	您是否同意下列观点	完全不同意	有点不同意	不同意也不反对	有点同意	完全同意
1	参加职业培训很重要	3.4%	3.4%	19.3%	22.4%	51.4%
2	我信赖职业培训	2.7%	7.9%	28.9%	27.0%	33.5%
3	我喜欢参与职业培训	2.4%	5.2%	26.7%	25.6%	40.1%

3.对培训结果的预期

在对参加职业培训的结果方面，同意"参加职业培训能够改变别人对我的看

法"的占比为55.1%、不同意也不反对的占比为30.3%；同意"参加培训能够有益于增长知识"的占比为78.1%，其中完全同意的占51.1；同意"参加培训可以提高工作效率或技能"的占比为76.0%，其中完全同意的占46.1；同意"参加培训有可能提高人际关系和沟通能力"的占比为72.5%，中立态度的占21.6%；同意"参加培训有可能提高工资水平"的占比为61.8%；同意"参加培训有可能提高职业阶层"的占比为65.4%。

表2 培训结果预期调查结果汇总表

序号	您是否同意下列观点	完全不同意	有点不同意	不同意也不反对	有点同意	完全同意
1	参加职业培训能够改变别人对我的看法	5.3%	9.3%	30.3%	26.9%	28.2%
2	参加培训能够有益于增长知识	2.9%	2.7%	16.2%	27.0%	51.1%
3	参加培训可以提高工作效率或技能	2.7%	3.3%	18.0%	29.9%	46.1%
4	参加培训有可能提高人际关系和沟通能力	2.3%	3.6%	21.6%	31.0%	41.5%
5	参加培训有可能提高工资水平	5.6%	6.3%	26.3%	27.7%	34.1%
6	参加培训有可能提高职业阶层	5.3%	5.9%	23.4%	29.5%	35.9%
7	家庭成员对职业培训的看法会影响我的选择	10.6%	9.8%	33.2%	26.0%	20.4%
8	当我考虑要付费参与职业培训时，我会担心它没有预想中那么好	4.5%	6.9%	26.1%	34.5%	28.0%

4.培训需求

受访者中愿意（或再次）参加培训的有532人，占受访人数的21.6%；不愿意（或再次）参加培训的有164人，占比为21.6%。

（二）劳动者对职业技能培训需求详细情况

1.培训内容

在愿意（或再次）参加培训的532人中，希望参加职业技能类（人力资源管理师、劳动关系协调员、心理咨询师、多媒体软件制作、母婴护理、服装设计、厨师、维修工、文秘、园艺、美容美体等）的有340人，占比为63.9%；希望参加文化素养类（职业生涯规划、心理健康教育、人际交往沟通礼仪、社会适应能力、经济管理、文笔写作、法律知识、电脑操作、外语等）培训的有345人，占比为64.8%；希望参加休闲娱乐类（球类、棋类、舞蹈、茶艺、陶艺等）培训的有146人，占比为3.4%。

在职业技能培训的内容方面，希望参加管理与咨询类（企业人力资源管理师、会展策划师、劳动关系协调员、保安员、社会工作者、创业能力、职业指导员、创业指导员、心理咨询师、营销、财会等）培训的有239人，占比为44.9%；希望参加社会与个人服务（形象设计师、医疗养老母婴健康护理、催乳师、保育员、营养师、家政服务、手语翻译员、秘书、速录师、讲解员、美容美体美发、保健推拿等）培训的有174人，占比为32.7%；希望参加计算机信息高新技术类（多媒体软件制作、网页制作、数据库应用、计算机操作员、计算机中文速记、办公软件应用、图形图像处理、视频编辑等）培训的有110人，占比为20.7%；希望参加商贸与旅游类（厨师、面点师、茶艺员、导游等）培训的有108人，占比为20.3%。此外，有部分受访者表示希望学习一些关于医疗、医药、中医、法律等方面的知识。

2.培训原因

在愿意（或再次）参加培训的532人中，关于影响参加技能培训的原因，选择最多的是"有没有时间参加"，共325人，占比为61.1%；"培训内容是否有用"共271人，占比为50.9%；"培训效果好不好，是否能学到东西"238人，占比为44.7%；"需要花多少钱"共218人，占比为41%；选择"离自己的距离，参加是否便利"原因的171人，占比为32.1%；"能否增加收入"的117人，占比为22%；"培训时间长短"的112人，占比为21.1%。

在全部受访者696人中，关于不愿意参加某项培训可能的原因，选择"没有时间学"的共345人，占比为49.6%；选择"费用过高"的有298人，占比为42.8%；选择"没有自己想学习的培训项目和内容"的共277人，占比为39.8%；"觉得培训的教学质量太差，学不到东西"的共152人，占比为21.8%。

3.培训时长

在培训时长方面，希望培训时间为2—3天的有142人，占比为26.7%；希望

4~7天的有138人，占比为25.9%；希望8~15天的有72人，占比为13.5%；另外，有69人认为培训时间应依课程需要而定，长短无所谓。

4.培训费用

在培训费用方面，愿意承担一部分的有188人，占比为35.3%；愿意全部承担的有38人，占比为7.1%；不在乎钱，关键要有用的有63人，占比为11.8%。个人能接受的一次培训费用主要集中在1000元以下，其中200—500元的有83人，占比为26.8%。

5.培训方式

在培训方式方面，受访者比较喜欢的方式包括现场实习指导、课堂授课、师父带徒弟式边干边学，占比分别为67.7%、48.1%、39.1%。

6.培训主体

在培训主体方面，受访者更倾向于选择由政府有关部门或工会组织的培训、企业组织的岗位培训和跟师父边做边学，以及社会机构如行业协会等组织的培训，占比分别为44.5%、36.3%、31.4%、28.8%。职业院校、技校提供的培训和社会培训机构开展的培训占比为23.5%、19.4%。

7.培训规划

在696名受访者中，对获取目前或将来工作所需的技能、知识有规划而且一定要达成的有105人，占比为15.1%；想过而且有规划的有213人，占比为30.6%；偶尔想过的有291人，占比为41.8%；几乎没有规划的有87人，占比为12.5%。

8.培训支持

在单位支持方面，在671位受访中者有185人表示单位对员工参加培训一般支持，占比为27.6%；单位比较支持的有181人，占比为27.0%；单位非常支持员工参加培训的有132人，占比为19.7%；不太支持和完全不支持的分别为57人和32人，占比为8.5%、4.8%。

在家人支持方面，在696位受访者中有202人表示家人对本人参加培训一般支持，占比为29.0%；家人比较支持的有204人，占比为29.3%；家人非常支持参加培训的有182人，占比为26.2%；不太支持和完全不支持的分别为36人和17人，占比为5.2%、2.4%。

四、总　结

整体来看，吉林省受访劳动者在获得工作途径上仍以熟人或亲戚朋友介绍居多，通过劳动力市场、互联网、学校介绍推荐获得工作的也占较大比例；在技能提升方面，更多的通过学校教育、参加培训以及向工友同事学习等方式进行；对现在工作不满意和认为不能胜任的只有较少数人；此外，在工作时间方面，超过标准工时的人数居多，在受访者中占比为63%。

受访劳动者中有约2/3参加过职业技能培训；更多的是通过企业通知和相关组织机构通知的方式获得相关培训信息，由企业组织并承担费用；培训时间更多地集中在2~3天及4~7天；劳动者参加培训的主要目的集中在为了提升自己、单位需要；对培训的满意度比较高，多数达到预期目标；没接受培训的原因主要集中在没时间参加、培训机会少、费用太高和不知道哪儿有培训；在对未来工作设想方面，多数受访者希望能够得到职位晋升。

多数受访者认为参加培训很重要、依赖并喜欢参与职业培训，认为培训可以改变别人的看法、有益于增长知识、能够提高工作效率或技能、可以提高人际关系和沟通能力，还有可能提高工资水平和提高职业阶层。

绝大多数受访者愿意再次参加培训，更多是希望参加职业技能和文化素养方面的培训；在职业技能方面，多数受访者希望参加管理与咨询、社会与个人服务、商贸旅游方面的培训；影响参加技能培训的原因较多，包括培训时间、培训效果、培训费用、培训内容、培训效果等；并比较倾向于2~3天及4~7天的培训；更多的受访者希望免费培训或承担一部分费用，能接受的费用集中在1000元及以下；比较喜欢课堂授课、现场实习指导及边干边学的培训方式；多数受访者所在单位和家庭对参加培训持支持态度。

参考文献

［1］Mincer J.On-the-job training: costs, returns, and some implications［J］. The Journal of Political Economy, 1962, 70（5）: 50-79.

[2] Kettunen J.Education and Unemployment Duration [J].Economics and Education Review, 1997, 16 (2): 163-170.

[3] Debrauw A., Rozelle S.Reconciling the returns to education in off-farm wage employment in rural China [J].Review of Development Economics, 2008, 12 (1): 57-71.

[4] 周逸先, 崔玉平.农村劳动力受教育与就业及家庭收入的相关分析 [J].中国农村经济, 2001, 17 (4): 60-67.

[5] 叶静怡, 周晔馨.社会资本转换与农民工收入——来自北京农民工调查的证据 [J].管理世界, 2010, 26 (10): 34-46.

[6] 宋月萍, 张涵爱.应授人以何渔?——农民工职业培训与工资获得的实证分析 [J].人口与经济, 2015 (1): 81-90.

[7] 中华全国总工会研究室.第七次中国职工状况调查 [M].北京: 中国工人出版社, 2014.

[8] 刘耀华.韩国职业教育改革基本经验评析 [J].临沂师范学院学报, 2006 (10): 128-130.

[9] 蔡秀玲, 余熙.德日工匠精神形成的制度基础及其启示 [J].亚太经济, 2016 (5): 99-105.

[10] 蒋丹丹.成都市新生化农民工职业技能培训问题研究 [D].成都: 西南交通大学, 2014.

对我国劳动关系的再认识
——共享经济视野下劳动关系的变化需要创新工会工作

杨友志[①]

摘 要：本文从传统劳动关系的定义分析入手，论述了我国劳动关系的基本概念、劳动关系的种类、劳动关系的构成要素及劳动关系的发展趋势。面临新时代劳动关系主要矛盾的变化，在构建和谐劳动关系的过程中，工会组织要依法维护职工的合法权益，履行工会维权职能，就必须创新新时代的工会工作，在习近平新时代中国特色社会主义思想指导下，以职工群众日益增长的对美好生活的客观需求为出发点，努力探索改革创新新路径。

关键词：劳动关系；雇佣关系；共享经济；工会工作创新

随着当下"互联网+"经济时代的到来，共享经济作为全新的经济模式，全方位地突破了传统的典型劳动用工形式，灵活的非典型劳动关系迅猛发展，给传统的劳动法与劳动关系带来了巨大冲击，劳动法及劳动关系理论能否通过科学解释适应新变化对理论的诉求，缓和法律滞后性与现实制度需求的冲突？本文旨在正本溯源，在厘清传统劳动法律关系的基础上，分析共享经济对劳动关系理论提出的挑战和应予的回应。

一、劳动法意义上的劳动关系

劳动法的概念问题是劳动法理论体系得以建立的基石，具有十分重要的意义。1949年中华人民共和国成立后，法学界对劳动法的概念比较一致的观点是，

---

① 杨友志，安徽省总工会干部学校教师。

劳动法是调整劳动关系及与劳动关系密切联系的一些关系的法律。[①]这个概念清楚地表明，劳动法的调整对象包括劳动关系及与劳动关系密切联系的一些关系两大类。劳动关系是劳动法调整的主要对象。劳动法中所称的劳动关系是指在实现社会劳动过程中，劳动者与用人单位之间所发生的社会劳动关系。与劳动关系密切联系的一些关系，是指从属于劳动关系的其他一些社会关系。与劳动关系密切联系的一些关系与劳动关系有着密切的联系，它们或者是基于劳动关系而产生，或者是为维护劳动关系而存在，也有一些是为了促进劳动关系的建立而服务。从根本上看，如果没有劳动关系，也就不会产生与劳动关系密切联系的一些关系。具体而言，与劳动关系密切联系的一些关系主要包括五种。

一是劳动管理关系。也可以称为"劳动行政关系"，是指政府部门依法对用人单位、职业介绍机构、工会组织及劳动者进行管理的关系。

二是社会保险关系。社会保险关系是指在执行社会保险立法过程中，社会保险机构、用人单位及劳动者之间所发生的各种关系。

三是职业介绍关系。职业介绍关系是职业介绍机构以中介的身份为用人单位和劳动者提供就业信息，以促成双方建立劳动关系而发生的关系。

四是劳动监督检查关系。是指政府部门监督检查用人单位在执行劳动法法律方面的情况而产生的关系。劳动监督检查的目的在于保证劳动法的贯彻执行，维护劳动关系的合法性。

五是劳动争议处理关系。即劳动争议处理机构在处理劳动争议过程中与用人单位、劳动者之间所发生的各种关系。

2001年10月27日，第九届全国人大常委会对《工会法》进行了修改。新的《工会法》第六条增加了一句：维护职工合法权益是工会的基本职责。不仅第六条，新《工会法》在集体谈判、集体争议等方面也都加强了工会对职工的代表地位。这意味着工会作为劳动者一方的代表，其与用人单位之间的关系就是劳动关系的重要组成部分，而且这种关系属于集体劳动关系，是劳动法调整的核心内容之一。

---

① 参见关怀主编.劳动法学［M］.北京：法律出版社，1996：2；李景森、贾俊玲主编.劳动法学［M］.北京：北京大学出版社，1995：4；史探径.劳动法［M］.北京：经济科学出版社，1990：44；等等。

（一）劳动关系的内涵

劳动关系是指在实现劳动过程中，劳动者与用人单位之间所发生的社会劳动关系。[①]劳动是劳动关系的基础。但是必须注意的是，劳动法中的"劳动"是专指劳动者为了履行劳动合同义务，而在用人单位的组织管理之下为了获得工资收入而从事的职业劳动。这种劳动既包括体力劳动，也包括脑力劳动。正如史尚宽先生所指出的："劳动法上之劳动，为基于契约上义务，在从属的关系所为之职业上有偿的劳动。"[②]因此，任何个人的劳动、义务的、无偿的劳动及不是基于劳动合同关系而进行的劳动，都不是劳动法中所指的"劳动"。

要正确把握劳动关系的概念，必须注意劳动关系具有以下四个重要特征：一是劳动关系仅限于劳动者与用人单位之间的关系。二是劳动关系必须是在实现劳动过程中发生的。因此，一些社会关系虽然与劳动有联系，但与社会劳动过程无关，也不属于劳动关系。三是劳动关系具有从属性，这是劳动关系的根本特征。在劳动关系中，劳动者具有从属的地位，这种从属性主要表现在经济上的从属性、组织上的从属性和意志上的从属性。所谓经济上的从属性，是指劳动者在经济上必须从事一定的工作以赚取生活所必需的费用，劳动者在经济上对用人单位具有明显的依赖性。所谓组织上的从属性，是指劳动者往往被编入一定的生产单位之中，并且在生产过程中劳动者之间要进行不同程度的分工协作。所谓意志上的从属性，是指劳动者在生产中必须服从用人单位的指挥，按照要求完成分配的工作任务，一般不允许自主地甚至任意地从事生产活动。四是劳动关系的主要内容是劳动的给付。劳动者与用人单位之间的主要权利义务关系都是围绕着劳动给付而发生的。劳动关系当事人之间建立劳动关系的主要目的就是劳动者向用人单位给付劳动，与之相对的，是用人单位应向劳动者支付工资作为对价。劳动的给付在传统民法中被视为一种债的关系，但是，劳动关系中不仅包含有财产关系，而且还包含了一定的社会身份关系，因此不能简单地用民法来调整劳动关系。

（二）劳动关系当事人

劳动关系的当事人，就是在劳动关系中享有权利和承担义务的人，即劳动者与用人单位。

---

① 参见李景森、贾俊玲主编.劳动法学［M］.北京：北京大学出版社，1995：6.
② 史尚宽.劳动法原论［M］.上海：世界书局，1934：2.

1. 劳动者

劳动者就是在劳动关系中提供从属劳动的一方当事人。依照我国《劳动法》规定，劳动者包括所有与企业或者个体工商户签订劳动合同的劳动者，以及与国家机关、事业单位、社会团体订立劳动合同的劳动者。这样，国家公务员、事业单位和社会团体中参照公务员管理的人员（教师、医生等）、军人、农业劳动者、家庭保姆等都不是《劳动法》中的劳动者。依照劳动部的解释，在校学生利用业余时间勤工俭学，不视为就业，因此勤工俭学的学生也不属于劳动者。①

劳动者在劳动关系中属于弱势一方，因此不能按照民法中的平等自愿原则，放任用人单位与其订立劳动合同。否则就可能会发生用人单位滥用优势地位，以劳动合同的形式损害劳动者利益的现象。因此，国家权力对于这些劳动者进行了特殊的保护，用法律的形式规定了最低的劳动条件，不允许用人单位制定更低的标准；同时，还允许劳动者组织成工会，利用集体的力量与用人单位进行谈判，从而解决双方的力量对比严重失衡的问题。

2. 用人单位

也叫雇主或者劳动使用者，是在劳动关系中使用劳动者的劳动的一方当事人。在我国，用人单位除了企业以外，个体经济组织也可以成为用人单位。个体经济组织就是《民法通则》中的"个体工商户"。按照劳动部的解释，个体工商户一般雇工在7人以下，因为雇工8人以上就构成了《私营企业条例》所指的"私营企业"。依照我国《民法通则》的要求，个体工商户也必须进行登记注册，才具有合法的主体资格。

（三）劳动关系与其他相关概念的关系

1. 雇佣关系

劳动法调整的是具有从属性特征的劳动关系，而雇佣法调整的是具有平等性特征的雇佣关系。雇佣法属于民法的范畴，对于劳动法起着一定的补充作用。由于劳动法调整的范围有限，对于一些不属于劳动法调整的劳务关系，只要其符合一方给付劳务，另外一方给付报酬的特征，都可以适用雇佣法加以调整。从历史

---

① 劳动部.关于贯彻执行《中华人民共和国劳动法》若干问题的意见（劳部发〔1995〕309号）[Z].第12条.

的角度来看，劳动法是从民法中的雇佣关系发展而来的。1949年中华人民共和国建立以后，雇佣关系就随着国民政府"六法全书"的被废弃而消亡了。1978年以后，伴随改革开放政策的推行，劳动法才逐步得到恢复。1994年7月15日《中华人民共和国劳动法》的颁布，才标志着我国劳动法体系的重新建立，但是《劳动法》并不承认雇佣关系。尽管如此，在我国目前的一些立法中，在用人单位是三资企业或者个体、私营企业的情况下，也使用了"雇工"或者"雇佣"的字样。例如，在2000年10月修正的《外资企业法》第12条规定："外资企业雇用中国职工应当依法签订合同，并在合同中订明雇用、解雇、报酬、福利、劳动保护、劳动保险等事项。"这等于明确规定外资企业中的中国职工与企业之间属于雇佣关系。国务院2003年4月颁布的《工伤保险条例》规定：我国境内所有的企业，以及有雇工的个体工商户都应当参加工伤保险。这显然是把劳动者与作为用人单位的个体工商户之间的关系也作为雇佣关系。由此可见，在我国一些立法中也承认雇佣关系的存在，但是其范围严格限定在非公有制企业之中。

2. 社会保险关系

社会保险关系是指用人单位根据国家法律为劳动者办理参加社会保险手续，并且依法为劳动者缴纳社会保险费，在劳动者发生失业、生病、工伤、年老等情况时，可以向社会保险机构申请获得一定物质帮助的社会关系。从定义可以看出，社会保险关系包括三方面的关系：一是用人单位与劳动者之间的关系，主要是用人单位负有劳动法上的义务，为劳动者办理社会保险手续，并且按时缴纳社会保险费，否则就侵犯了劳动者的利益。二是用人单位与社会保险机构之间的关系，主要是社会保险机构对用人单位进行社会保险方面的管理与社会保险费的征缴关系。三是社会保险机构与劳动者之间的关系。这又包括两方面的内容：一方面是劳动者在一些社会保险项目中也负有缴费的义务，这些保险费是由用人单位代扣代缴的；另一方面是劳动者在发生了法定保险事实的时候，有权向社会保险机构申请获得社会保险金和其他利益，社会保险机构负有给付的义务。我们这里所讲的社会保险关系，主要是就用人单位与劳动者之间的社会保险关系而言的。

社会保险关系与劳动关系有着十分密切的联系。一旦用人单位与劳动者之间建立了劳动关系，双方之间也就随之产生了社会保险关系。也就是说，用人单位就应当为劳动者办理参加社会保险手续，并且依法为劳动者缴纳一定比例的社会保险费。否则，用人单位不仅违反了劳动合同义务，而且还应当承担一定的公法上的责任。

3.事实劳动关系

主要是指用人单位与劳动者之间虽然没有签订书面劳动合同，但是双方已经在事实上形成的劳动给付关系。根据我国《劳动法》第16条第2款、第19条第1款的规定，建立劳动关系应当订立劳动合同，而且劳动合同应当采用书面形式。但是在现实生活中，很多用人单位为了逃避劳动部门的监管，或者不愿为劳动者缴纳社会保险费，就故意不与劳动者签订书面劳动合同。这样，虽然劳动者为用人单位提供劳动，用人单位也按照约定支付工资，但是双方之间的劳动关系并不符合《劳动法》所规定的要件，因此就只能称为"事实劳动关系"。

如果不承认事实劳动关系的合法性，结果会对劳动者极其不利，因为劳动者将无法依照《劳动法》维护自己的合法权益；反过来，这样也会助长用人单位逃避劳动部门监管的不正之风。所以，我国《劳动法》从一开始就承认事实劳动关系。《劳动法》第98条规定："用人单位违反本法规定的条件解除劳动合同或者故意拖延不订立劳动合同的，由劳动行政部门责令改正；对劳动者造成损害的，应当承担赔偿责任。" 2008年9月3日发布的《中华人民共和国劳动合同法实施条例》第6条规定："用人单位自用工之日起超过一个月不满一年未与劳动者订立书面劳动合同的，应当依照劳动合同法第八十二条的规定向劳动者每月支付两倍的工资，并与劳动者补订书面劳动合同；劳动者不与用人单位订立书面劳动合同的，用人单位应当书面通知劳动者终止劳动关系，并依照劳动合同法第四十七条的规定支付经济补偿。"可见，在我国《劳动法》与部门规章中都明确规定，签订书面劳动合同是用人单位的责任，如果没有签订书面合同而双方互为劳动给付，则双方之间就构成了有效的劳动法律关系，而用人单位应承担没有订立书面合同的责任。如果用人单位因此给劳动者造成了损害，用人单位同样应当向劳动者支付赔偿。

我国司法机关也承认事实劳动关系的效力。根据最高人民法院于2001年4月16日公布的《关于审理劳动争议案件适用法律若干问题的解释》（法释〔2001〕14号）第1条的规定：劳动者与用人单位之间没有订立书面劳动合同，但已形成劳动关系后发生的纠纷，也属于劳动争议的范围，如果当事人不服劳动争议仲裁委员会做出的裁决，向人民法院起诉的，人民法院应当受理。

4.劳动派遣关系

目前我国已经建立了很多专门从事劳动派遣的企业，在劳动派遣中，名义用人单位负责与劳动者订立劳动合同，然后将劳动者派遣到实际用人单位从事劳动。实际用人单位向名义用人单位支付约定的报酬和费用。在这种劳动派遣关系中，名义用人单位负责劳动者的工资发放、档案管理、社会保险费的缴纳等事项，而实际用人单位则对劳动者进行日常管理，并且指示其从事具体的劳动。实际用人单位不承担用人单位的法律义务与相应责任。我国《劳动法》对于劳动派遣关系没有明确的规定，很多企业利用劳动派遣的方式规避劳动法上的义务与责任。如果完全放任这种趋势的蔓延，劳动法的效力势必会受到严重损害。目前多数学者主张国家对于劳动派遣应采取限制政策，劳动派遣只能适用于某些特定的工作。

二、共享经济模式下的劳动关系

（一）共享经济模式中的P2P用工模式的内涵

共享经济这种经济新形态在有力地推进产业创新与转型升级的同时也严重冲击了传统的劳动关系。所谓共享经济也称分享经济，是指利用互联网等现代信息技术整合、分享海量的分散化闲置资源，满足多样化需求的经济模式。按分享对象划分，共享经济主要包括两大类：一是资产分享，如对汽车、房屋、资金、设备等商品或资产使用权的分享。代表性平台如摩拜单车、小猪短租、京东众筹。二是劳动力分享，是对技能和劳务的分享，代表性平台如58到家、猪八戒网、医护到家。有些共享经济综合了以上两类，如滴滴等网约车平台既是对资产的分享（私家车），也是对劳动力的分享（司机的技能和服务）。[①]据iiMedia Research（艾媒咨询）发布的《2017—2018中国共享经济行业全景调查报告》显示，2017年中国共享经济市场规模达到57220亿元，共享经济满足市场优化资源配置需求，深入衣食住行各领域。[②]各地及相关行业主管部门正抓紧酝酿出台共享经济监管政策，共享经济经过几轮行业洗牌，市场正逐渐步入

---

① 参见张成刚.共享经济平台劳动者就业及劳动关系现状——基于北京市多平台的调查研究［J］.中国劳动关系学院学报，2018（6）.
② 2017—2018中国共享经济行业全景调查报告［EB/OL］.搜狐财经，（2018-03-17）.

有序增长期。但是各行业各类型共享经济正在凸显一个共同的核心痛点，即共享经济平台主体与劳动者之间的法律关系。在当下这个"就业"都有必要"再定义"的①数字经济时代，伴随共享经济平台衍生的大量就业机会和全新工作模式对传统劳动关系秩序产生了巨大挑战，劳动法的上述规制调整明显滞后于互联网平台经济的发展，对从业者正当权益的保护及和谐劳动关系的构建都是严峻的考验。

（二）共享经济用工模式的特点

共享经济以互联网技术为依托，缔造了全新的P2P用工模式。P2P用工形态下呈现出以下主要特点。

1. 共享经济平台就业呈现出低门槛、工作方式高灵活性的特点

个人通过互联网平台可以直接以个体名义提供服务和劳动，呈现出个人工作与闲暇时间一体化、工作时间碎片化、工作空间任意化等特点。较之于传统的劳动关系强调雇主对雇员在特定的工作场所、劳动方式、组织规则方面的控制，P2P用工模式不仅仅是"不稳定的、有条件的短期雇佣"或者"非典型雇佣"，它更像是个人与用户建立联系的一种手段，完全颠覆了以固定工作场所为依托的传统雇佣关系。

2. 用工关系呈现多元化、复杂化

共享经济对传统用工模式的抽离和突破，使得劳动法上狭义的劳动关系与劳务关系、雇佣关系三者之间的边界变得更加模糊不清。尤其所谓划分"劳务关系""劳动关系"非黑即白的"劳动关系二元论"缺乏弹性空间，在适用共享经济灵活多变的用工形态时明显捉襟见肘。在判断劳动关系成立与否时，"从属性"理论发挥过重要作用，通常有所谓"人格从属性""经济从属性""组织从属性"三项标准，然而共享经济对上述三项标准都有突破，但突破程度又呈现明显不同。从共享经济平台角度而言，其试图降低"人格从属性"和"组织从属性"，从而避免与劳工方建立劳动关系，而常以"提供居间服务的中介组织"定位自

---

① 郝建彬.数字经济下新就业形态顶层设计的思考［N］.中国劳动保障报，2017-08-23.

身，①这其中内蕴着平台企业不愿承担维护劳动者权益之社会责任的经济诱因。也就是说，诱发于企业内生的逐利性，必将在新经济模式的松散性、弹性和虚拟性与法律滞后性的缝隙中寻求企业社会责任的最弱化。

但从劳动者角度而言，企业和劳动者之间仍然处于"资强劳弱"的失衡状态，劳动者的劳动过程依赖企业提供的网络平台予以实现。很多情况下，平台主体对于劳动者的经济控制力不降反增，如看似自由的工作时间和空间，其灵活性的反面是平台主体变相收缩控制，劳动者的工作自由度并非表面看上去的那么高，移动互联网的迅速发展实质上增加了劳动者工作的时间和空间范围，移动通信工具"不离手"，就是隐形的"捆绑"，最大限度地压缩自由。劳动者与平台关系不对等、信息不对称，劳动者的合法权益保护明显欠缺，平台从业者缺乏工资支付保障、安全保障、社保、福利和技能培训。②

有学者将共享经济分为"重资产运营模式"和"轻资产运营模式"。"重资产运营模式"即"他人劳动资料+自己劳动条件"，这种模式属"从属性"较高的劳动关系；又将"轻资产运营模式"分为"本人生产资料+本人劳动条件"模式和"本人劳动力+他人生产资料+自己生产资料"相结合的模式③。"轻资产运营"模式相对而言从属性较弱。笔者认同前述对共享经济用工关系进行细致化分类的研究方式，共享经济用工方式的社群化、扁平化、去中心化并不代表要摒弃原先的劳动关系法律理论，独立创设全新的劳动关系理论，也不能将共享经济不加分类地归纳为一种法律关系，共享经济模式有待深入研究，进行系统的理论划分。

3.从劳动合同角度看，企业不与劳动者签订劳动合同的情形正在增加

有学者在一项调查中发现，共享经济平台就业签订劳动合同或协议比例较低，60%以上的劳动者未签订劳动合同。还有部分劳动者与本职工作单位或原单

---

① 如滴滴在服务合作协议第九条特殊约定里明确："与所有提供网约车服务的司机仅存在挂靠合作关系，不存在任何直接或间接的劳动关系，不适用《劳动法》《劳动合同法》《社会保险法》《住房公积金管理条例》等法律法规。"58到家在用户服务协议里明确"我们仅提供信息发布平台服务"，"您认可，附近平台与您不存在劳务关系或劳动关系，且附近平台无须向您支付任何费用"。参见张成刚.共享经济平台劳动者就业及劳动关系现状——基于北京市多平台的调查研究[J].中国劳动关系学院学报,2018（6）.
② 参见张成刚.共享经济平台劳动者就业及劳动关系现状——基于北京市多平台的调查研究[J].中国劳动关系学院学报,2018（6）.
③ 参见李炳安,彭先灼.移动互联网时代中的劳动关系转型及其认定[J].科技与法律,2018（2）.

位签订劳动合同,少部分劳动者与第三方(劳务派遣公司或外包公司)签订劳动合同。劳动者与平台签订的基本是民事协议(合作协议、居间协议等),而调查中未发现任何一家平台与劳动者直接签订劳动合同。①

4.劳动规章制度呈现碎片化、无纸化、模糊化

因共享经济工作模式对移动互联网的依赖特性,很多劳动者与平台无劳动合同,最多仅有非纸质的电子协议,而其中有关劳动规章制度的规定也只是散见于协议中,并没有像劳动法所规定的单独的劳动规章制度文本,且互联网经济下,劳动规章制度基本由平台方单方设计,通常直接作为"准入规则",由劳动者默认选择,对劳动者话语权、知情权和选择权都有一定程度的侵害。且平台门槛低,进出更加自由,变相降低了企业在劳动者权益保护方面的违法成本。

总之,面对共享经济经营模式中灵活的用工形态,劳动者从属性关系的基本要素发生了新变化,从属性更加不易界定,现行劳动法中判断劳动关系是否成立的标准明显滞后。实践中,现有认定劳动关系的制度设计以标准化的劳动关系为特征,追求构成要件的全面性,却未能充分细化劳动管理等要素,已经无法适应快速发展的新业态下的用工实情。共享经济模式有待深入研究,进行系统的理论划分。通过合理解释现有法律制度,加之创新法律理论和规范,理顺理清共享经济用工模式的法律关系,让科学理论和法律规范成为响应新型用工关系纠纷诉求,进而推动共享经济有序健康发展的重要支撑。

(三)新型劳动关系治理的法治路径

面对共享经济纷繁复杂的新型用工关系,以法治思维与法治方式平衡社会各方利益,创建和谐劳动关系,促进大众创新创业是确保供给侧改革能在一个安全稳定环境下顺利进行的关键。

一是更新观念,明确方向,以包容创新为制度建设原则,促进共享经济与和谐劳动关系同步健康发展。共享经济推动的是除了消费模式以外更深层次的变动和转型,包括劳动关系、劳动结构、经济关系、社会关系的改变,制度建设应以一种包容的姿态予以保护和规范,通过地方立法及政府政策协调,因地制宜,补

---

① 参见张成刚.共享经济平台劳动者就业及劳动关系现状——基于北京市多平台的调查研究[J].中国劳动关系学院学报,2018(6).

齐短板，在鼓励市场创新和发展新业态的同时，规制调整保护新的劳动关系，实现劳动关系治理法治化。

二是因地制宜，引入灵活的立法技术和方法，在创新与规制之间寻求动态平衡，秉持公平和效率的理念，重新全面审视现有规制框架的政策目标，制定相关法律法规，界定共享平台与从业者之间的新型用工关系。

三是多方共举，因势利导，引导督促共享经济类企业尽快成立行业自律组织，共建利益平衡调整机制。劳动者权益保护不能完全市场化，在劳动者权益保护问题上，政府应逐步提高全社会劳动者的"安全网"保障，社会保障由公民身份决定，而非由雇佣与否决定。探索构建劳动者利益保护机制，根据工资数额、工作量或者在不同平台上的工作时间，制定科学合理的比例来分配利益。同时，可以尝试引入商业保险分担保障责任。引导督促共享经济类企业尽快成立行业自律组织，加强自我监管。

三、劳动关系的变化需要创新工会工作

劳动关系是否和谐，事关广大职工和企业的切身利益，事关经济发展与社会稳定。构建和谐劳动关系是加强和创新社会治理、保障改善民生的重要内容，是建设社会主义和谐社会的重要基础和经济持续健康发展的重要保证，是增强党执政基础和巩固党执政地位的必然要求。但随着经济社会转型步伐加快，劳动关系主体及其利益诉求越来越多元化，劳动关系稳定面临新的挑战。例如，劳资矛盾仍处在高发多发期，涉及利益诉求的矛盾纠纷增多，特别是集体劳动争议增长较快、处理难度加大；劳动关系矛盾源头化解机制尚未全面建立，特别是企业内部协商渠道不畅通，一些简单的争议纠纷容易溢出企业，走向社会；基层劳动关系调处能力还有差距，为此，作为职工合法权益的代表者的工会，要创新新时代的工会工作，就必须采取以下措施来维护职工的权益。

（一）坚持党政主导，建立健全构建和谐劳动关系工作格局

各级党委、政府对构建和谐劳动关系要高度重视，将其作为创新社会管理、构建和谐社会的重要举措，纳入经济社会发展总体规划的重点任务，统筹加以推进。各相关部门切实发挥职能作用，加强协调配合，健全工作机制，形成工作合力。进一步完善工作体系，全面建立协调劳动关系三方协商机制，进一步扩大三

方机制的社会基础和影响力,在构建和谐劳动关系方面发挥重要作用。

(二)加强法规制度建设,为构建和谐劳动关系提供坚实保障

比如,安徽省先后出台了《安徽省劳动合同条例》《安徽省工资支付条例》《安徽省集体合同条例》《安徽省实施〈工会法〉办法》等地方性法规规章,构架了安徽特色的劳动法规体系,同时,及时修订了《安徽省实施〈工伤保险条例〉办法》等地方性法规和政府规章,出台了推进工资集体协商、厂务公开、民主管理等政策文件,为构建和谐劳动关系提供了强有力的保障。

(三)创新工会工作机制,不断提升工会组织协调劳动关系的能力水平

全面贯彻中央和省关于创新社会治理的部署要求,紧扣诉求表达、矛盾调处和权益保障三个环节,创新工作平台,完善工作机制,提升工作效能。

1.树立大局观念,推进工会理论创新

进入21世纪以来,随着改革开放的不断深入和经济社会的发展进步,我国的社会经济成分、组织形式、就业方式、利益分配方式日益多元化,经济关系和劳动关系日趋复杂,职工队伍的内在结构和分布状态发生了重大变化。面对这些变化,为了更加切实地履行好工会的职责,必须加强工会工作的理性思考,不断以新的工作理念和理论观点指导富于变化、纷繁复杂的工作实践。这是对新时期工会工作整体性、基础性和保障性的要求。

2.重视理论与实际相结合,推动工会工作创新

在深化改革进程中,工会组织要紧密结合企业实际,加强实践探索,我们围绕从实践中逐步形成的基层工会工作的理论框架和工作布局,本着立足建立长效机制,增强工作的主动性;立足研究和把握规律,增强工作的针对性;立足依法维权、依法治会,努力实现规范化、制度化的基本思路。概括起来就是要着力强化工会的基本职责,为整体协同推进供给侧结构性改革、实现改革目标发挥重要作用。

(四)突出共建共享,保障广大职工共享改革发展成果

坚持以职工为本,切实把维护职工合法权益作为实现劳动关系和谐稳定的重

要基础。注重稳步提高职工工资水平。推动企业形成以一线职工为重点的职工工资正常增长机制。注重保障职工劳动权益。强化政策宣传和指导服务，深入实施集体合同制度彩虹计划，促进劳资对话，增进双方互信。充分发挥各级工会组织作用，通过加强企业民主管理，推动完善职代会制度，畅通职工民主参与渠道，进一步保障职工知情权、参与权和监督权。

（五）注重示范引领，营造构建和谐劳动关系的良好环境

深入开展和谐劳动关系创建活动，使创建工作纳入可量化、可操作、可对照、可考评的轨道。

总之，党的十九大报告提出了习近平新时代中国特色社会主义思想，做出了中国特色社会主义进入新时代这一关于我国发展的新的历史方位的重大判断，提出我国社会主要矛盾已经转化为人民日益增长的美好生活需要和不平衡不充分的发展之间的矛盾。这个判断不仅符合我国发展的现实，也反映了人民的心愿。随着新经济、新业态的不断发展，我国劳动关系日益复杂，不同性质和不同类型企业的劳动关系呈现不同特点，企业经营模式和用工方式多样化，依托新业态、共享经济的灵活就业方式和就业人数不断增加，劳动关系呈现灵活化和碎片化。劳动力市场供给发生较大变化，新生代逐渐成为劳动力主体且诉求多元化。他们更注重体面劳动，如休息休假、未来发展、工作环境等，特别是其在工作中是否得到尊重，对民主、公平、正义等方面也都有了更高的要求。这也正是新时代社会主要矛盾在劳动关系领域中的变化和体现。面临新时代劳动关系主要矛盾的变化，党的十九大报告提出，要提高就业质量和人民收入水平，完善政府、工会和企业共同参与的协商协调机制，构建和谐劳动关系。这为我们今后调整劳动关系指出了明确的方向。

深化产业工人队伍建设研究
——基于新时代我国社会主要矛盾变化的视角

王艳霞[①]

摘　要：社会主义新时期，主要矛盾演变为人民日益增长的美好生活需要和不平衡不充分的发展之间的矛盾，产业工人的范围和素质要求也不断变化。产业工人不仅缓解了中华人民共和国成立以来各时期的主要矛盾，更是新时期主要矛盾的缓解者和矛盾解决程度的评判者。当前，我国产业工人队伍仍面临权益、素质、思想等方面诸多问题，缘于此，多维度深化产业工人队伍建设，是缓解我国新时期主要矛盾的关键途径。

关键词：产业工人；社会主要矛盾；新时代；产业工人队伍建设

习近平总书记强调："工业强国都是技师技工的大国，我们要有很强的技术工人队伍。"2017年2月6日，习近平总书记主持召开中央全面深化改革领导小组第三十二次会议，审议通过《新时期产业工人队伍建设改革方案》，以期推进产业工人队伍建设。2017年10月党的十九大胜利召开，明确新时代我国社会主要矛盾是人民日益增长的美好生活需要和不平衡不充分的发展之间的矛盾。新时期如何缓解美好生活需要和不充分不平衡发展的矛盾，产业工人队伍建设应是关键路径之一。当前，研究新时代我国社会主要矛盾及产业工人问题的论著颇多，但鲜有学者将中国特色社会主义新时代矛盾的解决与新时期产业工人队伍建设相结合加以分析。基于此，本文就此问题做一探讨。

---

① 王艳霞（1980—　），女，河北新乐人，硕士，天津市工会管理干部学院工会理论研究所讲师，研究方向为工会经济技术工作和集体协商。

一、社会主义新矛盾及产业工人新变化

党的十九大明确新时代我国社会主要矛盾是人民日益增长的美好生活需要和不平衡不充分的发展之间的矛盾。主要矛盾的演变既是习近平新时代中国特色社会主义进入新时代的经济基础,又是新时代工会做好一切工作的基本动力。当前,矛盾的演变并未改变我国仍处于社会主义初级阶段的现实,社会主要矛盾的本质依然是经济增长的不发达、不充分,而经济动能的创新、经济增长的关键是人力资本的培育,产业工人是人力资本的重要组成,因而产业工人素质的高低就显得尤为关键。

我国产业工人在经济发展的不同时代,其范围也在不断变化,当前,主要是指在第一产业的农场、林场,第二产业的采矿业、制造业、建筑业和电力、热力、燃气及水生产和供应业,以及第三产业的交通运输、仓储及邮政业和信息传输、软件和信息技术服务等行业中从事集体生产劳动,以工资收入为生活来源的工人。根据2015年国家统计局1%人口抽样调查的数据和劳动力抽样调查中的就业身份分类,以第二、三产业中6大行业门类就业人数中雇员部分作为产业工人的统计对象,加上农场、林场中从事集体劳动的工人,截至2016年,我国产业工人有2亿人左右。其中超过八成集中在第二产业中的制造业和建筑业,近六成集中在东部地区,六成集中在国有大中型企业。

同时,我国也对产业工人素质提出了新要求,《新时期产业工人队伍建设改革方案》中,将提升产业工人技术技能水平列为改革重点,期望建成知识型、技术型、创新型职工队伍。同时还要改进其思想建设、创新发展制度、强化支撑保障等,多维度整体提升产业工人素质。

二、新时代社会主义主要矛盾的缓解必须依靠产业工人队伍

产业工人缓解了我国不同时期的主要矛盾。中华人民共和国成立伊始,社会主要矛盾是广大人民群众同帝国主义和封建主义及国民党残余势力之间的矛盾。1953年到1956年年底,我国土地改革工作逐渐完成,主要矛盾也随之转变为工人阶级和资产阶级之间的矛盾。1981年,党的十一届六中全会做出规范表述:在社会主义改造基本完成以后,我国所要解决的主要矛盾,是人民日益增长的物质文化需要同落后的社会生产之间的矛盾。我国产业工人在党的领导下,通过政治

建设（突出思想政治引领，加强理想信念教育，大力弘扬劳模精神、劳动精神，将更多的优秀产业工人吸收到党组织中来）、经济建设（教育产业工人用饱满的热情开展劳动竞赛、五小活动等，加紧生产，同时不断完善产业工人劳动就业、工资待遇、休息时间等基本权益保障体系）、文化建设（以先进文化引领产业工人用正确的世界观、人生观与价值观，勇于担当，甘于奉献）等方面缓解了我国不同时期的主要矛盾。党的十九大在我国已经进入中国特色社会主义新时代的基础上，对当前中国社会主要矛盾的判断和阐述发生了重大改变，也对产业工人提出了更高的要求，产业工人队伍要在缓解新时代社会主义主要矛盾方面发挥更大的作用。

（一）产业工人是美好生活的需求者

在社会主义时期，人民包括工人、农民和知识分子，包括一切拥护社会主义和拥护祖国统一的爱国者，我国超过八成集中在第二产业中的制造业和建筑业的两亿产业工人则是人民群体的中坚力量，是工人阶级中发挥支撑作用的主体力量，是物质财富的主要创造者。在社会主义新时代，来自千家万户的产业工人更是美好生活的需求者。

对更高质量的物质生活的需求，仓廪虽实，衣食且足，持续不断的生活质量的提高、持续且全面的小康生活就成为产业工人引领的新的物质需求方向；对公平公正政治环境的需求，仓廪实、衣食足，人民则知礼节、懂荣辱、求权益，因此民主的建设、法制的完善也是新时期亟须重视的工作；食品、医疗等社会安全的需求，青山绿水洁能、美丽平衡的生态环境也日益被民众所关注。产业工人不仅仅是美好生活的索求者，更是将需求的动力变为主要矛盾缓解动能的转化者。

（二）产业工人是主要矛盾的缓解者

1. 产业结构不平衡，需提高产业工人素质促进产业升级

地区分布不均衡，2016年东部地区第二产业和第三产业占全国比重均超过一半，分别为51.4%和56.1%；行业结构不平衡，战略性新兴产业占国内生产总值比重不足10%，新业态占全国贸易总量的比重较低，处于价值链上端的行业太少，产业增加值率相对较低；企业结构不平衡，尽管中国已成为世界第一大贸易体，但仍缺少世界知名品牌，全球性大企业不多，企业（尤其是民营企业）国际化程度不高。

制造业大而不强，经济新常态、产能过剩等是我们新时期步入制造强国面临的瓶颈，瓶颈破解的必须途径就是供给侧改革，供给侧改革主要是结构的优化和供给的增加。一国经济发展的长期动力应是劳动生产率，从生产供给角度具体可表示为Y=AF（L，K，H，N）。只有技术（A）、人口（L）、物质资本（K）、人力资本（H）、自然资源（N）、外部环境（F）的不断提高、优化才是经济增长的不竭动力。人力资源则是供给侧中最能动、最活跃、最具创新和潜力的因素，是市场配置中的一个重要因素。加快推进供给侧改革，如何打造具有较强心理素质的产业工人，以促进产业升级、实现企业竞争优势已成为一个迫切需要解决的问题。

2. 增长动力发展不充分，需产业工人提升创新动能

长期以来，我国主要是靠要素驱动经济增长，人口红利的消失和美好环境的需要，使得廉价劳动力和低成本的资源开发已成过去式，创新是驱动社会生产力和综合国力提高的战略支撑。世界知识产权组织发布的《全球创新指数》显示，2017年中国创新指数排名为第22名，仍具有较大提升空间。我国高新技术产业增加值占世界比重已居全球第一，但高新技术产业劳动生产率远低于美国。

人力资本是经济增长的重要因素，高素质产业工人队伍是创新驱动发展的骨干力量，是创造社会财富的中坚力量。贯彻落实新发展理念，打造有利于创新创业的环境，发挥知识资本的作用，调动亿万知识人才的积极性，营造激励创新的公平竞争环境，完善成果转化激励政策，构建更加高效的科研体系，创新培养、用好和吸引人才机制，推动形成深度融合的开放创新局面，是实施制造强国战略的有生力量。

3. 需求结构不平衡，需提高产业工人收入促进需求结构升级

发展不平衡不充分在需求结构上表现为消费对GDP（Y=C+I+G+NX）的贡献率低于发达国家比重。国家发改委发布的《2017年中国居民消费发展报告》披露，2017年我国最终消费支出达到43.5万亿元，占国内生产总值的53.6%，最终消费对经济增长的贡献率为58.8%。而截至2017年6月末，美国经济增速3%，其中居民消费拉动率是2.3%；居民消费占GDP69%；以GDP增量角度分析，2016年比2015年GDP绝对值增加了67419亿，固定资产投资同比绝对值增长了49585

亿，固定资产投资增长部分占GDP增量部分高达73.5%，可以肯定，若没有固定资产投资的增长，GDP增长萎缩可能性很大。消费对我国经济增长的促进作用，仍有较大增长空间。当前提高产业工人收入水平，使其在市场上形成有效需求，是扩大我国国民消费能力的主要渠道。

4. 社会群体收入分配不均衡，需建立倾斜于产业工人的分配制度缩减差距

国家发展改革委组织编写的《2017年中国居民消费发展报告》指出，2017年全国居民恩格尔系数为29.39%，中国第一次进入联合国划分的20%~30%富足区间。恩格尔系数低于0.3，一定程度上反映了我国居民生活水平的提高，但同时也折射出不平衡不充分发展的问题现实。因为恩格尔系数的持续走低，原因之一是国内农产品长期低价徘徊，传导至农民阶层，则是其增收的相对困难（农业收入过低也是农民不断转化为新兴产业工人的原因之一）。基尼系数是我国收入不平衡的有力佐证：全国居民人均可支配收入基尼系数从2003年的0.479上升至2008年的0.491顶点后开始下降，但2016年依旧高达0.465，远高于0.4的国际警戒线，处于收入差距较大的区间。同时我国收入不充分明显，中国人均国民收入与世界平均水平之比从1962年的15%逐步下降至1990年的8%，2005年之后收入增长虽迅速，2016年中国人均国民收入为8260美元，达到世界平均水平的80%，但与美国相比仍存在较大差距，仅为美国的15%。

2017年4月14日，中共中央国务院印发《新时期产业工人队伍建设改革方案》，提出健全向一线产业工人倾斜的分配制度，落实产业工人参与分配决定的权利，维护劳动收入的主体地位，用以缓解我国收入不均衡现状。

（三）产业工人是矛盾解决程度的评判者

党的十九大做出的我国现阶段社会主要矛盾发生变化的判断是建立在以人民为中心的发展理念基础之上的。人民追求美好生活的愿望十分迫切，不仅需要高质量的物质文化（吃好、穿暖）生活，而且需要安定洁净的生活环境（洁净的水，清新的空气，需要人身安全感和权利保障），在民主、法治、公平、正义、安全、环境等方面的要求日益增长。如何实现美好生活，也应以人民为中心，问政、问计于民。对于美好生活实现得如何，也应寻评价于民。产业工人来源于千家万户，是广大人民中最能动、最活跃、最具代表性的阶层，也是最能体现人民需求、最能献计于美好生活建设、对于美好生活建设程度最有发言权的评判者。

三、新时期我国产业工人面临的问题

纵观世界工业发展史，凡工业强国都是技师技工的大国。在日本，整个产业工人队伍的高级技工占比40%，德国则达到50%。而我国，这一比例仅为5%左右，全国高级技工缺口近1000万人。且产业工人仍面临权益、素质、思想等方面诸多问题。当前，我国产业工人面临的问题主要有以下几种。

（一）农民工作为产业工人的主体地位与其享有的公共服务水平不相称

随着我国新型工业化的快速推进和新型城镇化的迅猛发展，大量农村剩余劳动力转移到城市从事第二产业和第三产业的劳动，进城就业的农村剩余劳动力已经成为我国产业工人的极其重要的来源和组成部分。2016年，全国农民工总量高达2.82亿人。然而，农民工作为产业工人的主体地位与其享有的公共服务水平不相称。农民工作为新兴产业工人不愿意返回农村生活，不愿干农活，希望能够在城市定居买房，愿意在城市工作，也愿意通过学习接受新技术和新理念。但因其受户籍、文化水平较低、专业职业技能素质不够等方面的限制，面临工资收入不仅低且被拖欠、工作环境不仅差且强度大、权益保障不仅低且缺失的窘境。新生代农民工不仅需要养家糊口，更需要自我价值的实现，而稳定性、权益保障水平、组织化程度的提高是该层次面临的重要诉求。

（二）产业工人权益保障不完善，待遇偏低

去过剩产能直接导致部分产业工人失业，其中煤炭和钢铁两大行业关闭严重亏损的企业，初估近180万（煤炭130万、钢铁50万）工人将面临下岗。"未来2~3年内，煤炭、钢铁、水泥、造船、电解铝等几个主要产能过剩行业潜在失业人数约为200~230万。若同时考虑平板玻璃、化工及各产能过剩上下游产业，总失业人数可能达300~350万。"此外，产业工人收入虽逐步上升，但低于GDP的增长速度，仍处于低位，处于劳动成本价格低廉的状况。且当前对产业工人的技术能力、智能结构也提出了更高的要求，其报酬也应相应提高。

（三）产业工人整体素质亟须提高

产业工人整体素质和技能水平不高，我国劳动生产率水平仅为世界平均水平的40%，相当于美国的7.4%。以2015年为例，我国单位劳动产出7318美元，世

界平均水平是 18487 美元，而美国是 98990 美元。简单地说，一个美国人创造的财富，相当于我们 13 个人创造的财富，这也是我国工业制造"大而不强"的主要原因之一。此外我国用改革开放四十年时间几乎经历了发达国家数百年的发展速度，经济高速发展对产业工人的发展和转型同样也提出了较高要求——知识型、技术型、创新型职工队伍。

2008 年以后，实体经济的极端重要性被重新认知，美国从"去工业化"转变为"再工业化"，抢占新一轮科技和产业竞争制高点，不断完善其先进的教育体系，让产业工人有更多时间和精力去进行学习、创新、研究、交流等活动。鉴于此，能否建设高素质产业工人队伍直接关系中国制造业竞争力的高低。

（四）产业工人面临思想意识的变迁与困惑

工人阶级利益日益多元化。知识分子作为工人阶级的一部分，大大增强了工人阶级的科学文化素质，但新时代的知识分子倡导公平公正、积极参与、个性发展的价值理念并有将理念向政策转化的迫切需求；新生代农民工不仅需要养家糊口，更需要自我价值的实现。

工人劳动感受不同。过去在国营和集体企业的传统产业工人，就业、收入、住房、医疗、教育等全部由国家和企业提供保障，工人认为自己是为国家、为社会工作，有着较强的责任感和主人翁意识；随着市场经济体制改革，身份制与单位制的逐步解体，传统产业工人的政治地位、经济地位、社会地位下滑，尤其在非公有制企业从事劳动的工人认为是为企业老板干活，工人阶级主体地位虚化。具体而言则是工人主人翁地位及其实现途径面临挑战，职工不仅客观上在劳资关系中处于弱势，主观上更是缺乏对自身的认同感。具体表现为思想困惑：为什么我们付出了如此多的时间、精力，但却获得如此少的利益？为什么我们直接创造了社会财富，财富却远离我们？为什么我们是最辛苦的，地位却是最低下的？

四、深化高素质产业工人队伍建设的对策建议

要实现我国从制造大国向制造强国的华丽转身，缓解新时期主要矛盾，需从多角度疏解各方面问题，以建设高素质产业工人队伍。

（一）多角度提升和发挥农民工主体地位

农民工群体作为新兴产业工人，规模大、数量多，是支撑中国现代工业化发展的重要力量，应从以下几方面着手提高其城市化进程以最大程度发挥出其产业工人力量。

1.深化农民工入会工作，增强其维权能力

作为产业工人的庞大构成力量，实现其身份转变和达到小康生活水平仍是工会工作的重点难点。当前应从农民工市民化、集中入会、入会后维权、做实服务等工作着手，探求合理方式方法。2018年3月全总下发《推进货车司机等群体入会工作方案》（以下简称《方案》），河北、浙江、安徽、广东、广西5省（区）及上海宝山、江苏南京、河南郑州、陕西西安、贵州贵阳5市（区）成为开展货车司机入会集中行动试点单位。

2.积极将农民工纳入社保覆盖范围，保障其正常权益

依法督促相关企业将农民工纳入城镇职工基本养老保险和基本医疗保险，平等享受失业和生育保险待遇，正常享受劳动保护和职业健康保护，积极开展职业病和帮扶行动。做好农民工思想转变工作，从根源上杜绝农民工拒绝社会保险吸纳的问题出现。

3.全面提升农民工社会地位，保障其享受基本公共服务

首先要稳步提升农民工自身产业化意识，积极参与企业培训，主动提升专业能力水平，以培养更多"大国工匠"。其次要提升农民工社会地位，制定相关制度促进农民工融入城市，改善其教育、养老、住房等方面的状况，提高他们在就业区域的稳定性。积极推进城镇基本公共服务由主要对本地户籍人员提供向常住人口转变，使城镇基本公共服务覆盖面扩展至常住农民工及其随迁家属。

（二）完善产业工人权益保障机制

1.创造平等就业环境，促进高质量就业

《新时期产业工人队伍建设改革方案》提出"创造平等就业环境，保障就业

机会公平,实现高质量就业",是保障产业工人就业权的政策支撑。针对"关停并转"过程中失业群体,加大就业援助,以大众创业、万众创新为载体,营造鼓励产业工人创新创效氛围,加大政府扶持力度,为产业工人提供"生态湿地",拓展就业空间。针对在岗有提升需求的产业工人,吸引强化职工参加培训,通过多方位培训,提升产业工人成就感。

2. 提高产业工人收入水平,维护劳动收入主体地位

2018年3月,中共中央办公厅、国务院办公厅印发了《关于提高技术工人待遇的意见》,要求完善符合技术工人特点的企业工资分配制度,建立基于岗位价值、能力素质、业绩贡献的工资分配制度。建立企业技术工人工资正常增长机制。其中有效途径就是积极推进工资集体协商。工会因受专业人员少而不精、力量薄弱的限制,协商能力与职工不断演化的权利所求产生失衡矛盾,工资集体协商流于形式也不乏少数,创新多维联动维权机制,保证工资集体协商提质增效。例如,石家庄市总工会就联合石家庄市人社局、公安局、法院、发改委、司法局、住建局等七部门成立职工维权法律服务中心,打破了工会维权唱"独角戏"的局面。

(三)提升产业工人素质技能

"有理想守信念、懂技术会创新、敢担当讲奉献"是新时代产业工人队伍的鲜明特征,三句话看似简单,却几乎涵盖了高素质的基本内涵。要多渠道、多措施创新实现高素质产业工人路径。

1. 源头培植

做好学校教育是源头培育的便捷高效途径之一。习近平总书记指出,职业教育是国民体系和人力资源开发的重要组成部分,是广大青年打开通往成功成才大门的重要途径。职业教育不仅仅是停留在经费的拨付,还应动员大国工匠,现身指导。例如,2017年11月9日,兰州石化职业技术学院举行系列活动,邀请10位陇原工匠共聚校园,聘请他们担任兼职教授,让工匠精神以涓涓细流的方式滋润职业教育,成为学生追求的境界。

2. 终身培育

可借鉴德国的政府主导、行业指导、企业参与的"双元制"工人培养模式，创新职工随时回炉学校技术学习的模式；创新职工劳动竞赛以开通职工晋升渠道，选拔优秀人才。泉州工会近年来通过技能竞赛平台，10000多名选手实现技术等级晋升；300多名获奖选手在"名师带高徒"活动中被选聘为"老师"，所带的1500多名新职工熟练上岗，其中近千人获评每月技术能手。

3. 保障职工营养健康

高素质职工在经济学中又被称为人力资本，即 $Y=AF（L，K，H，N）$ 中的H，可见人力资本在提升Y即GDP中的重要地位。人力资本的提升剔除教育、竞争等因素外，健康与营养也是重要条件。健康和财富之间的因果关系是双向的，经济史学家罗伯特·福格尔在获得诺贝尔经济学奖的一个重要成果中提出："总体营养对英国1790—1980年人均收入增长的贡献率约为30%。"因此，我国政府、企业、工会应采取多维联动机制，保障职工的饮食安全、营养丰富、身体健康，进而促进经济增长，实现高收入改善健康、健康刺激经济增长的良性循环。

（四）加强对产业工人的思想引领

困惑的起源是地位的下滑，困惑的纾解也必是产业工人政治、经济、社会地位的不断提升，而亟须途径则是正确的思想引领。

1. 了解且呼应工人的心声，增强其主人翁意识

各级工会可主动开展调查研究，到产业工人中去摸实情，认真倾听基层工会和广大职工的意见建议，最大限度地让工会组织和职工同心共行，引领工人听党话、跟党走。坚持开门建工会、出门亮工会、登门办工会、进门强工会的工作思路，不断创新模式。意见必须转化为产业工人看得见的实惠，《关于提高技术工人待遇的意见》从专门化和全方位两个视角规划对高技能人才的服务保障。专门化的服务体现在，要求各地设立高技能领军人才服务窗口，负责协调落实相关待遇政策。全方位的服务体现在高技能人才购（租）房、安家补贴、子女接受义务教育、配偶和子女就业安置、积分落户等方面的支持政策。

2.树立企业利益共同体意识

中华全国总工会提出,要把握发展和谐劳动关系的目标任务,坚持促进企业发展和维护职工权益相统一,努力把企业建设成劳动关系双方的利益共同体、事业共同体、命运共同体(三个同体)。对于投资者而言,劳动者是企业持续发展的动力,通过企业保证投资者的经济利益来源;对于劳动者而言,投资者通过企业为劳动者提供岗位、收入、事业晋升、家庭幸福的保障。企业应有担当,保证劳动者的各项权益、为职工提供学习上升的渠道,劳动者获得归属感、荣誉感,才能爱岗敬业、为企业发展献计献策,提高自身素质,高技能人才又会反哺企业创新发展,形成良性循环。

产业工人只有有理想、守信念,才能激发产业工人的积极性、主动性、创造性,激发产业工人立足本职、钻研技术、提高技能的热情,才能缓解我国发展的不平衡、不充分,实现人民美好生活的愿望。

参考文献

[1] 李玉赋.新的使命和担当——《新时期产业工人队伍建设改革方案》解读[M].北京:中国工人出版社,2017(25).

[2] 国家统计局.中国统计摘要2017[Z].北京:中国统计出版社,2017(13).

[3] 刘元春,结构性问题依然是当前经济面临的核心问题[J].求是,2016(15).

[4] 胡鞍钢,程文银.中国高技术产业为何赶超美国?——"五大政策"合力综合分析框架[J].南京大学学报,2016(3).

[5] 全研.居民消费对美国经济的意义[Z].建行报客户端,2017-09-20.

[6] 国家发展改革委副主任兼国家统计局局长宁吉喆.建设现代化经济体系实现新时代高质量发展[N].经济日报,2017-11-30(05).

[7] 按图表集法衡量的人均国民总收入(GNI)(现价美元)[EB/OL].世界银行网站.

[8] 廖天舒,金伟栋,何大勇,刘月.波士顿咨询公司报告,从国际经验看中国的供给侧改革——聚焦去产能中的坏账处置与员工安置问题[Z].2016,3(11).

[9] 李守镇.关于建设高统领推进工会工作 以新时代的新作为开创工会工作新局面[N].工人日报,2017-11-06(01).

［10］王艳霞.新时代中国特色社会主义与工会工作新探索［J］.工会理论研究，2018（2）.

［11］甘肃10位陇原工匠受聘大学教授［N］.工人日报，2017-11-16（01）.

［12］泉州万名职工技术等级晋升［N］.工人日报，2017-09-25（01）.

图书在版编目（CIP）数据

新时代工会工作改革创新 . 2019 / 屈增国主编 . —— 北京 : 光明日报出版社，2019.5
ISBN 978-7-5194-5248-3

Ⅰ.①新… Ⅱ.①屈… Ⅲ.①工会工作 – 体制改革 – 研究 – 中国 Ⅳ.①D412.6

中国版本图书馆 CIP 数据核字（2019）第 073130 号

新时代工会工作改革创新（2019）

XINSHIDAI GONGHUI GONGZUO GAIGE CHUANGXIN（2019）

主　　编：屈增国	
责任编辑：曹美娜　郭思齐	责任校对：仲济云
封面设计：何成宝	责任印制：曹　诤

出版发行：光明日报出版社
地　　址：北京市西城区永安路 106 号，100050
电　　话：010-67078251（咨询），010-63131930（邮购）
传　　真：010-67078255
网　　址：http://book.gmw.cn
E – mail：gmcbs@gmw.cn　caomeina@gmw.cn
法律顾问：北京德恒律师事务所龚柳方律师
印　　刷：三河市华东印刷有限公司
装　　订：三河市华东印刷有限公司
本书如有破损、缺页、装订错误，请与本社联系调换

开　　本：170mm×240mm　1/16			
字　　数：270 千字		印　　张：15.75	
版　　次：2019 年 5 月第 1 版		印　　次：2019 年 5 月第 1 次印刷	
书　　号：ISBN 978-7-5194-5248-3			
定　　价：60.00 元			

版权所有　　翻印必究